Angewandte Wirtschaftsinformatik

Die Reihe Angewandte Wirtschaftsinformatik wird herausgegeben von Prof. Dr. Thomas Barton, Prof. Dr. Christian Müller und Prof. Dr. Christian Seel. Die Buchreihe Angewandte Wirtschaftsinformatik bereitet das Themengebiet Wirtschaftsinformatik anhand grundlegender Konzepte, praxisnaher Anwendungen und aktueller Themen auf. Dabei wird auf der einen Seite die Perspektive der betrieblichen Anwendungsentwicklung beleuchtet, welche die Erstellung von betriebswirtschaftlicher Software und deren Einsatz in Unternehmen zum Gegenstand hat. Auf der anderen Seite stellt die Perspektive der Organisationsgestaltung sicher, dass die eingesetzte Software auch eine bestmögliche Einbindung in die betriebliche Organisation erfährt. Das Ziel der vorliegenden Reihe besteht darin, angewandte Wirtschaftsinformatik in Form von betrieblichen Szenarien, Best Practices und anwendungsorientierter Forschung aufzubereiten und in kompakter und verständlicher Form darzustellen. Zielgruppe sind sowohl Studierende und Lehrende als auch Praktiker. Prof. Dr. Thomas Barton ist Professor an der Hochschule Worms. Seine Schwerpunkte liegen in den Bereichen betriebliche Informationssysteme, E-Business und Cloud Computing. Prof. Dr. Christian Müller ist Professor an der Technischen Hochschule Wildau. Seine Schwerpunkte liegen in den Bereichen Operations Research, Simulation von Geschäftsprozessen und Internet-Technologien. Prof. Dr. Christian Seel ist Professor an der Hochschule Landshut und Leiter des Instituts für Projektmanagement und Informationsmodellierung (IPIM). Seine Schwerpunkte liegen in den Bereichen Geschäftsprozessmanagement, Informationsmanagement und Mobile Computing.

Weitere Bände in dieser Reihe: http://www.springer.com/series/13757

Thomas Barton · Christian Müller
Christian Seel
Herausgeber

Mobile Anwendungen in Unternehmen

Konzepte und betriebliche Einsatzszenarien

Herausgeber
Thomas Barton
Fachbereich Informatik
Hochschule Worms
Worms, Deutschland

Christian Müller
Fachbereich Wirtschaft, Informatik, Recht
Technische Hochschule Wildau
Wildau, Deutschland

Christian Seel
Fakultät Informatik
Hochschule Landshut
Landshut, Deutschland

ISBN 978-3-658-12009-2 ISBN 978-3-658-12010-8 (eBook)
DOI 10.1007/978-3-658-12010-8

Die Deutsche Nationalbibliothek verzeichnet diese Publikation in der Deutschen Nationalbibliografie; detaillierte bibliografische Daten sind im Internet über http://dnb.d-nb.de abrufbar.

Springer Vieweg

Gedruckt auf säurefreiem und chlorfrei gebleichtem Papier

Springer Vieweg ist Teil von Springer Nature
Die eingetragene Gesellschaft ist Springer Fachmedien Wiesbaden GmbH

Inhaltsverzeichnis

Autorenverzeichnis

Hans Christian Arlt

Wissenschaftlicher Mitarbeiter, Technische Hochschule Mittelhessen

Hans Christian Arlt studierte Medieninformatik an der Technischen Hochschule Mittelhessen. In seiner Masterarbeit beschäftigte er sich mit der Automatisierung von Initialisierungsprozessen für Augmented Reality – Anwendungen. Seit 2012 ist er wissenschaftlicher Mitarbeiter im Fachbereich Mathematik, Naturwissenschaften und Datenverarbeitung (MND) mit dem Schwerpunkt Grafische Datenverarbeitung und Augmented Reality.

E-Mail: hans.c.arlt@mnd.thm.de

Web: www.gdvlab.de

Alfredo Azmitia

Hauptprogrammierer und Designer bei iCampus Wildau, Technische Hochschule Wildau

Alfredo Azmitia absolvierte sein Masterstudium im Studiengang Telematik an der Technischen Hochschule Wildau, wo er die Auszeichnung des DAAD für hervorragende Leistungen ausländischer Studierender an deutschen Hochschulen erhalten hat. Ursprünglich aus Guatemala, arbeitete er ab 2008 – nach seinem Bachelorstudium im gleichen Studiengang – zwei Jahre am Hochhausprojekt „Okhta Centre" in St. Petersburg, Russland, als Software Engineer und Graphics Developer. Seine Interessen und Kompetenzen sind Web-Technologien, Frontend-Entwicklung und Backend-Logik, Design für Web und mobile Anwendungen, iOS-Entwicklung und 3D-Modellierung.

Thomas Barton

Professor für Wirtschaftsinformatik, Studiengangleiter Wirtschaftsinformatik, Hochschule Worms

Prof. Barton studierte und promovierte an der TU Kaiserlautern. Anschließend war er ca. 10 Jahre bei der SAP AG tätig mit Schwerpunkt Anwendungsentwicklung, auch Beratung, Schulung und Projektleitung. Seit 2006 ist er Professor für Wirtschaftsinformatik an Hochschule Worms.

Seine Tätigkeitsschwerpunkte liegen in den Bereichen betriebliche Informationssysteme, Projektmangement, E-Business und Cloud Computing. Er ist Autor und Herausgeber zahlreicher Publikationen.
E-Mail: barton@hs-worms.de
Web: www.prof-barton.de

Sebastian Benisch
Softwareentwickler und Projektleiter, Quintra Business Communication & Consulting GmbH

Sebastian Benisch studierte Wirtschaftsinformatik an der Technischen Hochschule Wildau. Seit 2007 arbeitet er als Softwareentwickler und Projektleiter bei der Quintra Business Communication & Consulting GmbH in Berlin-Adlershof. Seine Tätigkeitsschwerpunkte liegen in der Prozessanalyse und Geschäftsprozessoptimierung, sowie der Planung, Konzeptionierung und Implementierung von Webanwendungen im E-Health-Bereich.
E-Mail: sebastian.benisch@quintra.de

Jörn Eichler
Abteilungsleiter „Secure Software Engineering", Fraunhofer-Institut für Angewandte und Integrierte Sicherheit AISEC

Jörn Eichler hat viele Jahre als Entwickler, Architekt und Projektleiter in internationalen Softwareentwicklungsprojekten gearbeitet. Ab 2008 untersuchte er im Testlabor des Fraunhofer-Instituts SIT in Darmstadt die Sicherheit softwarebasierter Lösungen. Seit 2013 leitet er die Abteilung „Secure Software Engineering" des Fraunhofer-Instituts AISEC. Forschungsschwerpunkte bilden effektive Methoden und Werkzeuge für das Security Engineering. Jörn Eichler promovierte an der Technischen Universität München über das Security Engineering elektronischer Geschäftsprozesse.
E-Mail: joern.eichler@aisec.fraunhofer.de
Web: http://www.aisec.fraunhofer.de/en/People/JoernEichler.html

Bernd Eylert
Professor Emeritus für Mobilkommunikation/M-Commerce, Technische Hochschule Wildau [FH], Wildau, Abteilungspräsident a. D. der ehemaligen Deutschen Bundespost, Chairman em. UMTS-Forum, London

Eylert studierte Mathematik, Physik und Philosophie an der Westfälischen Wilhelms-Universität, Münster und schloss das Studium 1975 mit dem Diplom in Mathematik und 1977 mit dem Staatsexamen in Physik ab. 1989 promovierte er an der Technischen Universität Braunschweig zum Dr.-Ing. 1975 trat er in den Landesdienst Nordrhein-Westfalen ein, wo er u. a. Leiter der Entwicklung digitaler (Daten-) Funk- und Kryptosysteme für die BOS war. 1990 wechselte er zur Deutschen Bundespost und als Abteilungspräsident in die Leitung des Zentralamts für Mobilfunk, aus der mit der Privatisierung des Mobilfunks 1993 die heutige T-Mobile wurde. Für die Deutsche

Bundespost und später die T-Mobile/DTAG saß er als Delegierter und Leiter in vielen internationalen Gremien wie ITU, ETSI, GSMA, 3GPP etc., war u. a. der verantwortliche Leiter der Entwicklung der 3. Mobilfunkgeneration UMTS im Konzern Deutsche Telekom bis er 1998 zum Vorsitzenden (Chairman) des UMTS Forums mit Sitz in London gewählt wurde, dessen Chairman Emeritus er noch heute ist. 2005 wurde er zum Professor für Mobilkommunikation/M-Commerce an die TH Wildau berufen. Seine Hauptarbeitsgebiete sind Mobilkommunikation, Sicherheit in der Informations- und Telekommunikationstechnik und Angewandte Mathematik. Seit 2010 ist er Professor Emeritus und wurde im selben Jahr als Bundesbeamter pensioniert. Er lehrt – in reduziertem Umfang – weiterhin an der TH Wildau, der Deutschen Universität für Weiterbildung (DUW) in Berlin, der FH Münster, Abteilung Steinfurt, und am King's College in London (KCL). Er ist Autor und Ko-Autor sowie Herausgeber zahlreicher Fachbücher und Publikationen sowie Inhaber mehrerer Patente.
Anschrift: TH Wildau [FH], Hochschulring 1, 15745 Wildau
E-Mail: beylert@th-Wildau.de

René Gerlach
Softwareentwickler, Dozent, Promotionsstudent, TransMIT Gesellschaft für Technologietransfer mbH, Technische Hochschule Mittelhessen, Philipps-Universität Marburg

René Gerlach studierte von 2003 – 2007 an der Technischen Hochschule Mittelhessen Wirtschaftsinformatik. Seine Schwerpunkte liegen in der Softwaretechnik. Bereits während des Studiums war er als Softwareentwickler im Transfer Zentrum für Web-basierte Software-Projekte der TransMIT GmbH tätig. Zudem nimmt er seit Ende des Studiums regelmäßig Lehraufträge an der THM wahr und ist in Forschungsprojekten der THM tätig. Ferner ist er als Promotionsstudent an der Philipps-Universität Marburg aktiv.
E-Mail: rene.gerlach@mnd.thm.de

Michael Guckert
Professor für Wirtschaftsinformatik, Sprecher des Kompetenzzentrums für Informationstechnologie (KITE) der THM, Leiter des TransMit-Zentrums für webbasierte Softwaresysteme, Technische Hochschule Mittelhessen Friedberg

Prof. Guckert studierte Mathematik an der Justus Liebig Universität in Gießen und promovierte am Fachbereich Mathematik und Informatik der Philipps Universität Marburg bei Prof. Wolfgang Hesse zu einem Thema aus dem Bereich der Modellierung. Er arbeitete in unterschiedlichen Rollen im Bereich der Softwareentwicklung und Informationstechnologie bei namhaften Unternehmen verschiedener Branchen. Seit 2002 ist er Professor für Wirtschaftsinformatik an der THM in Friedberg.

Seine Tätigkeitsschwerpunkte liegen in den Bereichen Softwaretechnik und Wissenbasierte Methoden.
E-Mail: michael.guckert@mnd.thm.de
Web: http://galileo3.mnd.thm.de/profilseite/userprofile/guckert

Georg Rainer Hofmann
Professor und Direktor des Information Management Instituts (IMI) an der Hochschule in Aschaffenburg.

Prof. Hofmann studierte 1982 bis 1986 Informatik und Volkswirtschaftslehre an der Technischen Universität Darmstadt und promovierte 1991 bei Prof. Encarnacao (Darmstadt) und Prof. Stucky (Zürich).

Nach Tätigkeiten als Wissenschaftlicher Mitarbeiter und Abteilungsleiter im Fraunhofer Institut Graphische Datenverarbeitung in Darmstadt, und als Berater (Prokurist) bei der KPMG Unternehmensberatung in Frankfurt am Main und Berlin, wurde er 1996 Professor in Aschaffenburg.

Als Schwerpunkte seiner Arbeit wären zu nennen: Leitbilder und Strategien in der Unternehmensführung und Datenverarbeitung – Management von Beratungs- und Service-Unternehmen – „Beratungsbetriebslehre" – Informations- und Wissensbewertungssysteme – Prozesse im Internet – E-Commerce
E-Mail: Georg-Rainer.Hofmann@h-ab.de

Jürgen Karla
Professor für Wirtschaftsinformatik, Hochschule Niederrhein; Angehöriger der Fakultät für Wirtschaftswissenschaften an der RWTH Aachen University.

Jürgen Karla ist Inhaber einer Professur für Wirtschaftsinformatik an der Hochschule Niederrhein. Gleichzeitig ist er Angehöriger der Fakultät für Wirtschaftswissenschaften an der RWTH Aachen University, wo er sein Studium der Betriebswirtschaftslehre absolvierte.

Seine Forschungstätigkeiten bewegen sich in den Themenfeldern Mobile Business, Social Media sowie Management von Geschäftsprozessen häufig an den Schnittstellen zwischen Wirtschaftsinformatik und Medienmanagement. In den vergangenen Jahren hat er Beiträge zu diesen Themen in internationalen Journals, auf Konferenzen sowie in Büchern veröffentlicht. Er war Projektleiter verschiedener Projekte im Rahmen der Exzellenzinitiative des Bundes und der Länder. Daneben dozierte er Inhalte der Wirtschaftsinformatik an deutschen und ausländischen Hochschulen und Universitäten. Vor seiner Tätigkeit in der Wissenschaft war er als Bankkaufmann tätig.
E-Mail: juergen.karla@hs-niederrhein.de
Web: http://www.hs-niederrhein.de

Nikolai-Kevin Keist
Master-Student in Wirtschaftsinformatik, Technische Hochschule Wildau

Nikolai-Kevin Keist studiert Wirtschaftsinformatik im Master-Studiengang an der Technischen Hochschule Wildau. Zusätzlich arbeitet er als werkstudentischer Software-Entwickler bei der Quintra Business Communication & Consulting GmbH in Berlin. Seine Tätigkeitsschwerpunkte liegen hierbei in der Konzeptionierung, Gestaltung und Entwicklung von Web-Anwendungen und der Administration der benötigten Systeme.

Die Leidenschaft für mobile Anwendungen kam in seiner Bachelorarbeit zum Tragen, in welcher er das hier beschriebene Thema erstmals bearbeitete.
E-Mail: keist@quintra.de

Tobias Kohlhuber
Masterstudent, Hochschule für Angewandte Wissenschaften Landshut

Tobias Kohlhuber studierte Wirtschaftsinformatik an der HAW Landshut. Als Gründer von eikoon SEO arbeitet er als selbständiger Suchmaschinenoptimierer und Marketing Consultant. Auch die Konzeption von Social Media Präsenzen und die Realisierung, gehören zu seinen Tätigkeiten in der SEO. Seine Interessensschwerpunkte liegen im Bereich der Biometrie, des Mobile Payments und der Optimierung von Webauftritten.
E-Mail: Kohlhuber@eikoon.de
Web: www.eikoon.de/tobias-kohlhuber

Anthony Krückel
RWTH Aachen University

Anthony Krückel erlangte 2013 seinen B.Sc. in der Fachrichtung Betriebswirtschaftslehre an der Westfälischen Wilhelms-Universität Münster, wobei er den Fokus auf Unternehmenskooperationen legte. Momentan absolviert er an der RWTH Aachen das Masterprogramm „Business Administration and Economics". Dort vertieft er die Felder Innovation, Marketing und Entrepreneurship. Seine Forschungsinteressen umfassen Business Ecosystem Management, Business Model Innovation und Mobile Business.
E-Mail: anthony.krueckel@rwth-aachen.de
Web: http://www.rwth-aachen.de

Manfred Leisenberg
Professor für Wirtschaftsinformatik, Fachhochschule des Mittelstands, Bielefeld

Prof. Leisenberg studierte Informationstechnik und Theoretische Elektrotechnik an der TU Ilmenau und promovierte am Institut für Kybernetik und Informationsprozesse in Berlin zu einem Thema der virtuellen Speichertechnik. Nach einem Postdoc am International Computer Science Institute in Berkeley/USA leitete er verschiedene Forschungsprojekte im Bereich der künstlichen Intelligenz an der GMD Stankt Augistion und den Universitäten Southhampton und Athen. Dem schloss sich eine längere Tätigkeit als Direktor für Forschungs- und Entwicklungsprojekte bei der Bertelsmann AG an. Seit 2002 ist er Professor für Wirtschaftsinformatik an der FHM Bielefeld.

Seine Tätigkeitsschwerpunkte liegen in den Bereichen Virtuelle Speicher, unbeobachtete Neuronale Netze, Internettechnologie und Mobile Computing. Zu diesen Themen ist er Autor zahlreicher Publikationen und Patentinhaber.
E-Mail: manfred@leisenberg.info
Web: www.leisenberg.info

Cornelius Malerczyk
Professor für Informatik und Mathematik, Technische Hochschule Mittelhessen
Prof. Malerczyk promovierte an der Fakultät für Informatik und Elektrotechnik der Universität Rostock zum Thema „Intuitive Interaktion durch videobasierte Gestenerkennung" im Bereich Computer Vision. Er ist seit 2010 Professor für Grafische Datenverarbeitung an der Technischen Hochschule Mittelhessen. Seine Forschungsschwerpunkte sind neben 3D-Rendering in Echtzeit und Darstellungsqualität auch im Bereich von 3D-Tracking und Erweiterter Realität zu finden. Prof. Malerczyk ist Autor von zahlreichen internationalen Veröffentlichungen im Bereich der Computergrafik und ist regelmäßig Mitglied in Programmkomittees verschiedener Konferenzen.
E-Mail: cornelius.malerczyk@mnd.thm.de
Web: www.gdvlab.de

Ivan Miklecic
Consultant, softScheck GmbH
Fachinformatiker für Systemintegration mit mehrjähriger Erfahrung in der Netzwerksicherheit und im Aufbau von Netzwerkinfrastrukturen. Seit 2013 Security-Consultant bei der softScheck GmbH in Sankt Augustin. Projektleiter bei ISO 27034-basierten Security Tests von Webanwendungen, kritischen IT-Infrastrukturen und Sicherheitssoftware.
E-Mail: ivan.miklecic@softscheck.com
Web: http://www.softscheck.com

Markus U. Mock
Professor für Mobile und Verteilte System, Leiter des Mobile Computing Lab, Hochschule für Angewandte Wissenschaften Landshut
Prof. Mock studierte Informatik an der TH Karlsruhe und promierte an der University of Washington, Seattle in Computer Science zum Thema Runtime Compilation. Anschließend war er Assistant Professor an der University of Pittsburgh und arbeitete danach für knapp 10 Jahre im Silicon Valley bei verschiedenen Technologieunternehmen (u. a. Google, VMWare, Amazon) in der Softwareentwicklung. Seit 2014 ist er Professor der Informatik an der HAW Landshut und beschäftigt sich dort insbesondere mit Software Entwicklung für Mobile und hochskalierbare verteilte Systeme („Big Data"). Er ist Autor zahlreicher Publikationen und mehrerer Patente.
E-Mail: mock@haw-landshut.de
Web: http://www.mock-consulting.com/

Janett Mohnke
Professorin im Studiengang Telematik an der Technischen Hochschule Wildau
Prof. Dr. Mohnke studierte mathematische Informatik an der Humboldt-Universität zu Berlin und schloss das Studium 1991 als Diplom-Informatikerin ab. 1999 promovierte sie mit einem Thema der technischen Informatik. Nach ihrem Studium lebte sie mit ihrer Familie in Saarbrücken, Princeton, Stanford und dann wieder in Berlin und arbeitete an

verschiedenen Universitäten sowie für die Firma DResearch Digital Media Systems GmbH als wissenschaftliche Mitarbeiterin, Softwareentwicklerin und Projektmanagerin.

Seit 2008 lehrt und forscht Janett Mohnke als Professorin am Studiengang Telematik der TH Wildau. Neben dem iCampus Wildau Projekt interessiert sie sich auch für Themen im Bereich der Programmierung eingebetteter Systeme, der Parallelprogrammierung und für Möglichkeiten und Grenzen der Informationsaufbereitung in modernen Informationssystemen.
E-Mail: janett.mohnke@th-wildau.de
Web: https://www.tm.th-wildau.de/user/j-mohnke/

Wilhelm Mülder
Professor für Wirtschaftsinformatik, Leiter des Instituts GEMIT (Geschäftsprozessmanagement und IT) der Hochschule Niederrhein, Mönchengladbach

Prof. Mülder studierte Wirtschaftswissenschaften an der Univ. Essen und promovierte im Bereich Wirtschaftsinformatik zum Thema „Implementierung von computergestützten Personalinformationssystemen“. Nach Tätigkeit als Software-Entwickler und Berater bei zwei Software-Unternehmen ist er als Professor für Wirtschaftsinformatik an der Hochschule Niederrhein, Fachbereich Wirtschaftswissenschaften in Mönchengladbach tätig. Die wichtigsten Lehr- und Forschungsschwerpunkte sind E-Business, M-Business, Digitalisierung der Wirtschaft und Internet der Dinge. Er ist er Sprecher der Fachgruppe „Informationssysteme in der Personalwirtschaft“ innerhalb der Gesellschaft für Informatik e.V., Bonn.

Christian Müller
Professor für Wirtschaftsinformatik, Technische Hochschule Wildau

Christian Müller studierte Mathematik an der Freien Universität Berlin und promovierte über Netzwerkflüsse mit Nebenbedingungen. Später arbeitete er bei der Schering AG und bei den Berliner Verkehrsbetrieben (BVG) im Bereich Fahr- und Dienstplan Optimierung. Jetzt ist er Professor im Studiengang Wirtschaftsinformatik an der Technische Hochschule Wildau.
E-Mail: christian.mueller@th-wildau.de

Hartmut Pohl
Geschäftsführender Gesellschafter, softScheck GmbH, Sankt Augustin

Sichere Software – Secure Software: Security Consulting mit dem ISO 27034 zertifizierten Entwicklungsprozess sicherer Software und dem Security Testing Process: Security Requirements, Analysis, Threat Modeling, Static Source Code Analysis, Dynamic Analysis (Fuzzing), Penetration Testing, Software, Firmware, Apps und Systems, Steuerungssysteme, Webseiten, Netze etc. softScheck garantiert als Prüfungspartner des TÜV Saarland alle Prüfungsergebnisse mit einem proprietären Zertifikat oder auch einem TÜV-Zertifkat.
E-Mail: prof.dr.hartmut.pohl@softscheck.com
Web: http://www.softscheck.com

André Schekelmann

Professor für Wirtschaftsinformatik, insb. Softwareentwicklung am Fachbereich Wirtschaftswissenschaften der Hochschule Niederrhein

Prof. Dr. Schekelmann studierte Informatik mit Nebenfach BWL an der Universität Paderborn und promovierte 1995 mit einer Arbeit im Bereich der Wirtschaftsinformatik. Von 1998 bis 2009 arbeitete er für das Unternehmen sd&m (heute Teil von Capgemini) und wirkte an der Entwicklung großer individueller Softwarelösungen mit. 2009 erhielt er einen Ruf an die HS Osnabrück, 2013 an die HS Niederrhein. Sein Interesse gilt dem Software Engineering für betriebliche Informationssysteme, insb. Requirements Engineering, Facharchitektur und Vorgehen.

E-Mail: andre.schekelmann@hs-niederrhein.de
Web: https://www.hs-niederrhein.de/wirtschaftswissenschaften/personen/q-z/schekelmann-andre/

Peter Scholz

Professor für Informatik und Wirtschaftsinformatik, insbesondere Softwarequalität, Informationssicherheit und Computerforensik and der Hochschule für Angewandte Wissenschaften Landshut, öffentlich bestellter und vereidigter Sachverständiger für Systeme und Anwendungen der Informationsverarbeitung

Peter Scholz studierte Informatik mit Nebenfach Wirtschaftswissenschaften an der Universität Passau und promovierte über die formale Spezifikation reaktiver Systeme und deren verteilte Implementierung am Lehrstuhl von Prof. Dr. Manfred Broy an der TU München in Kooperation mit der BMW Group AG und der Universidad Carlos III Madrid. Anschließend leitete er mehrere strategische IT-Projekte bei BMW und der A. T. Kearney GmbH. Zum Wintersemester 2001/02 wurde er als Professor für Informatik an die HAW Landshut berufen. Dort hat er 2009 den Studiengang Wirtschaftsinformatik initiiert, aufgebaut und mehrere Jahre geleitet. 2005 wurde er als IT-Sachverständiger bestellt und vereidigt. Seine aktuellen Tätigkeitsschwerpunkte liegen in den Bereichen der Informationssicherheit, der Computerforensik und der Softwarequalität.

E-Mail: Peter.Scholz@haw-landshut.de
Web: www.haw-landshut.de/die-hochschule/fakultaeten/informatik/prof-dr-peter-scholz/startseite.html

Julian Schütte

Abteilungsleiter „Secure Applications & Services“, Fraunhofer-Institut für Angewandte und Integrierte Sicherheit AISEC

Julian Schütte leitet die Abteilung Secure Applications & Services des Fraunhofer-AISEC und treibt die Forschungsarbeiten rund um Mobile Application Security voran. Er studierte Informatik an der Technischen Universität Darmstadt und promovierte an der Technischen Universität München. Nach einer mehrjährigen Tätigkeit im sicherer mobiler Systeme am Fraunhofer SIT in Darmstadt wechselte er 2011 an das Fraunhofer AISEC

in München, wo er sich schwerpunktmäßig mit der Softwareanalyse von mobilen Apps beschäftigt.
E-Mail: julian.schuette@aisec.fraunhofer.de

Christian Seel
Professor für Wirtschaftsinformatik, Leiter des Instituts für Projektmanagement und Informationsmodellierung (IPIM), Hochschule für Angewandte Wissenschaften Landshut

Prof. Seel studierte Wirtschaftsinformatik an der WWU Münster und promovierte am Institut für Wirtschaftsinformatik(IWi) in Saarbrücken zu einem Thema der Informationsmodellierung. Anschließend leitete er bei IDS Scheer AG und Software AG mehrere Forschungs- und Entwicklungsprojekte. Seit 2011 ist er Professor für Wirtschaftsinformatik an der HAW Landshut.

Seine Tätigkeitsschwerpunkte liegen in den Bereichen Informationsmodellierung, Geschäftsprozessmanagement, agiles Projektmanagement und Mobile Computing. Zu diesen Themen ist er Autor zahlreicher Publikationen und Patentinhaber.
E-Mail: Christian.Seel@haw-landshut.de
Web: seel.ipim.institute

Gabriele Taentzer
Professorin für Softwaretechnik, Philipps-Universität Marburg

Prof. Taentzer promovierte am Institut für Softwaretechnik und Theroetische Informatik der Technischen Universität Berlin und ist seit 2006 Professorin für Softwaretechnik an der Philipps-Universität Marburg. In der Forschung beschäftigt sie sich mit der modellgetriebenen Entwicklung von Softwaresystemen, Softwarequalität und -evolution. Sie ist eine international anerkannte Wissenschaftlerin mit vielen hochrangigen Veröffentlichungen. Sie ist regelmäßig in den Programmkomittees vieler internationaler Konferenzen. Sie ist Steering Committee Member der Automated Software Engineering Conference (ASE), der European Conferences on Theory and Practice of Software (ETAPS) und der Int. Conference on Graph Transformation sowie Steeering Committee Chair der International Conferene on Fundamental Approaches to Software Engineering.
E-Mail: taentzer@mathematik.uni-marburg.de
Web: www.uni-marburg.de/fb12/swt

Dennis Titze
Researcher im Bereich „Secure Applications & Services“, Fraunhofer-Institut für Angewandte und Integrierte Sicherheit AISEC

Dennis Titze arbeitet im Bereich Secure Applications & Services der Fraunhofer-AISEC seit 2013 an verschiedenen Themen im Kontext mobiler Sicherheit. Er studierte Informatik an der Technischen Universität München und beschäftigt sich im Rahmen einer Promotion seither am Fraunhofer AISEC mit der Sicherheitsanalyse mobiler Anwendungen.
E-Mail: dennis.titze@aisec.fraunhofer.de

Steffen Vaupel
Fachinformatiker (Anwendungsentwicklung), Wissenschaftlicher Mitarbeiter, Philipps-Universität Marburg

Steffen Vaupel studierte von 2007–2011 Informatik an der Philipps-Universität Marburg. Zuvor war er als Anwendungsentwickler in der Industrie tätig. Seine derzeitigen Schwerpunkte liegen in der Softwaretechnik, insbesondere der modellgetriebenen Entwicklung von mobilen Anwendungen.

E-Mail: svaupel@mathematik.uni-marburg.de
Web: https://www.uni-marburg.de/fb12/swt/steffen-vaupel

Henning Wiechers
Projektmitarbeiter für iCampus Wildau im Studiengang Telematik an der Technischen Hochschule Wildau

Henning Wiechers studierte Germanistik an der Freien Universität Berlin und arbeitet seit 2006 freiberuflich als Konzepter und Webentwickler. Seit 2012 ist er im iCampus-Team an der TH Wildau für Entwicklung, Organisation und Öffentlichkeitsarbeit zuständig.

Karsten Würth
Student der Wirtschaftsinformatik (Master), selbstständiger Web-Designer, Werksstudent (Online-Marketing/Grafik-Design), Vicampo.de GmbH

Herr Würth ist Student der Wirtschaftsinformatik an der Hochschule Worms. Nachdem er im Sommer 2015 seinen Abschluss als Bachelor of Science erhalten hat, befindet er sich nun im Master-Studiengang. Nebenberuflich ist er seit seinem 18. Lebensjahr als selbstständiger Web-Designer tätig und arbeitet außerdem seit 2014 als Werksstudent im Bereich Online-Marketing und Grafik-Design bei der Vicampo.de GmbH in Mainz.

E-Mail: karsten.wuerth@hs-worms.de
Web: www.wuerth-webdesign.de

1 Einleitung

Thomas Barton, Christian Müller, und Christian Seel

Zusammenfassung

Früher wurde Software für betriebliche Anwendungen auf Basis eines Client-server Paradigmas betrieben. Mit der Entwicklung des E-Business wurde es selbstverständlich, dass Software in einem Browser lauffähig wurde. Mittlerweile gibt es mobile Endgeräte wie Smartphones und Tablet Computer, die eine immer größere Rolle bei der mobilen Nutzung des Internets spielen. Informationstechnologie mobil zur Verfügung zu stellen, ist von großer Wichtigkeit, so dass es nicht verwundert, dass mit Mobile Computing, Ubiquitous Computing und Portable Computing mehrere Begriffe vorhanden sind, die dieser Bedeutung Rechnung tragen. Der betriebswirtschaftliche Nutzen von mobilen betrieblichen Anwendungen spielt eine sehr wichtige Rolle. Mobile Anwendungen sind anders geartet als nicht-mobile Anwendungen. Aufgrund der Komplexität von mobilen betrieblichen Anwendungen kommt dem Software Engineering eine besondere Bedeutung zu. Auf mobilen Endgeräten gilt es, die gleichen Regeln und Sicherheitsvorkehrungen zu treffen und anzuwenden wie an einem stationären Computer. Vertraulichkeit, Integrität und Verfügbarkeit von Anwendungen und -daten sind zu gewährleisten. Apps müssen während der Entwicklung auf Sicherheit geprüft werden. Beim mobilen Bezahlen können kombinierte biometrische

T. Barton (✉)
Hochschule Worms, Worms, Deutschland
E-mail: barton@hs-worms.de

C. Müller
Technische Hochschule Wildau, Wildau, Deutschland
E-mail: christian.mueller@th-wildau.de

C. Seel
Hochschule für Angewandte Wissenschaften Landshutl, Landshut, Deutschland
E-mail: Christian.Seel@haw-landshut.de

T. Barton et al. (Hrsg.), *Mobile Anwendungen in Unternehmen*, Angewandte Wirtschaftsinformatik,
DOI 10.1007/978-3-658-12010-8_1

Authentifizierungsverfahren eingesetzt werden. Anhand von Anwendungsszenarien für mobile Apps lässt sich erläutern, welche Eigenheiten der Betriebssysteme bei der Entwicklung eine Rolle spielen, wie die Synchronisation von Daten mithilfe einer API erfolgt und wie die Entwicklung einer App für Android und iOS erfolgt [1].

Schlüsselwörter
Mobile first • Cloud first

Software für betriebliche Anwendungen ist – wie jede andere Software auch – einem steten Wandel unterworfen. Früher wurde Software für betriebliche Anwendungen auf Basis eines Client–server Paradigmas betrieben, und es war selbstverständlich, dass auf dem Client eines Nutzers auch Software installiert war. Solche sogenannten Desktop-Lösungen existieren immer noch und werden auch noch genutzt. Mit der Entwicklung des E-Business wurde es selbstverständlich, dass Software in einem Browser lauffähig wurde. Darüber hinaus erforderten mobile Endgeräte und mobiles Internet, dass Anwendungen auch mobil zur Verfügung stehen. Allerdings ging es bei der mobilen Nutzung von Anwendungen zunächst darum, vorhandene Software zu erweitern, um sie auch auf mobilen Endgeräten zu nutzen. Insbesondere bei Anwendungen für den Außendienst und für das höhere Management ist eine mobile Nutzung äußerst wünschenswert und wird auch von mittelständischen Unternehmen längst eingesetzt [2]. Mittlerweile haben sich mobile Endgeräte enorm weiter entwickelt: Smartphones und Tablet Computer spielen eine immer größere Rolle bei der mobilen Nutzung des Internets. Einer Umfrage im Rahmen einer Konsumentenstudie zufolge wird bei der Nutzung von sozialen Netzwerken das Smartphone fast ebenso häufig genutzt wird wie stationärer Computer und Laptop bzw. Notebook zusammen [3]. Die Software, die auf den mobilen Endgeräten hierbei zum Einsatz kommt, wird hierbei als App von einem App Store geladen. Von den Informationssystemen, die zusätzlich zu der Software auf einem Smartphone oder Tablet Computer eingesetzt werden, bekommt der Anwender gar nichts mit. Denn diese Informationssysteme werden automatisch von einem Dienstleister zur Verfügung gestellt und sind mit Hilfe von Software Services mit den Apps verbunden, die sich auf dem Smartphone oder dem Tablet Computer laufen. Immer häufiger handelt es sich um Informationssysteme, die in einer Cloud betrieben werden [4]. Die Mobilen Endgeräte bilden auch die Basis für eine sich neu entwickelnde Ökonomie [5, 6], deren Grundlage IT basierte Business Plattformen sind und deren Ursprünge bei z. B. Google, Amazon und Facebook liegen.

1.1 Terminologie und Technologie

Informationstechnologie mobil zur Verfügung zu stellen, ist von großer Wichtigkeit, so dass es nicht verwundert, dass mit Mobile Computing, Ubiquitous Computing und Portable Computing mehrere Begriffe vorhanden sind, die dieser Bedeutung Rechnung tragen. Demzufolge ist es nur konsequent, dass der erste Beitrag von Georg Rainer Hofmann diese Begriffe aufgreift und zum Gegenstand seiner Betrachtungen macht.

Technologien sind Treiber bei der Entwicklung von mobilen Einsatzszenarien. Markus Mock und Christian Seel machen in ihrem Beitrag „Proximity-based Services" Funktionsweise und Anwendungsmöglichkeiten von Technologien zum Gegenstand, die darauf basieren, dass eine räumliche Nähe zu einem bestimmten Objekt gegeben ist.

1.2 Betriebswirtschaftlicher Nutzen und mobiles Ecosystem

Der betriebswirtschaftliche Nutzen von mobilen betrieblichen Anwendungen spielt eine sehr wichtige Rolle und wird anhand zweier Einsatzbereiche thematisiert.

So zeigt Wilhelm Mülder in dem Beitrag „Mobile Human Resource Management" für den Bereich des Personalwesens auf, welche Chancen sich für Unternehmen durch mobile Apps für Anwendungsbereiche wie beispielsweise Lernen, Personalbeschaffung und Zeiterfassung bieten und welche Herausforderungen damit verbunden sind.

Manfred Leisenberg untersucht in dem Beitrag „Die Werkzeuge des Mobile Marketing" die Chancen mobiler Lösungen im Bereich des Marketing, stellt wichtige Werkzeuge vor und beleuchtet den Erfolg mobiler Marketingkampagnen.

Bei der Software, die auf den mobilen Endgeräten zum Einsatz kommt, handelt es sich oft um sogenannte native Apps, die – abhängig von dem jeweiligen Betriebssystem – in einer spezifischen Programmiersprache und in einer spezifischen Entwicklungsumgebung erstellt wird und darüber hinaus in einem spezifischen App Store zur Verfügung gestellt wird. Für Smartphones ist Android weltweit (Google) mit 82,8 % vor iOS (Apple) mit 13,9 % und Windows (Microsoft) mit 2,6 % das am meisten verbreitete Betriebssystem im zweiten Quartal 2015 [7]. Für Tablet Computer liegt hier ebenfalls Android (Google) vorne mit 70 % vor iOS (Apple) mit 21 % und Windows (Microsoft) mit 9 % [8]. Anthony Krückel und Jürgen Karla geben in dem Beitrag „Ecosystem Management für Android OS" einen Überblick über das Betriebssystem Android und arbeiten die Besonderheiten in Bezug auf das zugrunde liegende Ecosystem heraus.

1.3 Software Engineering mobiler Anwendungen

Mittlerweile hat man erkannt, dass mobile Anwendungen anders geartet sind als nichtmobile Anwendungen. Aufgrund der Komplexität von mobilen betrieblichen Anwendungen kommt dem Software Engineering eine besondere Bedeutung zu. Die Herausforderungen und Lösungsansätze für die Entwicklung mobiler Anwendungen beleuchtet André Schekelmann in dem Beitrag „Software Engineering für Mobile Anwendungen".

Die Entwicklung von nativen Apps bedeutet, dass für unterschiedliche Betriebssysteme jeweils eine eigene App mit verschiedenen Programmiersprachen und Entwicklungswerkzeugen zu erstellen ist. Um Kosten- und Zeitaufwand bei gleichbleibendem qualitativem

Ergebnis zu minimieren, bietet sich eine Entwicklung von sogenannten Hybrid-Apps an, die plattformübergreifend erfolgt. Nikolai-Kevin Keist, Sebastian Benisch und Christian Müller liefern in dem Beitrag „Möglichkeiten und Grenzen der plattformübergreifenden App-Entwicklung" eine Hilfestellung zur plattformübergreifenden App-Entwicklung.

1.4 Sicherheit mobiler Anwendungen

Smartphones und Tablet Computer sind weit verbreitete Kommunikationsmittel. Bernd Eylert erläutert in dem Beitrag „Sicherheit bei Smartphones und Tablets", warum jeder Nutzer die gleichen Regeln und Sicherheitsvorkehrungen treffen und anwenden sollte, als wenn er an einem stationären Computer säße.

In dem Beitrag „Sichere Business-Apps unter Android" erläutern Julian Schütte, Jörn Eichler und Dennis Titze, wie Vertraulichkeit, Integrität und Verfügbarkeit von mobilen Geschäftsanwendungen und -daten gewährleisten werden können.

Ivan Miklecic und Hartmut Pohl zeigen in dem Beitrag „Security Testing von Apps" auf, wie Apps während der Entwicklung auf Sicherheit geprüft werden können, wobei sie in ihren Ausführungen Sicherheitsanforderungen, Design, Implementierung als auch dynamische Tests einschließen.

Peter Scholz und Tobias Kohlhuber schlagen in dem Beitrag „Biometrische Authentifizierung bei mobilen Anwendungen" die Nutzung kombinierter biometrischer Authentifizierungsverfahren für das mobile Bezahlen vor.

1.5 Anwendungsszenarien mobiler Apps

Ein Autorenteam um René Gerlach und Michael Guckert stellen in dem Beitrag „Modellgetriebene Entwicklung mobiler Anwendungen mit Augmented Reality Funktionalität" vor, wie das Konzept der erweiterten Realität in mobile Anwendungen integriert werden kann. Dabei setzen Sie die modellgetriebene Softwareentwicklung ein.

In dem Beitrag „Entwicklung einer Food-App für einen Tablet-Computer" zeigen Karsten Würth und Thomas Barton die Entwicklung einer Food-App in Form eines Prototyps auf. Sie gehen hierbei auf die Eigenheiten bei der Entwicklung unter Android ein und veranschaulichen die Synchronisation von Daten mithilfe einer API.

Alfredo Azmitia, Janett Mohnke und Henning Wiechers stellen eine von ihnen entwickelte App für Android und iOS vor. Gemachte Erfahrungen und Vorschläge für zukünftige Weiterentwicklungen stehen im Fokus des Beitrags „Campus App Unidos Wildau – ein ständiger Begleiter für den Alltag an der Technischen Hochschule Wildau".

Literatur

1. Nadella S (2014): Mobile First, Cloud First Press Briefing. http://news.microsoft.com/2014/03/27/satya-nadella-mobile-first-cloud-first-press-briefing/. Zugegriffen: 25.10.2015
2. Bentz Y, Sticht B, Elbert E und Barton T (2012) Mobile Management- und Vertriebsunterstützung in einem mittelständischen Unternehmen auf Basis von SAP BW. Barton T, Erdlenbruch B, Herrmann F, Müller C, Schuler J (Hrsg.) Management und IT. Verlag News & Media, Berlin, S. 169–178
3. Ofcom (2014) International Communications Market Report. http://stakeholders.ofcom.org.uk/binaries/research/cmr/cmr14/icmr/ICMR_2014.pdf. Zugegriffen: 26.10.2015
4. Barton T (2014) E-Business mit Cloud Computing. Springer Fachmedien, Wiesbaden
5. Schmidt E, Rosenberg J (2015): How Google Works, John Murray
6. Choudary S P (2015): Platform Scale, Platform Thinking Labs
7. Statista (2015) Marktanteile der führenden Betriebssysteme am Absatz von Smartphones weltweit vom 1. Quartal 2009 bis zum 2. Quartal 2015. http://de.statista.com/statistik/daten/studie/73662/umfrage/marktanteil-der-smartphone-betriebssysteme-nach-quartalen/. Zugegriffen: 26.10.2015
8. Statista (2015) Marktanteile der führenden Betriebssysteme am Absatz von Tablets* weltweit vom 2. Quartal 2010 bis zum 2. Quartal 2015 http://de.statista.com/statistik/daten/studie/196140/umfrage/marktanteile-der-fuehrenden-betriebssysteme-im-tablet-markt-seit-2010/ Zugegriffen: 26.10.2015

Teil I
Terminologie und Technologie

Informationstechnologie mobil zur Verfügung zu stellen, ist von großer Bedeutung, so dass es nicht verwundert, dass mit Mobile Computing, Ubiquitous Computing und Portable Computing mehrere Begriffe vorhanden sind, die dieser Bedeutung Rechnung tragen. Im folgenden Kapitel werden diese Begriffe aufgegriffen. Des Weiteren werden die Technologien von mobilen Einsatzszenarien betrachtet: In diesem Kapitel wird der Fokus auf die Funktionsweise und die Anwendungsmöglichkeiten von Technologien gelegt, die darauf basieren, dass eine räumliche Nähe zu einem bestimmten Objekt gegeben ist.

Mobile vs. Ubiquitous vs. Portable Computing – einige Bemerkungen zu den Begriffen – und zur Case-based Evidence einer *Daten-Bank*

2

Georg Rainer Hofmann

Der Mensch hat dreierlei Wege klug zu handeln:
erstens durch Nachdenken, das ist der edelste,
zweitens durch Erfahrung, das ist der bitterste,
drittens durch Nachahmen, das ist der leichteste.
Kong-tse, verm. 551-479 v. Chr.

Zusammenfassung

Das Kapitel verfolgt zunächst eine Begriffsklärung – um den Terminus „mobile computing" von Szenarien mit portablen(!) Endgeräten und von ubiquitären(!) Daten und Computerleistung abzugrenzen. Vor dem Hintergrund der Analogien von „Ubiquität von Daten und Geld" sowie von „Personalisierte Computerleistung und Vermögensverwaltung" wird weiter mit dem Ansatz der Case-based Evidence gezeigt, in welche Richtungen sich „mobile portable ubiquitous computing" strukturell und künftig weiter entwickeln könnte.

Schlüsselwörter

Case-based Evidence • Taxonomie • Mobile Computing • Ubiquitous Computing • Portable Computing

G.R. Hofmann (✉)
Hochschule Aschaffenburg, Aschaffenburg, Deutschland
E-Mail: Georg-Rainer.Hofmann@h-ab.de

T. Barton et al. (Hrsg.), *Mobile Anwendungen in Unternehmen*, Angewandte Wirtschaftsinformatik,
DOI 10.1007/978-3-658-12010-8_2

2.1 Mobilität, Portabilität und Ubiquität von Computerleistung – eine Begriffsklärung

Es soll zunächst gezeigt werden, dass sich der Computer-Begriff *„mobile"* in einer gewissen und eigentümlichen Weise – im allgemeinen Sprachgebrauch – irreführend etabliert hat. Einige Erläuterungen zu den Vokabeln können hilfreich für das weitere Verständnis der Materie sein.

Das lateinische Adjektiv *mobilis* bedeutet „beweglich", es kam über die Militärsprache[1] (frz. *mobile* – „marschbereit" [7]) in das heutige deutsche Vokabular. Bezogen auf irgendwelche Gegenstände und Sachen, auch Computerhardware, kann festgestellt werden, dass – bis auf die im Wortsinn „Immobilien" – alles Mögliche beweglich ist, bzw. beweglich gemacht[2] werden kann; echt immobile Computer[3] dürfte es mithin kaum geben.

Das lateinische Verb *portare* bedeutet wiederum „tragen"; die im Deutschen bekannten und oft verwendeten Adjektive „portabel" und „portierbar" rühren daher [7]. Portabilität im Informatikkontext bezieht sich üblicherweise auf eine spezielle Eigenschaft von Software oder Daten (Übertragbarkeit durch die Verwendung von Standards und Standardschnittstellen) [18], weniger auf die Tragbarkeit,[4] im Sinne der unmittelbaren Handhabbarkeit eines Gerätes, durch eine einzelne Person.

Das lateinische Wort *ubique* bedeutet hingegen „überall", unter Ubiquität versteht man Allgegenwart [3, 7]: Historisch gesehen ist Allgegenwärtigkeit als Begriff (und Problem) vor allem der Theologie – speziell der Abendmahlslehre[5] – bekannt. Im Marketing hingegen bezeichnet Ubiquität die Markenpräsenz oder die Erhältlichkeit eines Gutes an jedem beliebigen Ort.[6] Wahrscheinlich bekam der Begriff „Ubiquität" eine *technische Bedeutung* erst über die „Allgegenwart der Medien", vor allem des (Fernseh-) Rundfunks.

Bereits während und nach den 1950er-Jahren waren – und sind bis in die Gegenwart – mehrere Dimensionen der Ubiquität, Mobilität und Portabilität speziell der Medien zu beobachten, welche aber ihrer Natur nach grundverschieden sind:

---

[1] Der militärische Kontext wird heute noch im Begriff der „Mobilmachung" transparent, wörtlich bedeutet dies bekanntermaßen „in Marschbereitschaft setzen".

[2] Dies trifft im Besonderen auf (in der Tat der gleiche Wortstamm!) die *Möbel* zu.

[3] Obwohl man die Rechenzentren großer mobiler Systeme (zu denken wäre hier etwa an ein großes militärisches System, wie einen Flugzeugträger) kaum unter *„mobile computing"* fallen, mobil sind sie freilich doch – denn ortsfest sind sie allemal nicht.

[4] Der Begriff *„portable"* (aus dem Englischen!) für ein – durch eine einzelne Person mit sich herum – tragbares Rundfunkempfangsgerät ist hingegen irgendwie aus der Mode gekommen.

[5] Das – von M. Luther aufgeworfene – Problem ist, wie die leibliche Allgegenwart J. Christi bei jedem(!) und jeweiligen(!) Abendmahl zu erklären sei – nach jahrelanger Diskussion (1947–1957) gelangte die Evangelische Theologie dann in den sogenannten „Arnoldshainer Thesen" zu einer gemeinsam zu vertretenden Position.

[6] Eigenartigerweise scheint die Ubiquität gewisser(!) einzelner(!) Güter und auch Markennahmen – ausgewählt nach eigentlich welchen Kriterien? – den speziellen Unmut der sogenannten „Globalisierungsgegner" hervorzurufen.

1. *Ubiquität der Medieninhalte:* Mit der zunehmenden Verbilligung der Empfangsgeräte ist heute fast jeder(!) Haushalt im deutschsprachigen Raum – gegebenenfalls auch gleich mehrfach, für jede(!) Haushalts-angehörige Person in allen möglichen *Lebenslagen* (Wohnzimmer, Schlafzimmer,[7] Küche,[8] Bad,[9] Automobil[10]) jeweils separat – mit stationär betriebenen Rundfunkempfängern ausgestattet.
2. *Portabilität der Endgeräte:* Die Empfangsgeräte wurden durch die Weiterentwicklung der Transistor- und Antennentechnologie und neue Möglichkeiten der Energieversorgung immer kleiner und leichter, so dass es möglich wurde, Rundfunkempfänger mobil zu betreiben: Da Rundfunkempfänger auch noch leicht und damit tragbar – im Sinne von *portable* – die *„portables"* im Englischen – geworden sind, konnten sie in allen möglichen Situationen und Lebenslagen betrieben werden. Die Portabilität der Endgeräte setzt die Ubiquität der Inhalte quasi voraus: Der Betrieb eines portablen Empfangsgeräts macht ohne Senderabdeckung keinen großen Sinn, daher setzte sich durch – ... – die einigermaßen sinnvolle
3. *Kombination von Ubiquität der (Medien-) Inhalte und Portabilität der Endgeräte:* Das portable Empfangsgerät seit dem Jahr 2008 ist vor allem in Gestalt des Smartphones anzutreffen. Die Inhalte liegen per IP-Netzabdeckung ubiquitär gleichsam überall in der Luft. Der Nutzwert eines Smartphones ohne Netzanbindung (WLAN, UMTS, etc.) hält sich in engen Grenzen.[11]

Diese empfängerseitige technische Infrastruktur führte nun – bereits vor Jahrzehnten – tatsächlich zu dem Phänomen, dass beispielsweise die Wiener Philharmoniker mit ihrem Neujahrskonzert[12] zwar keine physisch-leibliche,[13] aber doch eine virtuelle Ubiquität

[7] Der Radiowecker ist – an und für sich – schon ein Phänomen!

[8] Sehr erhellend hier der – auf die entsprechende Tätigkeit in einer Küche bezogene – im Jahr 2002 benützte Werbeslogan des Hessischen Rundfunks „Wer spülen will, muss hören".

[9] Ohne Zweifel kann hier der wasserdichte Dusch-Radioempfänger als eine konzeptionelle Weiterentwicklung des bereits erwähnten Radioweckers gelten.

[10] Sic. Zwar heißt es Auto*mobil*, gleichwohl scheint das Autoradio – ob seines festen Einbaus – eher zu den im Inertialsystem Automobil stationär-ortsfesten Geräten zu gehören. Allerdings sind in den 1980er-Jahren, speziell in Südeuropa, zu Fuß gehende Autofahrer zu beobachten gewesen, die ihr Autoradio mit sich führten, zur Abwehr der allfälligen Entwendung desselben aus dem geparkten Automobil – heutzutage (im Jahr 2016) nur noch sehr vereinzelt auftretend.

[11] Des Users Ausruf „ich hab' hier kein Netz" hat zuweilen einen desparaten Unterton – wer hätte in der Mitte der 1990er-Jahren schon geglaubt, dass ca. 20 Jahre später der Nutzwert eines ICE-Reisezugs maßgeblich von der möglichst permanenten Verfügbarkeit einer Internetanbindung für die portablen Endgeräte der Reisenden – für welche „Anwendungen" auch immer – bestimmt sein würde?

[12] Es lassen sich, neben dem berühmten Wiener Neujahrkonzert, weitere taugliche Beispiele für echte (globale!) Ubiquität zu finden. Vielleicht fallen die Eröffnungsfeiern von olympischen Spielen darunter, oder Finalspiele von Fußballweltmeisterschaften. Die päpstlichen Segnungen zu Ostern und Weihnachten bilden hier noch einmal eine spezielle Kategorie; in das *urbi et orbi* sind Radiohörer und Fernsehzuschauer jedenfalls explizit mit einbezogen!

[13] So wie bei Luthers Problem ? – siehe oben!

besitzen: Die zentrale Versorgung der Senderinfrastruktur mit Inhalten (*content*) – von *einer* Redaktion aus – ermöglicht diesen, in der westlichen Zivilisation natürlich bestens bekannten, Effekt.

Man könnte somit das Neujahrkonzert der Wiener Philharmoniker als tatsächlich[14] *ubiquitär* bezeichnen! Nach dem Verständnis des Kritischen Rationalismus[15] [28] gehören die Philharmoniker selbst zur „Welt 1", jedoch das Konzert zur „Welt 3": Die logische und notwendige Folgerung ist mithin, dass lediglich den Inhalten der „Welt 3" die Qualität einer Ubiquität zukommen kann.

Eine Computer*hardware*, als ein(!) physikalisches Objekt der „Welt 1" zugehörig, kann prinzipiell – man könnte auch meinen: per definitionem[16] – nicht *ubiquitär*, sondern höchstens *mobil* oder eben *portabel* sein.

Was bedeutet also dieses? Welche Folgerungen für die technische Infrastruktur zur Bereitstellung von Computerleistung und für die Benutzer ergeben sich daraus?

2.2 Ubiquität braucht einen Benutzer, ein „Gegenüber"

Die deutsche Übersetzung des Begriffs Ubiquität als „All*gegen*wart" macht bereits deutlich, dass Ubiquität immer einen Personenbezug[17] haben muss. Es muss immer betrachtet werden, wem(!) was(!) *gegen*wärtig sein soll. So ist – selbstverständlich – das Ausstrahlen eines Rundfunkprogramms ohne jegliche Aussicht auf ein (Fernseh- oder Radio-) Publikum eine völlig sinnlose Angelegenheit. Ergo braucht jeder(!) Computer einen *Benutzer*: Auch vom automatischsten aller Automaten möchte *man* – welche Person das auch immer konkret sein mag – wenigstens *wissen*, welche(!) Effekte er zeitigt.

[14] Zu unterscheiden ist hier wohlweislich, dass nicht die Musiker, sondern das zu hörende Konzert *tatsächlich ubiquitär* ist.

[15] Das bekannte kritisch-rationale „Drei-Welten-Modell" in der Version nach K. Popper und J. Eccles [28] unterscheidet: Die *Welt 1*, das ist die Welt der physikalischen Gegenstände (alle Materie, lebende Organismen, die „Sachen", ...); die *Welt 2*, das ist die Welt der subjektiven Erlebnisse (Empfindungen der Menschen und Tiere, Ich-Bewusstsein, Wissen um den eigenen Tod, *„the self"* – in J. Eccles' Diktion, ...), und die *Welt 3*, das sind die Erzeugnisse des menschlichen Geistes (menschliche Sprachen, Mythen, Kunstwerke, wissenschaftliche Entdeckungen, ..., und auch Software, Daten, usw.). Siehe hierzu – neben [28] – auch https://de.wikipedia.org/wiki/Drei-Welten-Lehre.

[16] Dies gilt nicht für die „Marke" dieser Hardware oder ihre prospektive Verfügbarkeit – hier kann „Ubiquität" im oben genannten Marketing-Sinn durchaus gegeben sein.

[17] Es braucht also, in anderen Worten, immer ein „erkennendes Subjekt" (das ist als *„the self"* der „Welt 2" nach Popper zugehörig), welches die präsentierten Inhalte zur Kenntnis nehmen kann. Diese absolut zentrale Rolle des erkennenden Subjekts dürfte den einem primitiven Materialismus, beziehungsweise naiven Realismus, zugeneigten Ingenieuren doch eher fremd sein.

Fehlt auch diese minimale Einbindung eines Benutzers – weiß man also nicht einmal, ob ein Automat etwas bewirkt oder nicht – kann der fragliche Automat statt *existent* genauso gut *nicht-existent* sein; ein Unterschied ist nicht mehr feststellbar.[18]

Aus dieser grundsätzlichen Überlegung heraus folgt die triviale Erkenntnis, dass jedes Szenario der Computernutzung nur sinnhaft ist, wenn sich eine Nutzgruppe für das Szenario definieren oder beobachten lässt: Die Gestaltung der IT-Systeme und deren Nutzer-Akzeptanz sind nicht trennbar.

2.3 Ubiquität der Computer?

Überträgt man die dargestellten Aspekte der Ubiquität nun auf Computer, so muss man konsequenterweise zwischen den Computern[19] als Objekten („Welt 1") und einer Computer*leistung* (einer Rechenleistung, der „Welt 3" zugehörig) unterscheiden: Offensichtlich verdient nur die Ubiquität von Computerleistung eine weitere Diskussion – denn eine Hardware kann selbstredend nicht ubiquitär sein.

Es ergibt sich, dass Computer, zur Erreichung einer Ubiquität der Computerleistung gegenüber einem gedachten Benutzer (oder einer Benutzergruppe)

1. in allen Lebenslagen des beruflichen und privaten Umfelds der Nutzer *stationär oder mobile* verfügbar sein müssten – ein Umstand, welcher bereits in einem hohen Maß eingetreten ist; Computer sind nicht nur in Büros und privaten Haushalten präsent, sondern auch in Automobilen, im Freizeitbereich, etc.
2. auch als *portable Geräte* verfügbar sind. Die noch in den ersten Jahren des neuen Jahrtausends existierenden Defizite und die Komplexität der Probleme nicht nur der Miniaturisierung der eigentlichen Prozessor- und Speichertechnologie, sondern auch ergonomisch brauchbarer Bildschirme und bedienbarer Tastaturen konnte reduziert werden, denn
3. das Problem der brauchbaren Mini-Tastaturen hat sich durch die Wischtechnik der Smartphones – seit dem Jahr 2008 – etwas relativiert. Geblieben sind die Probleme der (zu) kleinen Bildschirme der zum Teil unsicheren Netzanbindung und der fehlenden Drucker. Hinzu kommt, dass es schwierig ist, mit der Mini-Tastatur eines Smartphones

[18] Was man sehr schön illustrieren kann am Beispiel einer Raumsonde, von der man keine Signale auf der Erde mehr empfängt. Es macht – in der Tat – keinen Unterschied, ob die Sonde noch arbeitet, oder was auch immer. Ohne erkennende Subjekte hat die Sonde den Horizont der Erkenntnis verlassen.

[19] Wobei – im Sinne einer Definition – unter „Computer" die Turingsche und Mooresche Form der Rechenmaschinen, Geräte der sinnvollen Automatisierung, und Maschinen für die Nutzung multimedialer Unterhaltung subsummiert werden sollen.

einen besseren Text zu erstellen, etwa eine akademische Abschlussarbeit, oder dergleichen.[20] Hierfür braucht man noch „richtige" Rechner an einem „richtigen" Arbeitsplatz.
4. Zugang zu einem *global content* haben, respektive mit ebensolchem versorgt werden – die Versorgung aller Computer mit „zentralen Daten" wäre im Prinzip gut möglich, etwa über die Protokollzugriffe der Offenen Systeme (http, etc.). „Zentralität der Daten" bedeutet hier nicht, dass sie von einem(!) ominösen Computer zentral gehalten und vorgegeben werden, sondern, dass ein Abgleich der Daten der verschiedenen Computer und Systeme untereinander erfolgen kann. Hier ist festzuhalten, dass es im täglichen Umfeld eine ganze Reihe von geschlossenen Systemen gibt, mit denen ein Datenaustausch, resp. Datenabgleich, technisch nicht oder nur sehr schwer möglich ist.[21]

Es tritt – zusätzlich zum oben betrachteten Rundfunkszenario – noch ein weiterer Aspekt hinzu, nämlich die Frage der individuellen *Personalisierung* – in Bezug auf ein Benutzerprofil – der Computerleistung, der Computer-Funktionen und der von Computern gespeicherten Daten. Letzterer Aspekt des konsequenten Eingehens auf die Anforderungen der prospektiven Benutzer erscheint noch nicht hinreichend adressiert zu sein, wie in den folgenden Abschnitten weiter dargelegt werden soll.

Unser Szenario beschreibt Anforderungen und skizziert die technische und betriebswirtschaftliche Infrastruktur für das *Ubiquitous Computing* im Sinne einer personalisierten *Daten-Bank*. Das Szenario soll mithilfe der Case-based Evidence entwickelt werden.

2.4 Case-based Evidence

Die „Case-based Evidence" (deutsch *Fall-basierter Nachweis*) ist eine Methode, der die Annahme zu Grunde liegt, dass sich bestimmte menschliche Verhaltensmuster, auch im Sinne von Einstellungen und Grundhaltungen, insbesondere hinsichtlich der aktiven und passiven Akzeptanz [1, 5, 6, 9, 17, 20, 21] von informationstechnischen Systemen, technischen Vorrichtungen und Verfahren, von einer oder von mehreren vorliegenden (im Sinne von vorherigen oder vorhergehenden) Problemstellungen, den Analogiequellen, auf eine andere, aktuelle Problemstellung, dem Analogieziel, übertragen lassen. Die Methode wurde bereits in einigen Fällen mit durchaus beachteten Ergebnissen [2, 11, 12, 13, 14, 31] angewendet.

[20] Das Genre der Science-Fiction-Literatur hat solche Probleme natürlich längst gelöst, M. Chrichton beschreibt im Roman „Time Line" [4] einen universellen, vor allem für die Sprachübersetzung und für die interpersonelle Kommunikation einsetzbaren Quantencomputer, den man im Gehörgang eines Ohres tragen kann – während die Resultate heutiger Übersetzungscomputer (und Internet-Übersetzungsprogramme) eher als Stoff für unterhaltsame Glossen herhalten müssen ...

[21] Zu nennen sind hier etwa die diversen *social networks*, für welche Funktionen zum elektronischen Austausch und zur Weiterverarbeitung der persönlichen Daten ganz nützlich wäre, was aber (zum Teil) deren originären Geschäftsmodelle zuwider läuft.

2.4.1 Die Komponenten der Methode der Case-based Evidence

Die Komponenten der Analogieschlüsse der Case-based-Evidence-Methode können wie folgt beschrieben werden [29]:

I. *Aktueller Fall – das Analogie-Ziel.* Es wird von einem gegebenen Fall ausgegangen, bei dem die Beweggründe der beteiligten Personen, die zu deren bestimmtem Verhalten (damit einer bestimmten akzeptierbaren IT-Systemgestaltung) führen, nicht eindeutig vorhergesagt werden können, also dahingehend offen sind und eine Forschungsfrage darstellen. Zudem ist nicht klar, welche Parameter zu einer Verhaltensänderung, wie z. B. einer Verbesserung des Akzeptanzverhaltens in Bezug auf ein System oder eine Vorrichtung führen würden.
II. *Vergleichsfälle – die Analogie-Quellen.* Es werden strukturähnliche – isomorphe – Fälle identifiziert, die entweder historisch oder auch aktuell in „anderen" thematischen Bereichen und ökonomischen Branchen zu finden sind. In diesen Vergleichsfällen sind die Parameter, die zu bestimmten kognitiven Prozessen und Verhalten führen, bekannt – oder wenigstens etwas bekannter.
III. *Isomorphie-Rückschluss.* Aus den Erkenntnissen der Analogie-Quellen werden Rückschlüsse auf das Analogie-Ziel vorgenommen.

Die Kunst besteht darin, eben diese tragfähigen Analogien (die Analogiequellen) zu finden und die dort identifizierbaren Einstellungs- und Verhaltensschemata auf die Problemstellung des aktuellen Falls, etwa die Akzeptanz eines innovativen IT-Systems, zu übertragen. Der Zusammenhang zwischen Analogiequelle und Analogieziel ist freilich nicht kausal, da sie eigentlich unabhängig voneinander sind. Es lässt sich jedoch anhand vieler Beispiele beobachten, dass bestimmte Mechanismen, wie Verhaltensmuster von Menschen, von einem Fall auf einen anderen übertragbar sind [5, 9, 16, 19, 26]. Die Fähigkeit, Analogien wahrzunehmen, und gefundene Isomorphie als Ergebnisse von der Analogiequelle zum Analogieziel zu übertragen, erscheint in der kognitiven Psychologie als ein zentraler Prozess, gar als eine wesentliche kulturelle Errungenschaft des Menschen schlechthin. Dieser Umstand wird in der neueren populärwissenschaftlichen Literatur intensiv diskutiert, allgemein in [15], aber auch zu speziellen Gebieten [19]. Gleichwohl ist zu konstatieren, dass Analogiebildungen – wissenschaftstheoretisch – keinerlei kausalmethodische Grundlage haben. Das Ursache-Wirkungs-Prinzip tritt hier hinter das Mittel-Zweck-Prinzip zurück.

Die Synoptische Modellbildung – in einer gewissen Anlehnung an die enzyklopädischen Vorgaben von J. Mittelstrass [25] diese stark modifizierend – hat folgenden Kriterien zu genügen:

a. Abstrakt: Das Modell – als ein beschränktes Abbild der Wirklichkeit – muss einfacher sein, als es die Summe der Beobachtungen ist.
b. Relevant: Das Modell muss mit dem betrachteten Forschungsgegenstand etwas zu tun haben.

c. Prädiktiv: Das Modell muss Aussagen über den Forschungsgegenstand ermöglichen, speziell und gerade über sein künftiges Verhalten.
d. Vermittelbar: Das Modell muss in der Scientific Community kommuniziert werden können; es darf nicht beliebig unverständlich sein.

Hinzu kommt der Aspekt der Mängel im Modell, wie Redundanzen, Tautologien, Kontradiktionen. Es wird nicht verkannt, dass die Synoptische Modellbildung quasi eine Gestaltungshöhe hat.

Case-based Evidence hat sich besonders in der Untersuchung von Akzeptanz und Vertrauen in Produkte und Verfahren bewährt [2, 11, 12, 14, 32].[22] Hier gelingt es häufig, insbesondere prognostische Aussagen über die wahrscheinliche Akzeptanz neuer Produkte, Dienstleistungen, Verfahren oder Ähnliches zu machen und aus isomorphem Fällen Hinweise zu erlangen, wie die Wahrscheinlichkeit einer Akzeptanz erhöht werden kann [14, 26].

2.4.2 Einordnung: Methode der Case-based Evidence und die Theorien Mittlerer Reichweite

Die Wirtschaftsinformatik hat sich in den 30 Jahren von ca. 1980 bis 2010 im Sinne einer Schnittstellenfunktion zwischen der technisch ausgerichteten (Kern-)Informatik und der anwendungsorientierten Betriebswirtschaftslehre entwickelt [18, 23]. Die beiden zentralen Fragen

A. technischer Art nach der ingenieurmäßigen Gestaltung, und
B. betriebswirtschaftlicher Art nach den Nutzwerten der Anwendungen

bilden einen Schwerpunkt in der Wirtschaftsinformatik im deutschsprachigen Raum. Die Methode der Case-Based Evidence basiert auf Analogieschlüssen, im Unterschied zum erkenntnisorientierten Lernen durch Induktion und Deduktion. Zur Beurteilung technischer und ökonomischer Systeme in der Wirtschaftsinformatik sind Induktionsschlüsse aus beobachteten Phänomenen auf eine allgemeinere Erkenntnis („Wissenschaftliche Theorie") weit verbreitet.

Aus der „Wissenschaftlichen Theorie" wird wiederum deduktiv (prädiktiv) auf neue oder künftige Phänomene geschlossen. Wie Induktionsschlüsse und Deduktion genau zu gestalten sind, ist Gegenstand kontroverser (eben „wissenschaftstheoretischer") Diskussionen; eine populäre Ausprägung ist die der gestaltungsorientierten Forschung (*design science research*) [27].[23] Speziell der Kritische Rationalismus nach Karl Raimund Popper [28]

---

[22] Siehe hierzu auch weiterführend und aktuell den Wikipedia-Artikel zur Case-based Evidence.

[23] Es mag dahingestellt sein- und bleiben, inwieweit die mit Popularität oft verbundene Überschätzung eines Phänomens auch für *design science research* zutrifft.

lehnt hingegen die Induktion als eine „Illusion“ ab und bestreitet die Möglichkeit objektiven Erkenntnisfortschritts, ganz im Gegensatz zur Objektiv Fortschreitenden Erkenntnis der Hegelschen Dialektik [25].

Bei der Beobachtung von Verhaltensweisen von Personen – in den Sozialwissenschaften – sind die Induktionsschlüsse zum Teil schwierig, weil häufig nur quantitative, nicht eindeutige Aussagen („Teils-Teils-Aussagen“) vorliegen. Daher wird die Formulierung allgemein gültiger Gesetze des sozialen Verhaltens oft aufgegeben, zugunsten einer quasi prosaischen Darstellung [1, 17].

Ein Ausweg aus dieser wenig befriedigenden Situation ist der Verzicht auf raumzeitlich unbegrenzte „naturwissenschaftliche“ Theorien (*grand theories*), zugunsten der Theorien Mittlerer Reichweite. Dieser Begriff wurde von Robert K. Merton 1949 begründet und in den 1960er-Jahren weiter ausgearbeitet [24]. Die Theorien Mittlerer Reichweite gehen über die „Mikrotheorien“ der bloßen empirischen Beschreibung sozialer Verhaltensweisen hinaus und verfolgen einen subjektiv-interpretativen Ansatz, der auf der synoptischen Modellbildung auf Basis historisch-empirischer Beobachtungen gründet; man begnügt sich daher mit lokalen, räumlich und zeitlich begrenzten Aussagen. Die Aussagen der Theorien Mittlerer Reichweite sind weder als hochkomplex noch als trivial anzusehen [24].

2.5 Anwendung: Die Analogiequellen „Geld“ und „Bankbetrieb“

Eine Betrachtung der Funktionen von „Geld“ und der Gestaltung des „Bankbetriebs“ ist für die weitere Ausarbeitung von „*ubiquitous mobile computing*“ interessant, weil Geld ein immaterieller Gegenstand ist, der im Sinne einer individuellen Vermögensverwaltung – auch mit Unterstützung von Banken als Finanzdienstleister – gehandhabt wird, beziehungsweise gehandhabt werden muss.

Die Forschungsfrage – und Arbeitshypothese – ist, dass sich aus der Betrachtung der *Geldwirtschaft* Hinweise für die künftige Entwicklung einer *Datenwirtschaft* – speziell der im Rahmen dieses Beitrags verfolgter Gestaltung von „Daten-Banken“ – ableiten lassen.

2.5.1 Analogiequelle „Geld“

Die Frage „Was ist Geld?“ wird meist dahingehend – falsch – beantwortet, indem Geld oft mit seiner physischen Realisierung als Zahlungsmittel, wie Geldmünzen oder Banknoten, verwechselt wird. Unter Geld *per se* versteht man ein Abstraktum, welches vor allem inter-subjektiv anerkannte Zahlungs- und Tauschfunktionen darzustellen und umzusetzen ermöglicht [8]. Weitere, daraus abgeleitete Funktionen des Geldes sind seine Transferfunktion (der Transfer folgt aus der Intersubjektivität seiner Anerkennung) und seine Depotfunktion – die daraus folgt, das der Tausch in zeitlicher Verzögerung stattfindet, man daher Geld irgendwie in einer nützlichen Frist „aufheben" können muss [8, 31].

Die intersubjektive Anerkennung von Geld wird massiv befördert, wenn ein Staatswesen eine Form des Geldes als offizielles Zahlungsmittel bestimmt und seine Menge und Kaufkraft geldpolitisch kontrolliert wird. Dieses Geld heißt dann die „Währung" des betreffenden Staates.

Geld wurde historisch in Form der physischen Zahlungsmittel verwaltet. Bevor Banknoten[24] (oft in Form von Edelmetall-Äquivalenzzusicherungen – wie dem *„Pound Sterling"*) und Buchgeld erfunden waren, wurden Münzen von den Besitzern in aufwendigen Kassenschränken aufbewahrt. Auf Reisen war sorgfältig darauf zu achten, dass die Zahlungsmittel dem Eigentümer nicht von Kriminellen entwendet wurden [31].

Per heute – im Jahr 2015 – ist die physische Realisierung des Geldes nicht gänzlich überholt, Bargeld wird nach wie vor in relativ hohem Umfang verwendet, nicht zuletzt wegen der damit verbundenen möglichen Anonymität der Zahlungsfunktion. Aber niemand käme auf den Gedanken, sein gesamtes Geldvermögen etwa in Form von Banknotenbündeln oder Edelmetall in einem hinreichend großen Koffer mit dem damit verbundenen immensen Verlustrisiko mit sich herum zu tragen. Die Portabilität des Geldes wurde durch seine ubiquitäre Verfügbarkeit abgelöst. Mit entsprechenden Karten und Schlüsseln sind Zahlungsmittel an (stationären!) Geldausgabeautomaten – fast jederzeit und ubiquitär – verfügbar.

Überträgt man das auf die individuelle Datenverwaltung und unterstellt einen analogen sozio-technologischen Fortschritt, so bedeutet das wohl, dass die Mobilität und Portabilität der Computer durch die Ubiquität der Datenverfügbarkeit abgelöst werden wird. Das Risiko des Verlusts von (portablen) Computern mitsamt den auf diesen als Datenträgern gespeicherten Daten ist weitaus höher, verglichen mit der Aufbewahrung der Daten durch vertrauenswürdige(!) [10, 22, 30] Dritte (im Jargon des *„cloud computing"* als *„storage as a service"* bezeichnet [12]), und deren lediglich ubiquitäre Verfügbarkeit an irgendwelchen (stationären) Zugriffsgeräten.

2.5.2 Analogiequelle „Bankbetrieb"

Eine (Geschäfts-) Bank ist eine Einrichtung, die Bankgeschäfte betreibt. Diese Geschäfte sind Wertpapier-, Zahlungsverkehr-, Kredit- und Einlagengeschäft. Damit erfüllt eine Bank als Finanzdienstleister auf professioneller[25] Ebene eine Depotfunktion (Passivgeschäft), eine Transportfunktion für Geld, eine Rolle als *Trusted Third Party*, und eine Finanzierungsfunktion (Aktivgeschäft) [8].

[24] Banknoten aus Papier waren natürlich auch ein Beitrag, die Zahlungsmittel physisch leichter, und damit Geld „tragbarer" – portabel und mobiler, in der Tat – zu machen.

[25] Das heißt hier: Nicht amateurmäßiger Ebene, also gegen Entgelt.

Überträgt man diese Dienstleistungs-Funktionen Dienstleistung (siehe Tab. 2.1) der *Geld-Bank* auf das Modell einer professionellen Dienstleistung *Daten-Bank,*[26] so ergibt sich, dass

- der Depotfunktion die sichere[27] und vertrauenswürdige Aufbewahrung von (persönlichen, privaten, oder gewerblichen) Daten entspricht,
- der Transportfunktion die zuverlässige Verfügbarmachung von Daten an verschiedenen, und möglichst allen,[28] geographischen Orten entspricht,
- der Kreditfunktion die organisierte und gewerbliche Überlassung von Daten oder Software an Dritte entspricht, so etwa
  - die kontrollierte Überlassung privater Daten an einen Kreis privater Bekannter, die Überlassung von professionellen Daten an gewerbliche Kooperationspartner, die Lizenzierung der Nutzung von multimedialen Skripten, oder auch die Überlassung von Entertainment-Daten (Audio-, Video-Dateien, etc.) gegen entsprechende Entgelte
  - der leihweisen Überlassung von Büroautomatisierung-, Buchhaltungs-, Anwendungs- oder von Lernsoftware, etc.

Hierbei ist es besonders beachtenswert, dass im Bereich der traditionellen (Geschäfts-) Banken eine ganze Reihe von Marketing- und Akzeptanzproblemen gelöst wurden, die im Bereich der Daten-Bank ebenfalls (noch) zu lösen sind – von daher bietet sich die Adaption der in der Finanzdienstleistungsbranche gefundenen Lösungsschemata an:

Zu nennen ist – erstens – das Problem der *sicheren Kundenidentifikation*, welches – im Fall der Bedienung von Bargeldausgabeautomaten und der Online-Zahlungsfunktionen – durch eine Magnetstreifenkarte (das ist: ein maschinenlesbarer Kundenausweis) und eine 4-stellige PIN realisiert, und vom Kunden weitgehend akzeptiert[29] wird.

Ein – zweiter – zu nennender Problemkreis ist die *kundenseitige Vertrauensbasis*, welche durch die aktive Kommunikation und Bewerbung von „Sicherheit“[30] erreicht werden muss. Das kundenseitige Vertrauen geht im Bankbereich immerhin bis zur Offenbarung persönlicher Daten, Einkommens- und Vermögensverhältnisse. Übertragen bedeutet dies die Bereitschaft der Benutzer, die persönlichen Daten und Informationen tatsächlich einer Daten-Bank zur Aufbewahrung zu übergeben. Hierzu gehört auch die Erstellung und Verwaltung einer Daten-Struktur, im Sinne eines Directory-Layouts,

---

[26] Eine Daten-Bank ist also eine „Bank für Daten“!

[27] Wahrscheinlich assoziieren viele Bankkunden diese Sicherheit immer noch mit dem stählernen Tresor im Keller und einem burgähnlichen Bankgebäude.

[28] Mithin könnte man auch von *ubiquitous banking* bei der „Daten-Bank“ sprechen.

[29] Es weigert sich – aus Sicherheitsgründen – jedenfalls nur ein verschwindend geringer Anteil der Bankkunden, die PIN entgegen zu nehmen.

[30] Hier ist „Sicherheit“ wohl lediglich eine Art von Emotion auf Kundenseite, welche allerdings nur durch sehr teure Marketing- und Werbemaßnahmen vermittelbar ist.

analog zum Kontenplan und der Vermögensstrukturierung für die Kunden im Bankgewerbe, im Rahmen einer individuellen Vermögensberatung.

Ferner hat – drittens – im Bankbereich die *Entrichtung von Entgelten* für die in Anspruch genommenen Dienste (Kontoführung, Kreditierungen, etc.) eine lange Tradition. Im Bankbereich erwartet niemand, dass eine Bank ihre Dienste gratis (oder nur durch Werbe-Sponsoren finanziert!) anzubieten in der Lage sei. Allerdings ist zu beobachten, dass Banken schon sehr früh quasi eine Micro-Payment-Strategie[31] im Bereich der Massentransaktionen verfolgt haben.

2.6 Ein konstruktives Synoptisches Modell der „Daten-Bank"

Die oben dargelegten Problemkreise sind im Bereich der klassischen Bankdienstleistung derart gut gelöst, dass die meisten Kunden eine lebenslange symbiotische Beziehung[32] in Gelddingen zu „ihrer Bank" eingehen. Es soll nun dargelegt werden, wie eine Dienstleistung einer „Daten-Bank" konzeptionell gestaltet sein könnte.

2.6.1 Betriebsmodell und Module für eine „Daten-Bank"

Die Lösungsansätze für die skizzierten Problemkreise teilen sich für die Unternehmung Daten-Bank in die Teilbereiche „Technik" und „Betriebswirtschaft und Organisation" auf.

Zum technischen Bereich gehören die Lösungsansätze und Module

- Authentifikation (*Security*),
- Telekommunikation: Datentransport,
- Datenhaltung und -sicherung (*Safety*).

Es braucht neben den technischen Belangen ein „wirtschaftliches" und rentables[33] Betreibermodell. Es muss gewährleistet sein, dass den Aspekten

- korrektes *Billing and Accounting* für die persönlichen Services
- Berücksichtigung der Gesetzes- und Verordnungslage im hoheitlichen Bereich

[31] Die Ausführung der einzelnen Buchungen, etc., kostet – absolut gesehen – nur relativ geringe Beträge; erst die Akkumulation über einen längeren Geschäftsraum macht die Lukrativität aus.

[32] Man vergleiche nur die Kundenfluktuationsrate einiger Banken und Sparkassen mit der Scheidungsrate in einigen deutschsprachigen Gegenden.

[33] Die Daten-Bank wird daher als lukrative Anwendung insbesondere für Studierende – als definierte Nutzergruppe – weiter diskutiert.

- Sicherstellung der Flexibilität bei einer Änderung der Lebenslagen, dies soll exemplarisch speziell für Studierende[34] betrachtet werden, ist dies die Migration der gesamten Lebensumgebungen über das Studium in das Berufsleben hinein
- Attraktivität durch Modernität im Imagebereich und Kostenreduktion im monetären Bereich.

hinreichend Rechnung getragen wird.

2.6.2 Lebenslagen-orientiertes Ubiquitous Computing – ein Beispiel

Als ein Beispiel soll nun das Szenario der Informationsverarbeitung im Rahmen einer „Daten-Bank" betrachtet werden. Es sollen anhand des Szenarios die Anforderungen an eine integrierte Datenverarbeitungsumgebung dargelegt werden, welche als eine Plattform für die wichtigsten Anwendungen (die sogenannten „Lebenslagen") dient. Diese Plattform integriert somit die bislang heterogene IT-Landschaft der privaten oder semi-privaten Nutzergruppe.

Die adressierte Heterogenität erschließt sich aus den bislang zur Verfügung stehenden TK-Diensten und IT-Infrastrukturen, wie

- Telephonie über Fest- oder Mobilnetz
- Online-Services im privaten Bereich (mit smtp- und http-Protokollzugängen)
- Online-Services im beruflichen oder Hochschulbereich (Account im Datacenter, etc.)
- Personalcomputer (auch Hand-held-Devices, Smartphones, Tablets) im privaten Bereich
- Personalcomputer (und damit verbundene Datenserver und Netze) im beruflichen Bereich
- Computerfunktionen im Verwaltungsbereich – E-Government
- Personalcomputer (auch hier: Hand-held-Devices, Smartphones, Tablets, Hand-held Computer, etc.) im Bereich der Nebentätigkeit, oder im sonstigen, auch semi-privaten Bereich (z. B. Vereinsarbeit, o. ä.).

Zwischen einigen dieser Dienste existieren bereits Dienstübergänge, eine generelle Vereinheitlichung und Zusammenführung, insbesondere der diversen Datenhaltungen, ist zwar auf der Ebene der Datenstrukturen konzeptionell adressiert, aber im organisatorischen Bereich[35] nicht im wünschenswerten Maß erreicht.

[34] Ohne Zweifel repräsentiert die Konsumgruppe der Studenten eine enorme gegenwärtige und potentielle Kauf- und Innovationskraft. Wo wäre die Verbreitung des „Internet" heute, wäre sie nicht von – vormals studentischen – Nutzern im Berufsalltag vorangetrieben worden?

[35] Es stellt sich die Frage, wie der organisatorische Bereich umrissen ist: Einerseits handelt es sich um eine personalisierte IT-Umgebung, andererseits sind – wie sich in der Diskussion der Lebenslagen zeigt – auch Datenstrukturen im Verantwortungsbereich der Hochschule adressiert, welche quasi „hoheitlich" festzulegen sind, und für die entsprechende Nutzungsschemata zu entwerfen sind.

2.6.3 Ubiquitous Computing für studentische Lebenslagen – ein zweites Beispiel

Die konkreten Lebenslagen der studentischen Daten- und Informationsverarbeitung bestimmen das Anwendungsszenario, und damit den Bedarf an technischer Infrastruktur und erforderlicher Funktionalität der Systeme. Eine – weitgehend vollständige, aber gegebenenfalls zu ergänzende – Liste der zu adressierenden studentischen Lebenslagen ist:

- Sichere Datensammlung, –aufbereitung und -haltung im Bereich der Erbringung der akademischen Lern- und Prüfungsleistungen, wie das Erstellen von studentischen Studien- und Diplomarbeiten; eine klassische Problematik ist hier einerseits die Versionskontrolle, andererseits die sichere Datenhaltung[36]
- Fernabfrage von multimedial aufbereiteten Lehrinhalten, Unterstützung von virtuellen Vorlesungen[37]
- Immatrikulationsbezogene Datenverwaltung, wie Rückmeldung für das beginnende Semester, Prüfungsanmeldung und deren Bestätigung[38]; Verwaltung der erbrachten Leistungen (Notengebungsbelege)
- Erledigung Campus-bezogener Zahlungsvorgänge, wie das Entrichten von Gebühren, Begleichen von Kleinrechnungen im Mensabereich,[39] im Copyshop, in der Bibliothek, o. ä.
- Datenhaltung im privaten Bereich, darunter auch viele Entertainment-bezogene Daten („meine Bilder, meine Musik", zum Teil mit massiven Legalitätsproblemen[40])

[36] Wohl jeder Hochschullehrer kennt die Fälle der einschlägigen Dramen, welche sich im Bereich des Sujets „Die-Daten-einer-Abschlussarbeit-wurden-versehentlich-gelöscht-es-gibt-keine-Sicherungskopie-aber-der-Student-selbst-ist-völlig-unschuldig" abspielen, bzw. abgespielt haben!

[37] Hier spielt die Versionskontrolle ebenfalls eine nicht unerhebliche Rolle.

[38] Die Feststellung, ob ein Student ordnungsgemäß zu einer Prüfung angemeldet ist, ist sehr zeitraubend und fehleranfällig, falls der Vorgang manuell und papiergebunden ausgeführt werden muss. Die Verwendung eines „maschinenlesbaren Studentenausweises" würde hier für alle Beteiligten große Vorteile mit sich bringen: Neben der Identifikation der Person sollte es eine Aufzeichnung der bisherigen Studienleistungen ermöglichen, die Berechtigung zur Prüfungsteilnahme fehlerfrei und schnell festzustellen.

[39] Wie allgemein beobachtbar, verursacht eine Barzahlungskasse in der Mensa einen größeren Stau als die eigentliche Essensausgabe.

[40] Einem On-dit zufolge liegt in der – allerdings wenig legalen – Beschaffung von Audio- und Videodateien „aus dem Netz" ein wesentliches Motiv für den Betrieb von Computern und die Nutzung von Online-Diensten im privaten Bereich. Es sind daher interessante Seiteneffekte im Privacy- und Security-Bereich zu gegenwärtigen. Das dargelegte „Daten-Bank"-Szenario wird sich möglicherweise ähnlichen Diskussionen gegenübersehen, wie der traditionelle Bankensektor in der „Schwarzgeld"-Frage: Unter welchen Umständen(?) darf eine Daten-Bank von welchen Personen(?) welche Daten(?) entgegennehmen, verwahren, etc., welche nach Maßgabe welcher gesetzlichen Bestimmungen(?) welchen Landes(?) illegal erworben worden sind?

- Die räumliche Verteilung der oben genannten Lebenslagen, zwischen – u. U. auch mehreren – privaten Wohnungen (studentisches Appartement, Familienwohnsitz), mehreren Arbeitsplätzen „auf dem Campus“ (Verwaltung, Bibliothek, Labore, Seminare, etc.), und mehreren Arbeitsplätzen im sonstigen Bereich (Freizeitbereich, Nebentätigkeit, etc.)

Nunmehr geht es darum, die angesprochenen Technologien und Anwendungsszenarien, sowohl technisch als auch betriebswirtschaftlich-organisatorisch, integrativ zu behandeln.

Hierzu ist das Betriebsmodell einer „Daten-Bank“ zu betrachten. Entwickelt werden die Analogien einer personalisierten IT-Umgebung mit den traditionellen Dienstleistungen einer Bank – siehe vorn!

2.7 Ein antizipatives Synoptisches Modell der „Daten-Bank“

Die dargelegten Analogien zu den klassischen Bankdienstleistungen erfüllen im Rahmen der Synoptischen Modellbildung der Case-based Evidence die Vorgaben

a. Abstrakt: Das Modell – als ein beschränktes Abbild der Wirklichkeit – muss „einfacher“ sein, als es die Summe der Beobachtungen ist.
b. Relevant: Das Modell muss mit dem betrachteten Forschungsgegenstand „etwas zu tun haben“.

   Im Rahmen einer antizipativen Modellbildung soll die Eigenschaft
c. Prädiktiv: Das Modell muss Aussagen über den Forschungsgegenstand ermöglichen, speziell und gerade über sein künftiges Verhalten

weiter dargelegt werden.[41] Die geschieht in Form einer tabellarischen Zusammenstellung (am Ende des Kapitels).

2.8 Resümee und Offene Fragen

Es wurde gezeigt, dass die Betrachtung von Analogien zwischen Bankengeschäften und professioneller IT-Dienstleistung („Daten-Bank“) durchaus nicht uninteressant ist.

Unterstellt man im Rahmen einer Case-based Evidence eine – historisch isomorphe – parallele Entwicklung, so ist nach Maßgabe der betrachteten Analogieelemente zu konstatieren, dass die – auch private – Datenverwaltung weit(!) hinter der privaten Vermögensverwaltung konzeptionell hinterher hinkt. Man könnte die Professionalität der

[41] Darüber hinausgehend ist das Modell selbstredend vermittelbar – weil der Leser die Ausführungen zu verstehen in der Lage ist.

heutigen privaten Datenverwaltung mit derjenigen der Geldaufbewahrung des ca. des 11. Jahrhunderts vergleichen. Die leihweise Überlassung von Anwendungssoftware und IT-Plattformen dürfte strukturell der Finanzdienstleistung ca. der Barockzeit entsprechen.

Offen ist, ob das nicht-kausale Modell der Case-based Evidence für eine zuverlässige Prognose der künftigen Entwicklung mobiler, portabler und ubiquitärer IT-Systeme hinreichend belastbar ist. Letzterer Aspekt wäre im Rahmen von – noch nicht durchgeführten – Experteninterviews zu klären, die eigentlich Bestandteil der Case-based Evidence-Methode sind.

2.9 Tabelle: Antizipatives Synoptisches Modell

Tab. 2.1 Ein antizipatives Synoptisches Modell – Analogien „Geld-Bank" versus „Daten-Bank":

1.	*Zeitskala der „Geld-Bank":*	**Phänomene „Geld-Bank":**	**Phänomene „Daten-Bank":**	*Zeitskala der „Daten-Bank":*
2.	Antike, ab ca. 500 v. Chr. Entwicklung von Münzen in Lydien und China	Abstraktion der „Habe" zum Geld-Vermögen; Erfindung der Münzen als Zahlungsmittel	Abstraktion von Software und Daten als eigenständige marktgängige Produkte	Ab ca. 1970er-Jahre, getrennte Rechnungen für Hard- und Software (IBM, USA – SAP, D)
3.	Mittelalter, China ab dem 13. Jhdt., Europa ab dem 16. Jhdt., Eurocheque ab 1968	Abstraktion vom Material: portables und mobiles Papiergeld; „Eurocheque" ubiquitär	Mobile und portable Massenspeicher und Computerhardware	Ab Anfang 1980er-Jahre CD-ROM, ab Mitte der 1990er-Jahre „portable" Computer
4.	Mesopotamien, 2. Jhdt. v. Chr.? Oberitalien, Florenz, Venedig, ca. 13. Jhdt.	Erfindung des Depots (Passivgeschäft): Geld wird „gehandelt", Kundenkonto, Scheck-Wechselgeschäfte	Passivgeschäft: Entwicklung der Storage-as-a-Service und File-Hosting-Dienste	Ab den 1990er-Jahren, wenn Netz-Kapazität verfügbar; Erfindung von Dropbox 2007
5.	Oberitalien, Florenz, Venedig, ab ca. 13. Jhdt. Süddeutschland, Augsburg, 16. Jhdt.	Erfindung des Kredits (Aktivgeschäft): Geld wird „verliehen", zentrale Bonitäts- und Vertrauensfragen	Aktivgeschäft in der IT: Entwicklung der „Verleihung" der IT: Plattform-, Software-as-a-Service:	Erste Formen als Application Service Providing, DATEV seit 1966, Salesforce.com seit 1999

(Fortsetzung)

Tab. 2.1 (Fortsetzung)

6.	Ab ca. Ende 16. Jhdt. liquide Rentenmärkte in Amsterdam und London	Entstehung des Inter-Bankenmarktes für Kapital: Renten-, Kredit-, Geldmarkt	Datenhandel im Datenmarkt, etwa zwischen google und amazon, facebook	Offen im Sommer 2015; Zuverlässiger und vertrauenswürdiger Datenhandel fehlt
7.	Ablösung der Inhaber-geführten Privatbanken durch Banken als AGs, zweite Hälfte des 19. Jhdt. in D	Entstehung der „Offenen" globalen Landschaft der internationalen Geschäftsbanken auf Aktienbasis	Transformation der „Daten-Banken" in börsennotierte und kontrollierte Unternehmen mit breiter Kapitalbasis	Offen im Sommer 2015; Große „Daten-Banken" sind Gründer-dominiert; Offene Standards, Protokolle und Systeme fehlen
8.	Private Banking der großen Banken im 20. Jhdt.	Personalisierte und individuelle professionelle Vermögensberatung	Professionelle konzeptionelle Beratung der User durch „Daten-Banken"	Offen im Sommer 2015; Fundierte Beratung der User fehlt

Literatur

1. Ajzen I; Fishbein M: Understanding attitudes and predicting social behavior. Englewood Cliffs, NJ: Prentice-Hall, 1980
2. Alm W, Hofmann G R, Schumacher M: Wissenstransferprojekt KontAkS – Abschlussbericht. Hochschule Aschaffenburg, Information Management Institut, 2012.
3. Brockhaus Enzyklopädie: Stichwort „Ubiquität", 20. Auflage, Band 22, Leipzig, Mannheim, 2001.
4. Crichton M: „Timeline"; New York, 1999.
5. Davis F D, Bagozzi R P, Warshaw P R.: User acceptance of computer technology: A comparison of two theoretical models. Management Science 35: 982–1003, 1989.
6. Dethloff C: Akzeptanz und Nicht-Akzeptanz von technischen Produktinnovationen. Papst Science Publishers, Lengerich, 2004.
7. Duden: Band 7 Herkunftswörterbuch, 3. Auflage, Mannheim, Leipzig, Wien, Zürich, 2001
8. Gabler Wirtschaftslexikon: Stichwort „Bank", 14. Auflage, Band 2, Wiesbaden, 1997.
9. Gottschalk-Mazouz N: Risiko, Akzeptanz und Akzeptabilität. Was die Nanotechnologie von der Gentechnologie lernen kann, in: Koslowski P und Hubig C (Hrsg.), Maschinen, die unsere Brüder werden. Mensch-Maschine-Interaktion in hybriden Systemen, Wilhelm Fink, 2008
10. Hartmann M: Die Praxis des Vertrauens. suhrkamp Verlag, Frankfurt am Main, 2011.
11. Hofmann G R, Holdenrieder J, Schürmann G: Verbesserung der Akzeptanz von „Wirtschaftlichkeit" im eGovernment durch ein integriertes Wirtschaftlichkeitsmodell, Fraunhofer FOKUS, Berlin, 2007.
12. Hofmann G R, Schumacher M: Studie zur Akzeptanz von Cloud Computing. EuroCloud Deutschland_eco e.V., Köln, 2012. Überarbeitete Neuauflage 2014.

13. Hofmann G R: „Rational-ökonomische Wissensbewirtschaftung und die Folgen für die Unternehmensführung – einige Thesen aus den Knowledge-Asset-Management-Projekten", in: Uhr et al.: „Wirtschaftsinformatik 2003 – Medien, Märkte, Mobilität", Bd. II, Heidelberg, 2003
14. Hofmann G R; Schumacher M: Abschätzung der Akzeptanz von IT-Systemen mittels Methoden der Case-based Evidences und Qualifizierten Experteninterviews – ein Metathema der Integration und Konnexion. In: Integration und Konnexion, Tagungsband zur AKWI 2013, Verlag News und Media, Berlin, 2013
15. Hofstadter D, Sander E: Die Analogie: Das Herz des Denkens, Klett-Cotta, Stuttgart, 2014
16. Kalogerakis K: Innovative Analogien in der Praxis der Produktentwicklung. Gabler, Wiesbaden, 2010.
17. King W R, He J: A meta-analysis of the technology acceptance model. Elsevier Science Publishers B. V., Amsterdam, 2006.
18. Lackes R: Wirtschaftsinformatik. Gabler Verlag (Hrsg.), Gabler Wirtschaftslexikon, Stichwort: Wirtschaftsinformatik, http://wirtschaftslexikon.gabler.de/Archiv/75122/wirtschaftsinformatik-v5.html.
19. Lessing H-E: Automobilität – Karl Drais und die unglaublichen Anfänge. Mohr Siebeck Verlag, Leipzig, 2003.
20. Litfin T: Adoptionsfaktoren – Empirische Analyse am Beispiel eines innovativen Telekommunikationsdienstes, Deutscher Universitäts-Verlag, Wiesbaden, 2000.
21. Lucke D: Akzeptanz. Legitimität in der ‚Abstimmungsgesellschaft', Leske & Budrich, Opladen, 1997.
22. Luhmann N: Vertrauen, ein Mechanismus der Reduktion sozialer Komplexität. 4. Auflage, Campus-Verlag, Frankfurt am Main 2001.
23. Mertens P: Was ist Wirtschaftsinformatik. In Kurbel K; Brenner W, et al. (Hrsg.): Studienführer Wirtschaftsinformatik 2009/2010, Gabler Verlag, 2009
24. Mertons R K: Social theory and social structure, Free Press, New York, 1949
25. Mittelstraß J (Hrsg.): Enzyklopädie Philosophie und Wissenschaftstheorie. Mannheim 1980 und 1984 (Bd. 1 u. 2), seit 1995 (Bd. 3) Stuttgart Metzler; Bd. 4 1996.
26. Möllering G, Bachmann R, Lee S H: Understanding organizational trust – foundations, constellations, and issues of operationalization. Journal of Managerial Psychology, Vol 19(6): 556–570, 2004
27. Österle H et al.: Memorandum zur gestaltungsorientierten Wirtschaftsinformatik. Zeitschrift für betriebswirtschaftliche Forschung, 6, 62, pp. 664–672, 2010.
28. Popper K R, Eccles J: „Das Ich und sein Gehirn", München 1989
29. Schumacher M, Hofmann GR: Case-based Evidence – Grundlagen und Anwendungen, Springer-Vieweg, 2016.
30. Tomasello M: Warum wir kooperieren. Suhrkamp, Frankfurt am Main, 2010.
31. Wirtschaftslexikon24: Geldgeschichte III – Das Spätmittelalter und die Folgezeit: Die Entstehung des modernen Bankenwesens, http://www.wirtschaftslexikon24.com/d/geldgeschichte-iii-das-spaetmittelalter-und-die-folgezeit-die-entstehung-des-modernen-bankenwesens/geldgeschichte-iii-das-spaetmittelalter-und-die-folgezeit-die-entstehung-des-modernen-bankenwesens.htm
32. Yahia F: Akzeptanzanalyse für das Recycling von IT-Endgeräten am Beispiel von gebrauchten Mobiltelefonen im Konsumentenbereich, Hochschule Aschaffenburg, 2012

3 Proximity-based Services

Markus Mock und Christian Seel

Zusammenfassung

Mit Proximity-based Services hat sich in den letzten Jahren eine neue Kategorie von mobilen Applikationen entwickelt. Diese Entwicklung ist maßgeblich von der Verbreitung vorhandener oder Entwicklung gänzlicher neuer Technologien, wie NFC, Bluetooth Low Energy oder LTE Direct getrieben. In diesem Kapitel werden optoelektronisch lesbare Codes, NFC, Bluetooth LE und LTE Direct sowohl in ihrer Funktionsweise als auch anhand einiger ausgewählter Anwendungsmöglichkeiten dargestellt.

Schlüsselwörter

Proximity-based Services • Mobile Business • NFC • Bluetooth LE • LTE Direct

3.1 Einleitung

Seit mehr als einem Jahrzehnt haben sich Location-based Services als spezielles Angebot für mobile Endgeräte entwickelt. Mit dem Aufkommen neuer Technologien, wie optoelektronisch lesbaren Codes, Near Field Communication (NFC), Bluetooth Low Energy Beacons oder LTE Direct, hat sich innerhalb der Location-based Services eine neue Subkategorie von Services herauskristallisiert, die als Proximity-based Services

M. Mock (✉)
Hochschule für Angewandte Wissenschaften Landshut, Landshut, Deutschland
E-Mail: mock@haw-landshut.de

C. Seel
Hochschule für Agewandte Wissenschaften Landshutl, Landshut, Deutschland
E-Mail: Christian.Seel@haw-landshut.de

T. Barton et al. (Hrsg.), *Mobile Anwendungen in Unternehmen*, Angewandte Wirtschaftsinformatik,
DOI 10.1007/978-3-658-12010-8_3

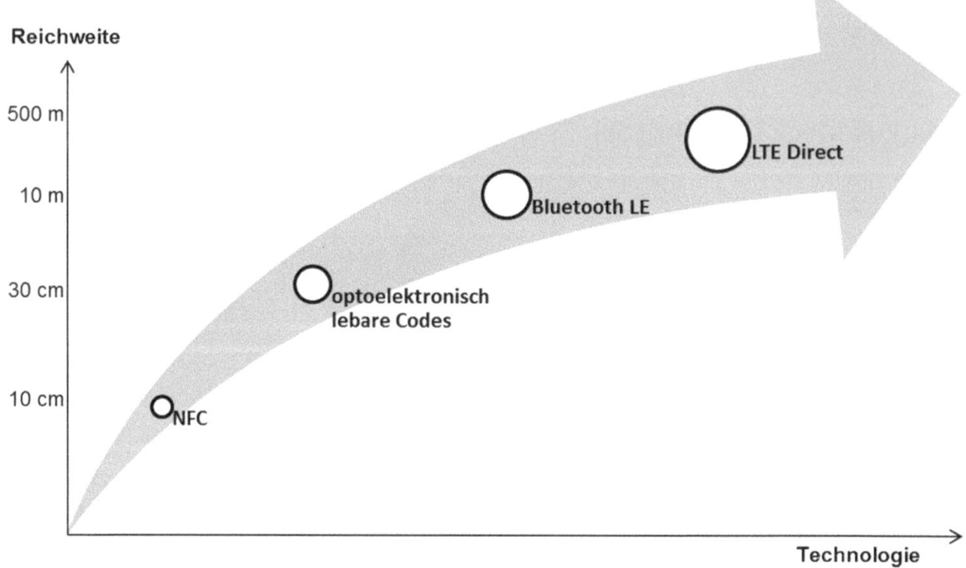

Abb. 3.1 Technologien zur Realisierung von Proximity-based Services

bezeichnet wird. Als Proximity-based Services bezeichnet man Dienste, die darauf basieren, dass man sich in physikalisch räumlicher Nähe zu einem bestimmten Objekt befindet. So bekommt man beispielsweise genau dann Informationen zu einer Sehenswürdigkeit, wenn man direkt davor steht. Auch lässt sich innerhalb von Gebäuden die eigene Position dadurch bestimmen, dass man weiß, dass man sich in Reichweite eines bestimmten Bluetooth LE Beacon befindet. Generell existieren unterschiedliche Technologien zur Realisierung von Proximity-based Services, die jeweils unterschiedliche Reichweiten adressieren. Abbildung 3.1 gibt eine Übersicht über die verschiedenen Technologien und deren maximale Reichweite:

Im Folgenden werden im vorliegenden Kapitel verschiedene Technologien und Beispiele zur Realisierung von Proximity-based Services vorgestellt. Dabei erfolgt die Gliederung nach der Reichweite der verschiedenen Technologien. Sie beginnt im folgenden Abschnitt mit optoelektronisch lesbaren Codes und NFC und setzt sich dann fort zu Bluetooth LE Beacons und LTE Direct.

3.2 Optoelektronisch lesbare Codes und Near Field Communication

Über sehr kurze Distanzen können Proximity-based Services entweder mit optoelektronisch lesbaren Codes oder Near Field Communication (NFC) realisiert werden.

Optoelektronisch lesbare Codes codieren in grafischen Mustern Informationen. Sie können dies in bis hin zu vier Dimensionen tun [1]. Diese grafischen Informationen werden durch entsprechende Software in elektronische Informationen umgewandelt. Aktuell existieren über 40 verschiedene 2D-Codes, wobei der bekannteste Vertreter der Quick Response (QR)-Code ist. Der QR-Code wurde 1994 von Denso Wave (Teil der Toyota-Gruppe) zur Optimierung von Logistik- und Produktionsabläufen entwickelt. Inzwischen ist der QR-Code in ISO/IEC18004 standardisiert. Er gehört zur Gruppe der Matrixcodes, die mithilfe von schwarzen und weißen Quadraten Daten im Binärsystem codieren. Der genaue Aufbau ist des Codes ist dabei von seiner Version und dem Fehlerkorrekturlevel abhängig. Es gibt die Fehlerkorrekturlevel L, M, Q und H, wobei bei Level L lediglich 7 % der Daten und bei Level H maximal 30 % der Daten rekonstruiert werden können. Bei Version 40, welche den QR-Code mit der größten Speicherkapazität beschreibt, können maximal 7089 numerisch oder 4296 alphanumerische Zeichen gespeichert werden. Eine genauere Beschreibung des QR-Codes findet sich bei [1].

Near Field Communication (kurz: NFC) ist ein Kommunikationsstandard, der durch das NFC-Forum spezifiziert wird. Es wurde 2004 von den Firmen NXP Semiconductors, Sony und Nokia gegründet [2]. Die Aufgabe des NFC-Forums besteht in der Implementierung und Standardisierung der NFC-Technik sowie vor allem darin mit der Spezifikation frei verfügbarer Standards [3] die Kompatibilität zwischen Geräten und Diensten sicherzustellen. Physikalisch basiert NFC auf elektromagnetischer Induktion, die auch bei RFID verwendet wird. Dadurch benötigen passive Elemente in einem NFC-System, wie NFC-Tags oder Chipkarten keine eigene Stromversorgung. Im Gegensatz zu anderen RFID-Anwendungen wurde bei NFC von Anfang an die lizenzfreie Frequenz 13,56 MHz als Standard festgelegt, was die Kompatibilität zu existierenden Smartcardsystemen gewährleisten soll [4]. Die Reichweite von NFC liegt bei weniger als 10 cm. Dabei ist jedoch ein Verbindungsaufbau durch nichtmetallische Materialen geringer Dicke, wie Papier oder Kunststoff möglich. Auf diese Weise wird eine vollständige Integration von NFC-Tags beispielsweise in Schilder oder Aushänge möglich.

Ein wesentlicher Vorteil von NFC besteht im schnellen (<0,5 Sekunden) [5] und im Gegensatz zu Bluetooth und WiFi automatischen Verbindungsaufbau [3]. Allerdings zeigt NFC insbesondere im Vergleich mit WiFi gravierende Nachteile in der Übertragungsgeschwindigkeit. Sie liegt zwischen 106 kbit/s und 424 kbit/s, wohingegen beispielsweise der WiFi-Standard IEEE 802.11n Übertragungsraten von über 100 Mbit/s ermöglicht. Ferner sind die Datenmengen die auf einem NFC-Tag oder einer Chipkarte gespeichert werden können ebenfalls sehr begrenzt: sie liegen zwischen 456 Bytes und 32 KB. Die Tab. 3.1 gibt eine Übersicht über die aktuell vom NFC-Forum definierten Tag-Typen.

Betrachtet man die möglichen Anwendungsszenarien, die auf Basis von NFC möglich sind, lassen sich drei Szenarien unterscheiden: der Betrieb im Proximity Coupling Devices (PCD)-Modus, der Betrieb im Proximity Inductive Coupling Card (PICC)-Modus sowie der Betrieb im Peer-to-Peer-Modus [4].

Im *PCD-Modus* wird das NFC-fähige Smartphone als Lesegerät verwendet. Dabei interagiert das Smartphone mit einem externen Transponder, typischerweise einem

Tab. 3.1 Typen von NFC-Tags gemäß der Klassifikation des NFC-Forums [6]

	Typ 1	Typ 2	Typ 3	Typ 4
Speicherkapazität (NDEF)	456 Bytes	48–137 Byte	1 KB bis 9 KB	4 KB bis 32 KB
Lese-/ Schreibgeschwindigkeit	106 kbit/s	106 kbit/s	212–424 kbit/s	bis 424 kbit/s
Exemplarische Tags	- Broadcom Topaz512	- NXP Mifare Ultralight - NXP NTAG 203 - NXP NTAG 213	- Sony FeliCa	- NXP DESFire

NFC-Tag (siehe Tab. 3.1). Das Smartphone kann dabei sowohl zum Lesen als auch zum Schreiben solcher Tags verwendet werden. Um einen strukturierten Datenaustausch zu ermöglichen wurde vom NFC-Forum für die Kommunikation das NFC Data Exchange Format (NDEF) definiert [4]. Dadurch können bestimmte vordefinierte Aktionen ausgelöst werden, wie beispielsweise den Aufruf einer Webseite oder die Übertragung von Kontaktdaten. Die tatsächliche Realisierung muss jedoch durch entsprechende Softwarekomponenten auf dem Smartphone erfolgen.

Im *PICC-Modus* nimmt das NFC-fähige Gerät die passive Rolle ein. Das heißt, es wird mithilfe des Smartphones ein NFC-Tag per Software emuliert. Für das lesende Gerät ist es dabei vollkommen transparent, ob es sich um ein tatsächlich als Hardware vorhandenes oder ein emuliertes Tag handelt. Auf diese Weise lassen sich NFC-fähige Smartphones auch in Legacy-Anwendungen und Infrastrukturen integrieren, die den Einsatz von NFC-Smartcard nach ISO/IEC 14443 unterstützen [4], ohne diese verändern zu müssen. Beispiele hierfür existieren im öffentlichen Personenverkehr oder bei Bezahlfunktionen, wie GiroGo [7].

Im *Peer-to-Peer-Modus* kommunizieren zwei NFC-fähige Smartphones bidirektional miteinander. Sender und Empfänger können hier jederzeit wechseln. Da dieser Modus für klassische NFC-Infrastrukturen nicht vorgesehen ist, kommt dabei mit dem „Near Field Communication Interface and Protocol" (NFCIP) ein eigenes Protokoll zum Einsatz. Der Datenaustausch erfolgt dann jedoch im bekannten NDEF-Format. Ein prominentes Beispiel hierfür stellt die im Android Betriebssystem realisierte Funktionalität Android Beam dar.

Für die eigentliche Kommunikation kommt bei NFC das NFC Data Exchange Format (NDEF) zum Einsatz. Das NDEF-Protokoll wird vom NFC-Forum spezifiziert [8] und ist wie in Abb. 3.2 dargestellt aufgebaut.

Eine NDEF Nachricht besteht aus einem Header, der aus 5 bis 9 Wörtern mit jeweils 8-Bit sowie der eigentlichen Playload besteht. Die unterschiedliche Headerlänge kommt durch eine Vergrößerung um weitere 8-Bit-Wörter des Feldes Payload-Length zustande.

Vom Aufbau her besteht das erste 8-Bit-Wort aus einer Reihe von Flags. Die Flags MESSAGE BEGIN (MB) und MESSAGE END (ME) werden gesetzt, falls sich um den ersten oder den letzten Record einer Message handelt. Das CHUNK FLAG (CF) wird

NDEF Message				
$Record_1$ MESSAGE_ BEGINN=1	...	$Record_n$	...	$Record_{Last}$ MESSAGE_ END=1

NDEF Message Record					
MB	ME	CF	SR	IL	TNF
TYPE LENGTH					
PLAYLOAD LENGTH					
ID LENGTH					
TYPE					
ID					
PAYLOAD					

Abb. 3.2 Aufbau einer NDEF Message

verwendet, falls die Payload aufgrund ihrer Größe auf mehrere Records aufgeteilt wird. Das SHORT RECORD (SR) Flag wird gesetzt, falls es sich um einen Short Record handelt, bei dem der Header aus maximal 6 8-Bit-Wörtern besteht anstatt aus bis zu 9. Das Flag ID_LENGTH (IL) wird gesetzt, falls im Header das 8-Bit-Wort ID Length vorhanden ist. Falls der Header keine ID-Length enthält, wird das IL Flag auf 0 gesetzt. Das letzte Feld ist das 3 Bit lange TYPE NAME FORMAT (TNF). Es gibt an mithilfe vom NFC-Forum definierter Codes[8] an, wie das Header-Wort *Type* zu interpretieren ist. Beispielsweise kann der Type als „NFC Forum well-known type" oder als „Media-type as defined in RFC 2046" oder als „Absolute URI as defined in RFC 3986" gekennzeichnet werden.

Nach diesem ersten Wort des Headers, folgen die Wörter TYPE_LENGTH, ID_-LENGTH und PAYLOAD_LENGTH. Alle drei Wörter enthalten jeweils einen vorzeichenlosen Ganzzahlwert, der angibt, aus wie vielen Bits das jeweilige Wort (Type, ID, Payload) besteht. Darauf folgt der Wort Type, das den Typ der Payload, z. B. als MIME-Type, wie „image/png" spezifiziert. Wie dieses Feld zu interpretieren ist, hängt vom gewählten Typformat im TNF ab. Als letztes 8-Bit-Wort enthält der Header eine eindeutige ID. Anschließend folgt der eigentliche Inhalt des Records, die Payload.

Im Folgenden werden zwei an der HAW Landshut realisierte Projekte skizziert, die mithilfe von NFC und QR-Code einen Proximitiy-based Service realisieren. Die erste Anwendung entstammt dem aus dem Anwendungsgebiet „Mobile Tourism". Unter Mobile Tourism versteht man die Unterstützung und Erweiterung von Tourismusangeboten durch mobile Technologien. Im Projekt „onTourGuide" geht es darum die Bereitstellung von Informationen als Proximity-based Service zu realisieren. Die Grundvoraussetzung für Individualtouristen um Informationen aus einem (elektronischen) Reiseführer abrufen können besteht darin, dass sie überhaupt wissen vor welcher Sehenswürdigkeit sie stehen. Die Ortung per GPS scheidet als technologische Lösung aus, da sie zum einen nur auf einige Meter genau ist. Dadurch kann der Standort einer Sehenswürdigkeit bei sehr dicht zusammenliegenden Sehenswürdigkeiten nicht genau zugeordnet werden, wie verschiedene Fenster derselben Kirche. Zum anderen funktioniert GPS nicht innerhalb von Gebäuden und wenn neben geografischer Länge und Breite auch die Höhe eine Rolle spielt, da beispielsweise in einem Gebäude mehrere Sehenswürdigkeiten übereinander an derselben geografischen Länge und Breite auf verschiedenen Etagen vorhanden sind. Daher hat im Projekt onTourGuide jede Sehenswürdigkeit eine Hinweistafel mit einem integrierten NFC-Tag und einen QR-Code erhalten. Aufgrund der sehr begrenzten Speicherkapazitäten enthalten beide jeweils nur eine eindeutige ID der Sehenswürdigkeit. Die eigentlichen touristischen Informationen liegen dann auf einem Server, der sie zum Zeitpunkt des Abrufs einer entsprechenden Android-App zur Verfügung stellt. Dadurch können Überarbeitungen, wie Fehler oder veränderte Öffnungszeiten, zentral auf dem Server eingestellt werden ohne selbst die Sehenswürdigkeit besuchen zu müssen. Zusätzlich bietet die App aber auch die Funktionalität die Informationen sämtlicher Sehenswürdigkeiten auf dem Smartphone zu cachen, um insbesondere bei Touristen die Roamingkosten für Datendienste gering zu halten. Das Smartphone wird dabei im PCD Modus verwendet.

Als Beispiel eines Projektes in dem ein NFC-fähiges Gerät im (PICC) Modus zum Einsatz kommt, dient das Projekt „NFC-DMS“, das die bedarfsgerechte Bereitstellung von Dokumenten zum Ziel hat. Die Projektidee besteht darin, orts- und zeitabhängig Dokumente zur Verfügung zu stellen. Beispielsweise kann so für einen bestimmten Konferenzraum die Agenda für das aktuelle Meeting oder in einem Flughafenterminal der aktuelle Abflugplan bereitgestellt werden. Die Anwendung ist ebenfalls als Client–server-Anwendung aufgebaut. Auf einem Server werden mit Angabe von Raum und Zeitfenster Dokumentenpakete abgelegt. An jedem Ort, an dem der Service zur Verfügung stehen soll, wird ein NFC-Lesegerät angebracht, das zeitgesteuert, ein NFC-Tag mit der entsprechenden ID des Dokumentenpakets emuliert. Dieses emulierte NFC-Tag kann dann durch kurzes berühren des NFC-Lesegeräts beim Betreten des Raumes mit dem Smartphone auf dem die entsprechende Client-App installiert ist ausgelesen werden. Dies veranlasst dann die App über eine Datenverbindung, z. B. WiFi oder Mobilfunk das entsprechende Dokumentenpaket abzurufen.

Zur Realisierung von Proximity-based Services mit NFC lässt sich festhalten, dass die Beschaffung der Infrastruktur sehr kostengünstig ist. Tags sind in größeren Mengen im Centbereich zu beschaffen und USB-gesteuerte Lesegeräte sind wesentlich günstiger als aktuelle Smartphones. Problematisch ist jedoch die nicht durchgängig vorhandene Unterstützung von NFC in Smartphones. Während die Unterstützung von NFC bei Android-Smartphones relativ groß ist, unterstützen andere Plattformen diese Technologie noch nicht. Daher ist es ratsam, wie auch bei den zuvor beschriebenen Projekten geschehen, NFC in Kombination mit einem optoelektronisch lesbaren Code, z. B. einem QR-Code, einzusetzen. Dadurch können dann auch nicht NFC-fähige Smartphones bedient werden.

3.3 BTLE & LTE Direct

Bluetooth Low Energy (kurz: BLE), im Handel oft als Bluetooth Smart TM vermarket, ist ein Standard zur drahtlosen Kommunikation der sich im Gegensatz zum „klassischen" Bluetooth durch einen sehr geringen Energieverbrauch auszeichnet. So können z. B. sogenannte BLE Beacons (siehe unten) mit einer handelsüblichen Knopfbatterie über mehrere Jahre kommunikationsfähig bleiben. Vorläufer des aktuellen BLE Standards war das 2006 von Nokia vorgestellte Wibree [9] System welches 2010 in die Bluetooth Spezifikation Version 4.0 aufgenommen und dort als Bluetooth Low Energy standardisiert wurde.

Der klassische Bluetooth Standard verwendet ein Master/Slave Modell zur Kontrolle wann und welche Geräte Daten senden können. Im BLE Standard wird hingegen keine exklusive Master/Slave Beziehung verwendet, um die Kommunikation zu regeln. Stattdessen scannt ein Gerät (der „Master") nach vorhandenen Advertisement Paketen und stellt, falls gewünscht, eine Verbindung zu dem Gerät her, welches diese Pakete versandt hat (der „Slave"). Ein Slave Gerät tut seine Anwesenheit dadurch kund, dass es periodisch, z. B. im Sekundenintervall, speziell geformte Datenpakete (die Advertisement Pakete) aussendet, welche seine Identifizierungsmerkmale enthalten. Wird solch ein Advertisement durch eine Verbindungsanfrage von einem anderen BLE Gerät beantwortet, akzeptiert es den Verbindungsaufbau und sendet, während es im verbundenen Zustand ist, keine weiteren Advertisement Pakete aus. Die Verbindung besteht üblicherweise nur recht kurz und wird z. B. zum Austausch von Konfigurationsinformationen verwendet. Nach Abbau der Verbindung wird das periodische Aussenden von Advertisement Paketen wieder aufgenommen. BLE ist also nicht für länger andauernde Verbindungen ausgelegt, z. B. ist also eine Implementierung einer drahtlosen Kopfhörerverbindung mit BLE nicht möglich. Abbildung 3.3 zeigt die Einordnung des BLE Protokolls innerhalb des Bluetooth 4.0 Standards.

Auf der linken Seite der Abb. 3.3 sehen wir bekannte Geräte die den klassischen Standard unterstützen, wie z. B. Bluetooth Drucker oder Kopfhörer, in der Mitte sind Geräte zu finden, die sowohl den klassischen als auch den BLE Standard unterstützen, Laptops und Mobiltelefone wären hier zu nennen. Auf der rechten Seite schließlich Geräte die ausschließlich über den BLE Standard kommunizieren, wie z. B. Fitnessarmbänder oder Herzfrequenzsensoren. Die Geräte in dieser Klasse zeichnen sich dadurch aus, dass Sie nur wenig Informationen übertragen müssen, jedoch ein niedriger Energieverbrauch sehr wichtig ist.

In diese Kategorie fallen auch die BLE Beacons. Beacons (engl. Leuchtfeuer) zeichnen sich dadurch aus, dass sie periodisch, wie Leuchttürme die immer noch in der Schiffsnavigation eingesetzt werden, eine für den jeweiligen Beacon typische Kennung aussenden. Die Reichweite des Beacon Signals beträgt dabei, je nach Modell, zwischen ca. 25 m und 100 m. Sie eignen sich damit ausgezeichnet, Objekte bzw. Orte im physikalischen Raum zu markieren. Deren Präsenz kann dann durch das Beacon Signal in einem entsprechenden Umkreis erfasst und darauf basierend ein Proximity-Based Service angeboten werden. Im Folgenden stellen wir zunächst mehr Details des BLE Protokolls vor, danach gehen wir genauer auf BLE Beacons ein und schließlich stellen wir die Architektur von mehreren Proximity-Based Services vor, die wir mit BLE Beacons realisiert haben.

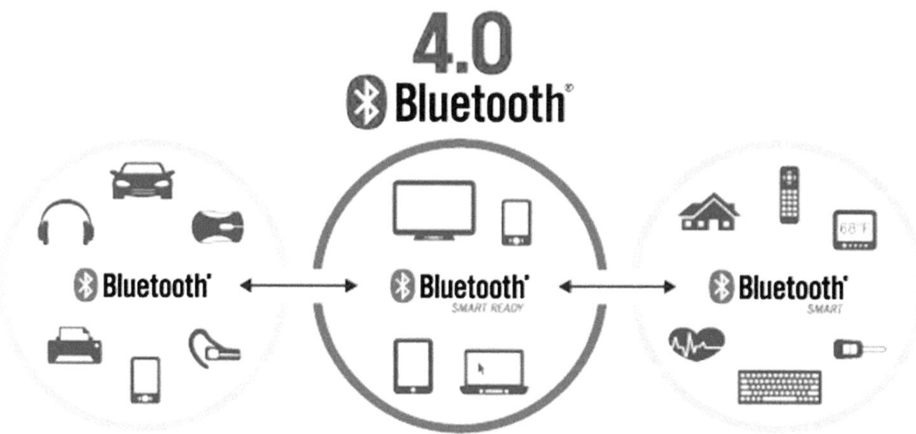

Abb. 3.3 Bluetooth 4.0 Standard

3.3.1 Technologiedetails

Der BLE Standard verwendet das 2,4 GHz Frequenzband für die Datenübertragung welches auch von dem WiFi Protokoll für drahtlose Datenübertragung verwendet wird.

Dieses Frequenzband lässt sich in 40 Kanäle unterteilen. Um mögliche Kollisionen zu vermeiden, verwendet BLE folgendes Verfahren: für das Advertising Signal werden nur drei Kanäle, 37, 38 und 39 verwendet, die in gewissem Abstand zu den üblicherweise verwendeten WiFi Kanälen liegen. Ein BLE Gerät wechselt dabei zufällig zwischen diesen drei Kanälen und eine Kommunikation mit einem anderen BLE Gerät kommt nur dann zustanden, wenn dieses gerade auf demselben Kanal hört. Ein Beispiel dazu ist in Bild Abb. 3.4 (Quelle: [10]) zu ersehen: der Sender verwendet dabei ein Advertising Intervall von 20 ms und wechselt danach zufällig zu einem anderen Sendekanal. Ein Empfänger führt alle 50 ms einen Scan von 25 ms Dauer durch. Im Beispiel führt dies zu einem Überlappen von Sende- und Empfangskanal beim ersten Scan auf Kanal 37, danach auf Kanal 38 und schließlich auf Kanal 39.

Der BLE Standard definiert drei verschiedene Zustände in dem sich BLE Geräte befinden können, was u. a. dazu verwendet wird, den Energieverbrauch gering zu halten: (1) Sleeping: in diesem Zustand ist das Gerät inaktiv und der Batterieverbrauch ist minimal. In den von uns verwendeten Beacons der Firma Jaalee müssen die Beacons geschüttelt werden ist, um sie aus diesem Zustand aufzuwecken. Ein Bewegungssensor der mit im Beacon verbaut stellt die Bewegung des Beacon fest und versetzt den Beacon dann in den Zustand (2) Connection, in dem er ca. 10 Sekunden verbleibt. Wenn in diesem Zeitintervall keine Verbindung zu dem Beacon aufgebaut wird, kehrt er automatisch in den Sleeping Zustand zurück. Um dem Beacon Nutzer anzuzeigen, dass er

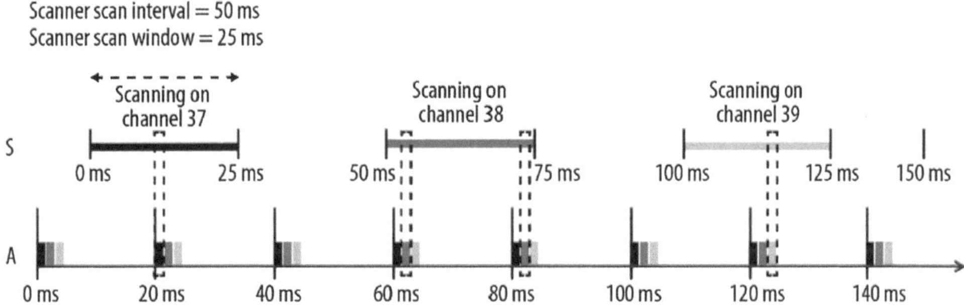

Abb. 3.4 BLE Channel Hopping. (Quelle: O'reilly)

empfangsbereit ist, wird das erfolgreiche Schütteln mit einem akustischen Signal quittiert. Ist der Beacon im Connection Zustand, kann seine Konfiguration sowohl gelesen als auch geschrieben werden. Bei Fitness Trackern wird der Connection Zustand z. B. dazu verwendet, die gespeicherten Fitnessaktivitäten zu übertragen da nur in diesem Zustand ein größerer Datenaustausch über die kurzen Advertising Pakete hinaus möglich ist. Der dritte Zustand schließlich ist der „übliche" Zustand eines BLE Gerätes, der sogenannten „Advertising" Zustand, in dem das BLE Geräte periodisch Informationen zu seiner Geräteidentität aussendet. Zusätzlich zu der Geräteidentifikation können auch weitere kleine Datenpakete versandt werden. Was genau übertragen wird, hängt von der Gerätekonfiguration ab und ist zum Teil konfigurierbar.

3.3.2 iBeacon Standard

Eine besondere Gerätekategorie innerhalb der BLE Geräte sind die so genannten Beacons. Beacon, was im Englischen Leuchtfeuer bedeutet, sind bekannt aus der Schiffs- und auch Flugzeugnavigation wo sie zur Positionsbestimmung für Schiffe bzw. Flugzeuge eingesetzt werden. Diese Leuchtfeuer verwenden als Signalquelle jedoch Radarwellen, während Bluetooth Beacons das erwähnte Bluetooth Spektrum verwenden. Die Firma Apple führte mit ihrem iOS 7 einen Standard für die in einem Beacon Signal übertragenen Daten ein, den iBeacon Standard, der seither von vielen anderen BLE Beacon Herstellern ebenso implementiert wurde. Einer der bekanntesten davon ist Estimote (http://www.estimote.com), der Beacons in optisch ansprechenden Verpackungen zusammen mit einer Programmierumgebung und einem Cloud-basierten Backend anbietet. Dieses Backend muss von Kunden verwendet werden, um die Estimote Beacons zu programmieren, ein klassischer „Provider Lock-in". Die Beacons werden dabei sehr teuer vermarktet, ein Entwicklungsbausatz mit drei Beacons kostet derzeit knapp 100$.

Jaalee (http://www.jaalee.com) ist ein chinesischer Hersteller, der zu seinen deutlich günstigeren Beacons (ca. 5$ pro Stück) ein einfaches Software Development Kit (SDK) für Android und iOS gratis mit anbietet, mit dem die Beacons bearbeitet können. Im Gegensatz zu Estimote betreibt Jaalee[1] kein eigenes Backend zur Beacon Verwaltung, so dass der Nutzer nicht an eine spezielle Softwarelösung gebunden ist, um die Beacons produktiv einsetzen zu können.

Auf der Hardwareseite, gibt es für die in Beacon eingesetzten Chipsätze zwei großes/großer/große Hersteller, zum einen Texas Instruments, zum anderen Nordic Semiconductor. In den neueren Jaalee Modellen ist z. B. der nrf51822 verbaut, der einen 32bit ARM Cortex M0 Prozessor mit einem 256kB Flashspeicher und 32kB RAM einsetzt.

Tabelle 3.2 zeigt einen Überblick über die BLE Beacon Modelle die von der Firma Jaalee angeboten werden und die wir in unseren Forschungsarbeiten verwendet haben, in Bild Abb. 3.5 sind diese fotografisch festgehalten. Während die Beacons der ersten Generation nur über eine (berechnete) Batterielebensdauer von 5 Monaten verfügten und eine maximale Reichweite von 25 m erreichten, bieten die neuesten Modelle eine Batteriedauer von knapp fünf Jahren und ihr Signal ist in bis zu 100 m empfangbar. Insbesondere die lange Batterielebensdauer ist hierbei beachtenswert, ermöglicht sie doch einen Einsatz von einer Vielzahl von Beacons ohne dass ein hoher Wartungsaufwand aufgrund von ständigem Batteriewechsel erforderlich wäre. Die berechnete Lebenszeit der Batterien in der Tabelle basiert dabei auf einem Sendeintervall von einer Sekunde, wird dieses verringert lässt sich die Batterielebensdauer eventuell noch weiter verlängern.

3.3.3 iBeacon Protokoll Informationen

Wie die in der Navigation eingesetzten Leuchtfeuer, senden auch Bluetooth Beacons regelmäßige Kennungsinformationen. Wie im vorigen Abschnitt bereits erwähnt, geschieht dies im so genannten Advertising Zustand. In diesem Zustand werden im Abstand von 0,1 Sekunden (kürzestes Intervall) bis 10 Sekunden jeweils folgende Daten gesendet:

- UUID, (16 Byte) eine eindeutige Kennung des Beacon
- Major Code (2 Byte), eine weitere benutzerdefinierbare Kennung
- Minor Code (2 Byte), eine weitere benutzerdefinierbare Kennung
- Zusatzinformationen (z. B. Batteriestand)

Im Standard ist kein bestimmtes Namensschema festgelegt, von daher bleibt es dem Beaconanwender überlassen, wie die Kennungen vergeben werden. Ein mögliches

[1] Beim Schreiben dieses Artikels war Jaalee dabei, auch einen Backend Dienst für seine Beacons aufzubauen, aber überwiegend ist die Firma derzeit im Hardware Geschäft tätig.

Tab. 3.2 Jaalee Beacons

Modell	Maße (mm)	Form	Reichweite (m)	Lebensdauer (1 Sekunde)	Batterietyp
iB001-N	28 × 8	rund	25	5 Monate	CR2032
iB001-N mini	28 × 6	rund	25	12 Monate	CR2016
iB003-N	42 × 13	quadratisch	70	34 Monate	CR2450
iB004-N	40 × 40 × 13.6	quadratisch	70	34 Monate	CR2450
iB004-N plus	40 × 40 × 16	quadratisch	100	59 Monate	CR2477
iB005-N	18.5 × 14 × 6	USB	40	N/A	N/A

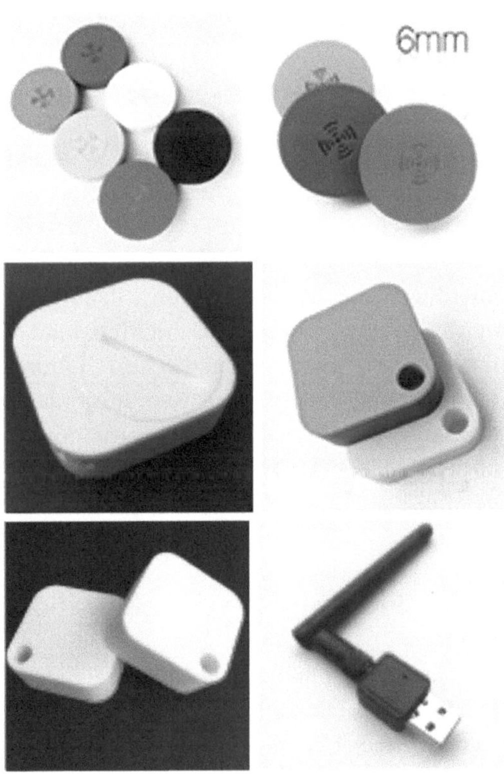

Abb. 3.5 Jaalee Beacons

Schema, welches wir angewendet haben, besteht darin, mit der UUID das jeweilige Anwendungsprojekt zu identifizieren und dann mit Major- und Minor Code die einzelnen Beacon hierarchisch zu identifizieren. Der Major Code kann z. B. zur Identifikation eines Gebäudes verwendet werden und der Minor Code für den jeweiligen Beacon in dem durch den Major Code identifizierten Gebäude. Die weiteren periodisch übertragenen Informationen sind nicht durch den Benutzer definierbar sondern stellen bestimmte Zustände, z. B. den Batterieladezustand oder die gesetzte Übertragungsstärke dar. Aus diesen Parametern lassen sich z. B. (genäherte) Abstände zum Beacon berechnen.

Um die Eigenschaften wie UUID zu schreiben, muss ein Beacon in den oben beschriebene Connecting State versetzt werden. Hier sind bei den Jaalee Beacons weitere Parameter schreibbar:

- Passwort: ein 3-Byte langes Passwort mit dem der Beacon schreibgeschützt ist, bei den Jaalee Beacon ist das vordefiniert auf 0x666666;
- Übertragungsstärke: 1 Byte Wert mit dem die Übertragungsstärke kontrolliert werden kann;
- Übertragungsintervall: 1 Byte Wert, zum Setzen des Übertragungsintervalles im Bereich von 100 ms bis 10 Sekunden.

Als wichtiges Kennzeichen der Beacons lässt sich zusammenfassend sagen, dass sie sich durch ihre Reichweite und hohe Batterielaufzeit gut eignen, um insbesondere auch innerhalb von Gebäuden geografische Punkte zu markieren ohne dass ein hoher Wartungsaufwand notwendig wäre. Die Reichweite ermöglicht dem Nutzer die Identifikation eines markierten Ortes ohne sich diesem (wie bei NFC) völlig annähern zu müssen, was für viele Anwendungen (siehe folgender Abschnitt) von Vorteil sein kann. Es ist allerdings auch festzuhalten, dass dadurch dass ein Beacon nur sehr wenig Informationen übertragen kann – UUID mit Major und Minor Code zusammen gerade mal 20 Byte – interessante Anwendungen die Informationen ortsbasiert bereitstellen Beacons nur zur Identifikation der geografischen Information nutzbar sind, die Bereitstellung der für den Anwender interessanten Informationen sowie die Verknüpfung von Ort mit den zu bereitstellenden Informationen jedoch in einem anderen System (Backend) erfolgen muss.

3.4 Proximity Based Applications: Beispielanwendungen

Im diesem Abschnitt stellen wir drei interessante Use Cases dar, die wir bereits implementiert haben und beschreiben, welche Aufgaben dabei jeweils von einem Backend System erledigt werden müssen, um den Use Case zu realisieren.

3.4.1 Hochschulinformationssystem

In unserem ersten Use Case verwenden wir die geografische Nähe zu Veranstaltungsräumen unserer Hochschule um dem Nutzer aktuelle Informationen zu den in dem jeweiligen Raum stattfindenden Veranstaltungen bereit zu stellen. Abbildung 3.6 zeigt grafisch die Systemkomponenten.

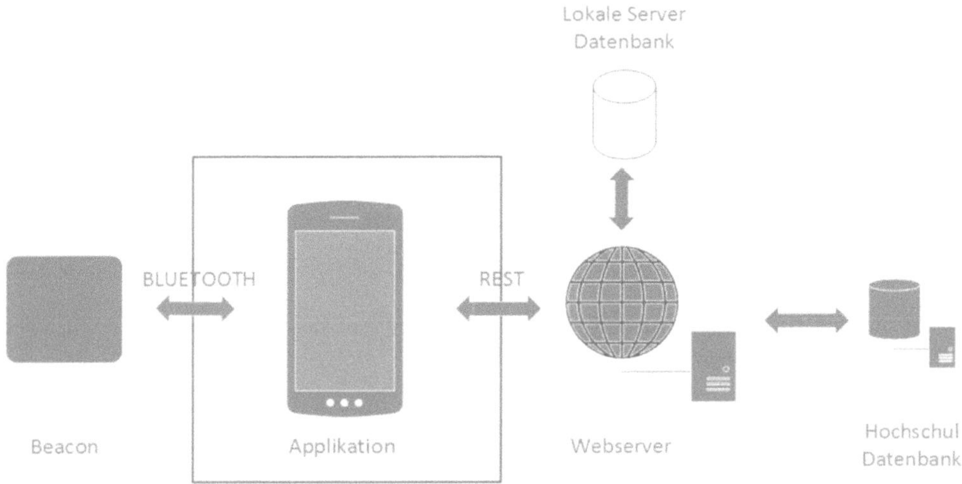

Abb. 3.6 Hochschulinformationssystem

Im Bild sehen wir auf der linken Seite einen BLE Beacon der sich in dem Raum befindet in dessen Nähe sich der Nutzer aufhält. Der Nutzer öffnet dann eine von uns entwickelt Android Applikation auf seinem Mobiltelefon. Diese empfängt das Beacon Signal mit UUID, Major und Minor Code und sendet diese an ein von uns entwickeltes Backend, ein simpler Web Service mit einer von uns entwickelten REST Schnittstelle. Dieser verfügt über eine kleine Datenbank in dem die Zuordnung des Triplets < UUID, Major Code, Minor Code > zu Raum in dem der jeweilige Beacon platziert ist, abgespeichert ist. Nachdem der Server diese Zuordnung vorgenommen hat, führt er eine Abfrage bei einer Datenbank durch, die von der Hochschule Landshut verwendet wird um zentral alle Lehrveranstaltungen sowie andere Vorträge und Ereignisse an der Hochschule zu verwalten. Das von der Hochschule verwendete Datenbanksystem implementiert dabei eine Web Services Anbindung über eine SOAP Schnittstelle. In der Anfrage wird sowohl der angefragte Raum als auch das angefragte (normalerweise das aktuelle) Datum mitgeschickt und die Antwort enthält die Liste der an diesem Tag im angefragten Raum stattfindenden (Lehr-) Veranstaltungen, mit Zusatzinformationen zu Dozent bzw. Vortragendendem usw. Im oberen Bildteil ist eine server-lokale Datenbank zu sehen, die dazu verwendet wird, Anfrageergebnisse im Server zu cachen um die Anzahl der Anfragen an die Hochschuldatenbank zu reduzieren. Da Veranstaltungen üblicherweise wenigstens 24 Stunden vor dem Stattfinden in die Datenbank eingetragen werden, können wir eine Cache Lebensdauer von 24 Stunden verwenden ohne im Normalbetrieb falsche Informationen zu liefern.

In unserem Server verwenden wir eine MongoDB Datenbank, ein so genannter No-SQL Store [11] der hoch performant ist, so dass wir erwarten, auch eine große Anzahl von Anfragen in unserem Server zufriedenstellend beantworten zu können trotz der relativ langsamen Hochschuldatenbank.

Unsere Hochschule verfügt nur über sehr wenige große Hörsäle, oft liegen deshalb mehrere Hörsäle nur wenige Meter voneinander entfernt. In diesem Fall empfängt unsere mobile Anwendung mehrere Beacon Kennungen. Diese werden durch eine Server-Anfrage in die zugehörigen Raumbezeichnungen übersetzt und dann dem Benutzer im User Interface zur Auswahl dargestellt. Sortiert werden sie dabei nach der aus der Signalstärke und der Sendestärke berechneten ungefähren Entfernung, so dass üblicherweise der nächstgelegene Hörsaal an erster Stelle angezeigt wird. In jedem Fall kann der Nutzer dann den von ihm gewünschten Raum auswählen und bekommt dann die dafür verfügbaren Informationen angezeigt.

3.4.2 Implementierungsdetails

Abbildung 3.7 illustriert das JSON Format das verwendet wird um die Codierung von Triple < UUID, Major Code, Minor Code > zu implementieren.

Im gezeigten Beispiel wird der Beacon mit der UUID ebefd08370a247c89837-e7b5634df555 und major und minor code 1 auf die Raumidentifikation 1 abgebildet. Dies ist eine eindeutige Raumnummer die innerhalb der Hochschuldatenbank als Primärschlüssel für Räume dient. Außerdem wird der Klartextname des Raumes mit abgespeichert da dies der Name ist unter dem Hochschulbesucher die Räume kennen, im vorliegenden Beispiel also, den Hörsaal mit der Bezeichnung HS 001.

Abbildung 3.8 zeigt den in unserer Android Applikation verwendeten Code zum Erkennen von Beacons in der Umgebung. Die Jaalee SDK stellt dazu eine Java Klasse BeaconManager mit einer Methode setRangingListener bereit. Durch diese Methode registriert die Applikation eine callback Methode, onBeaconsDiscover, die mit der Liste der beim Beacon Scan gefundenen Beacons aufgerufen wird. Das erste Argument (region) ist eine Datenstruktur mit der die Applikation die Option hat, die Menge der zurückgelieferten erkannten Beacons zu filtern. Dazu wird beim Scannen nach Beacons ein Filter definiert der in einer so genannten Region Datenstruktur gespeichert wird. In unserer Applikation verwenden wir als Filter eine vordefinierte UUID, da alle unsere Raumbeacons mit derselben UUID codiert sind. Eventuell andere in Reichweite befindliche Beacons werden dann im Callback gar nicht erst zurückgeliefert. Damit im Callback identifizierbar ist, welcher Filter angewandt wurde, wird diese Datenstruktur als erstes Argument mitgeliefert, da es möglich ist, mehrere Callbacks mit unterschiedlichen Filtern zu installieren.

Der Beacon Scan selbst wird beim Starten der Applikation durchgeführt und immer dann, wenn der Nutzer explizit über das Benutzerinterface nach einer Aktualisierung der empfangbaren Beacons verlang. Mit Android 5.0 und ab der API Version 21.0 ist es auch möglich das Betriebssystem periodisch nach in der Nähe befindlichen Beacons scannen zu lassen und über Callbacks über Änderungen informiert zu werden. In einer zukünftigen Version unserer App wollen wir dies nutzen, weil dadurch mit geringem Energiever-

```
http://goserver.haw-landshut.de:6060/api/v1/roomOutput
[
    {
    "beaconID":"ebefd083-70a2-47c8-9837-e7b5634df555-1-1",
    "roomID":"1",
    "roomName":"HS 001"
    },
    {
    "beaconID":"ebefd083-70a2-47c8-9837-e7b5634df555-1-2",
    "roomID":"2",
    "roomName":"ZH 003"
    },
    ...
]
```

Abb. 3.7 JSON Output der Raumsuche

```
beaconManager.setRangingListener(new RangingListener() {
    @Override
    public void onBeaconsDiscovered(Region region, final List
       beacons) {
        getActivity().runOnUiThread(new Runnable() {
            @Override
            public void run() {
                if (beacons.size() > 0) {
                    nearestBeacon = (Beacon) beacons.get(0);
                    onMenuStop();
                    if (isNetworkAvailable()) {
                        doGETEventsforRoom();
                        doPOSTSeenBeacons(beacons);
                    } else {
                        showToast(getString(R.string.no_internet));
                    }
                }
            }
        });
    }
});
```

Abb. 3.8 Android Beacon Scan Code

brauch nahezu ununterbrochen nach neuen Beacons gescannt werden kann. Bei einem ersten Test dieses neuen API stellten wir auch nach mehreren Stunden permanenten Scannens mit einem Nexus 6 Telefon keinen nennenswerten Einfluss auf den Batterieladestand fest, während beim Verwenden des expliziten Scannens über die Jaalee SDK dies durchaus – wenn auch gering, – merkbar war.

3.4.3 Beacon Chat

Als weiteren Proximity-Based Service verwenden wir Beacons um Räume der realen Welt zu virtuellen Chat Räumen zu machen. Die eindeutige Kennung des Beacon wird dazu verwendet, einen Chatraum zu erzeugen in den alle Benutzer eintreten können, wenn sie die UUID des Beacon kennen. Da diese aus 16 Byte besteht, ist es nahezu ausgeschlossen, diese zufällig zu erraten, d. h. nur die Nutzer, die physisch im Raum präsent sind und das Beacon Signal empfangen können, haben die Möglichkeit am Chat teilzunehmen. Ein Replay der UUID ist natürlich möglich, ebenso können Anwesenden physisch nicht präsenten Personen die UUID mitteilen, aber uns geht es primär darum, in einem Raum anwesende Personen ohne jedes weitere Setup oder Registrierung auch in einem virtuellen Raum zusammenzuführen um darin miteinander Informationen, auszutauschen. Abbildung 3.9 zeigt das Benutzerinterface unsere mobilen Chat Applikation.

Im Beispiel sind die zwei teilnehmenden Benutzer in Chat Raum der mit dem Beacon im Raum HS001 assoziiert ist. In der Anwendung setzt jeder Benutzer seinen Namen („Georg“ oder „Elisabeth“) der dann zusammen mit einer eingegeben Chat Nachricht mitgesendet wird. Wird kein Name gesetzt, wird der Chat Beitrag als „Anonymous“ markiert. Unsere Systemarchitektur ist dem Hochschulinformationssystem vom vorigen Abschnitt sehr ähnlich: der Server nimmt wieder eine Übersetzung von Beacon ID zur Raum ID vor und teilt diese der Chat Applikation mit. Sind mehrere (Chat) Räume verfügbar (aufgrund mehrerer Beacons in Reichweite), muss der Nutzer auswählen, in welchen er eintreten möchte. Den eigentlichen Chat implementieren wir mittels eines externen Servers der das so genannte MQTT (Message Queue Telemetry Protokoll) verwendet.

Bei MQTT handelt es sich um ein ursprünglich zur Maschine-Maschine Kommunikation entwickeltes Protokoll das u. a. von Facebook zur Implementierung seines Chat Systems eingesetzt wurde. [12] In unserer Anwendung verwenden wir den öffentlich zugänglichen von der Eclipse Foundation (www.eclipe.org) bereitgestellten Mosquitto Server. Unser Backend Server verwendet das Mosquitto API um einen Chatraum zu eröffnen dessen Passwort durch die UUID des Beacon des zugeordneten physikalischen Raumes vorgegeben ist. Nachdem ein Nutzer von unserem Backen an den Mosquitto Chat Room delegiert wurde, läuft dann alle weitere Chat Kommunikation über den Mosquitto Server.

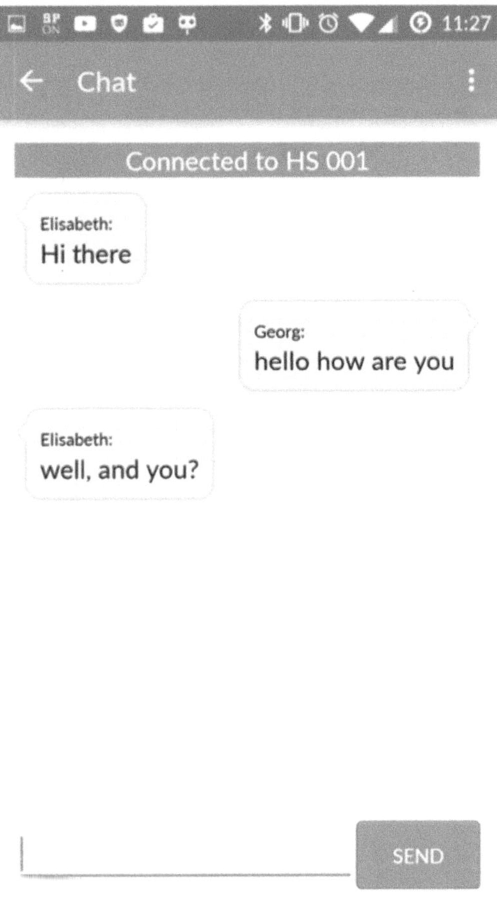

Abb. 3.9 Screenshot der Chat Applikation

3.4.4 Echtzeit-Businformationssystem

Als eine weitere Anwendung von Beacons für einen Proximity-Based Service haben wir einen Service entwickelt mit dem die Echtzeitdaten der Buspositionen des öffentlichen Personennahverkehrs der Stadt Landshut abrufbar sind. BLE Beacons dienen dabei zur Bestimmung der jeweiligen Bushaltestelle. Sollte die aktuelle Pilotphase, in der wir eine kleine Anzahl von Haltestellen der Stadtbusse (u. a. z. B. die Haltestellen der Hochschule Landshut) mit Beacons codiert haben, erfolgreich sein, planen wir alle Bushaltestellen der Stadt mit Beacons auszustatten. Die Architektur des Businformationssystems ist nahezu identisch mit der unseres Hochschulinformationssystems. Wie im Hochschulinformationssystem codiert ein Beacon die geografische Position, anstatt eines Vorlesungssaals in diesem Fall die jeweilige Bushaltestelle. Beacons bieten hierbei gegenüber gedruckten Fahrplänen den Vorteil, dass wir bei einer Haltestelle auch die Fahrtrichtung berücksichtigen können, das heißt, wir verwenden z. B. für die Haltestelle „Hochschule Landshut" zwei Beacons: einen für die Haltestelle an der die Busse stadteinwärts fahren, einen anderen für die Busse in der Gegenrichtung. So weiß der Nutzer sofort, ob er an der beabsichtigten Haltestelle ist oder z. B. die Straße zum entfernteren Beacon überqueren sollte.

Wie bei der Hochschulapp sendet die Busapp die empfangene Beacon Identifikation an unser Backend. Dort wird die Beacon ID in die jeweilige Bushaltestelle (einschließlich Fahrtrichtung) übersetzt, wie in Abb. 3.10 zu ersehen ist.

Weiterhin verfügt unser Backend über einen aktuellen Fahrplan aller Stadtplanlinien im HAFAS Format, der uns von den Stadtwerken zur Verfügung gestellt wurde. Aus diesem Fahrplan extrahiert der Sever, welche Buslinien die jeweilige Haltestelle bedienen. Mit dieser Information kontaktiert das Backend einen bei den Stadtwerken eingerichteten Server. Dieser verfügt durch eine von der Stadt in den Bussen eingesetztes GPS Positionierungssystem Informationen über eventuell vorliegende Verspätungen aller

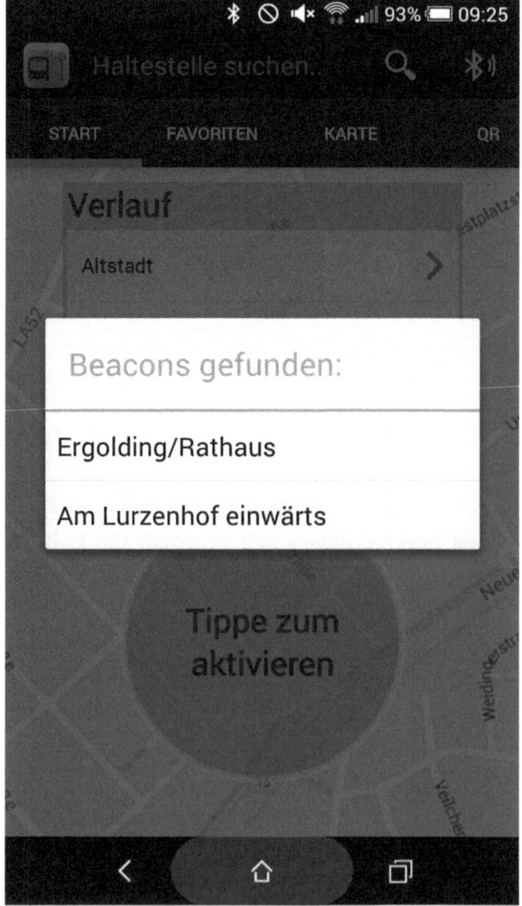

Abb. 3.10 Die Busfahr App hat über Beacon Scan zwei Bushaltenstellen gefunden

Stadtlinien und liefert diese für die angefragten Linien zurück. In der Busapp werden denn die nächsten Abfahrtszeiten aller die Haltestelle anfahrenden Linien angezeigt, einschließlich der aktuellen Abweichungen.

3.5 LTE Direct

Bei LTE Direct handelt es sich um neues von der Firma Qualcomm mit anderen industriellen Partnern derzeit in Entwicklung befindliches Protokoll zur Geräte-zu-Geräte Kommunikation. [13] Laut White Paper ermöglicht „LTE Direct das In-Kontakt-Treten („Discovery") von tausenden von (LTE Direct) Geräten und deren Dienste in der Umgebung von ca. 500 m". Die größere Reichweite, die auf der Reichweite eines LTE Mobilfunkmasten basiert, bietet dadurch für die Konstruktion von Proximity Based Services die Möglichkeit, diese effizient in einem noch größeren Radius als die bereits besprochenen Technologien NFC und BLE ermöglichen. Für manche Dienste, wie z. B. das präsentierte Rauminformationssystem (BLE) oder den onTourGuide (NFC) wäre dies kontraproduktiv, da dann keine hinreichend genau Lokalisierung für den Dienst möglich wäre. Allerdings gibt es andere Anwendungsszenarien für die 500 m große Reichweite ideal wäre.

Um für derartige Reichweiten eine Gerät-zu-Gerät Kommunikation zu realisieren, verwenden bisherige Anwendungen typischerweise den „Umweg" über das Internet, d. h. beider Geräte kommunizieren mit einem Backend in der Cloud die den Transport der Nachrichten zwischen den beiden Geräten übernimmt. Neben der damit verbundenen Latenz ist solch ein Ansatz auch vom Standpunkt der Energieeffizienz der beteiligten Geräte problematisch, wie Mumtaz et al. darstellen. [14] Mit der LTE Direct Technologie wird es möglich eine Kommunikation zwischen Geräten deutlich energieeffizienter zu gestalten, da die direkte Kommunikation jeweils nur mit dem Mobilfunkturm erfolgt, mit die beteiligten Mobilgeräte sowieso schon verbunden sind. Viele Anwendungen für diese Technologie sind vorstellbar so erwähnt Qualcomm [15] z. B. Social, Retail oder Event Discovery und personalisierte Interaktionen. Die Discovery Dienste basieren dabei daraus, dass Anbieter, z. B. Einzelhändler („Retail") oder Eventveranstalter oder auch Individuen („Social") über Broadcasts Informationen über ihre Interessen und Absichten mitteilen und diese allen anderen Teilnehmern im Umkreis mitgeteilt werden, soweit sie dieselben Interessen oder komplementäre Absichten haben. Beispiele dafür wären das Suchen eines Tennispartners im Umkreis eines Tennisplatzes oder eine Kaufabsicht eines Kunden in der Nähe eines Geschäftes um von diesem ein entsprechendes Angebot zu bekommen, oder um über Veranstaltungen informiert zu werden die in der Umgebung stattfinden. Welche Dienste praktisch erfolgreich sein werden, lässt sich derzeit noch nicht absehen, dass LTE Direct für derartige Angebote jedoch eine gut geeignete Technologie sein kann, erscheint uns einleuchtend.

3.6 Fazit

In den vorherigen Abschnitten wurden die Technologien NFC, Bluetooth Low Energy und kurz auch LTE Direct beleuchtet. Eine mobile Anwendung, die diese Technologien einsetzt, lässt sich aufgrund der inzwischen häufig bereits im Standard-SDK vorhandenen APIs vergleichsweise einfach realisieren. Auch die Kosten für die benötige Hardware sind überschaubar. So war beispielsweise die benötige NFC-Hardware im Projekt onTourGuide günstiger als ein einzelnes aktuelles Smartphone. Bei Betrachtung der technischen Machbarkeit sowie den Kosten steht dem flächendeckenden Einsatz von Proximity-based Services nichts im Wege.

Allerdings handelt es sich um eine Technologie, die wie die Telefonie, mit einem sog. Netzeffekt behaftet ist. Die Netzeffekttheorie besagt, dass der eigene Nutzen eines Gutes steigt, je mehr weitere Nutzer des gleichen Gutes es gibt. Beispielsweise ist der Nutzen eines Telefons nicht gegeben, wenn man selbst die einzige Person, die ein Telefon besitzt. Daraus ergibt sich auch für Proximity-based Services die Hauptschwierigkeit bei ihrer Verbreitung. Anbieter sind erst bereit eine flächendeckende Infrastruktur einzuführen, wenn es genügend potenzielle Nutzer gibt. Nutzer ziehen die Nutzung solcher Dienste aber erst ein Erwägung, wenn eine ausreichende Infrastruktur vorhanden ist. Das Beispiel des mobilen Bezahlens im stationären Einzelhandel auf Basis von NFC-Technologie illustriert dieses Phänomen. Handelsketten zögern bei der flächendeckenden Einführung von NFC-basierter Technologie zum Bezahlen, weil es zu wenige Kunden gibt, die diese nutzen. Kunden verwenden keine NFC-basierten Bezahldienste, da sie diese nicht flächendeckend nutzen können.

Für ausgewählte Anwendungen bei denen App und Infrastruktur in einer Hand liegen, wie bei den gezeigten Projekten onTourGuide oder Echtzeit Busfahrplan, eröffnen Proximity-based Services neue Möglichkeiten.

Literatur

1. Uitz I, Harnisch M (2012) Der QR-Code – aktuelle Entwicklungen und Anwendungsbereiche. Informatik Spektrum 35(5): 339–347. doi: 10.1007/s00287-012-0608-5
2. NFC Forum (2015) About Us. http://nfc-forum.org/
3. NFC-Forum (2015) NFC Forum Specifications. http://members.nfc-forum.org/specs/
4. Madlmayr G, Kantner C, Scharinger J et al. (2010) Eine mobile Service-Architektur für ein sicheres NFC-Ökosystem. Elektrotech. Inftech. 127(5): 127–134. doi: 10.1007/s00502-010-0732-3
5. Fischer J (2009) NFC in cell phones: The new paradigm for an interactive world [Near-Field Communications]. IEEE Commun. Mag. 47(6): 22–28. doi: 10.1109/MCOM.2009.5116794
6. NFC-Forum NFC Forum Issues Specifications For Four Tag Types. http://nfc-forum.org/newsroom/nfc-forum-issues-specifications-for-four-tag-types/
7. Deutscher Sparkassen- und Giroverband Kontakloses Bezahlen mit GiroGo. https://girogo.sparkasse.de/kunden. Accessed 25 Aug 2015
8. NFC Forum (2006) NFC Data Exchange Format (NDEF). Technical Specification

9. Ed Grabianowski (2006) Is Wibree going to rival Bluetooth? http://www.howstuffworks.com/wibree.htm. Accessed 04 Oct 2015
10. Townsend K, Cufí C, Akiba et al. Getting started with Bluetooth low energy
11. Chodorow K (2013) MongoDB: The definitive guide, Second edition. O'Reilly, Beijing
12. MQTT Org MQTT used by Facebook Messenger. http://mqtt.org/2011/08/mqtt-used-by-facebook-messenger
13. QualComm (2015) LTE Direct Trial. White Paper
14. Mumtaz S, Lundqvist H, Huq KMS et al. (2014) Smart Direct-LTE communication: An energy saving perspective. Ad Hoc Networks 13: 296–311. doi: 10.1016/j.adhoc.2013.08.008
15. QualComm (2014) LTE Direct Overview Presentation. https://www.qualcomm.com/documents/creating-digital-6th-sense-lte-direct. Accessed 04 Oct 2015

Teil II

Betriebswirtschaftlicher Nutzen und mobiles Ecosystem

Der betriebswirtschaftliche Nutzen von mobilen betrieblichen Anwendungen spielt eine sehr wichtige Rolle und wird anhand zweier Einsatzbereiche thematisiert. Einerseits wird für den Bereich des Personalwesens aufgezeigt, welche Chancen sich für Unternehmen durch mobile Apps für Anwendungsbereiche wie Lernen, Personalbeschaffung und Zeiterfassung bieten und welche Herausforderungen damit verbunden sind. Andererseits zeigt das Kapitel die Chancen mobiler Lösungen im Bereich des Marketings, stellt wichtige Werkzeuge vor und beleuchtet den Erfolg mobiler Marketingkampagnen.

Mobile Human Resource Management

4

Wilhelm Mülder

Zusammenfassung

Es gibt kaum noch Anbieter von Software für personalwirtschaftliche Anwendungen, die keine mobilen Lösungen im Portfolio haben, sei es als speziell entwickelte „Native Apps" oder schlicht als mobile Webseiten. Dem großen Angebot steht eine bislang eher bescheidene Nachfrage seitens der Unternehmen gegenüber. Zum einen stellt sich die Frage, ob bei Arbeiten, die überwiegend im Büro mit stationären PCs ausgeführt werden, die spezifischen Eigenschaften mobiler Applikationen überhaupt benötigt werden. Hinzu kommen Datenschutz- und Sicherheitsbedenken gegen einen mobilen und damit prinzipiell außerhalb des Unternehmens stattfindenden Zugriff auf sensible personenbezogene Daten. Andererseits dürfen Unternehmen die Chancen, die sich in bestimmten Anwendungsbereichen des Human Resource Management durch mobile Apps ergeben, nicht ignorieren.

Schlüsselwörter

Mobile HR-Apps • Mobile Learning • Gamification • Mobile Recruiting • Mobile Self Services • Mobile Business Intelligence • Risiken von mobile HRM

4.1 Anwendungsschwerpunkte und Nutzergruppen

Für die mobile Nutzung existiert ein umfangreiches Angebot an Apps mit Fokus auf Human Resources. Größtenteils handelt es sich um einzelne Komponenten oder angepasste Versionen von bereits existierenden HR-Anwendungssystemen, in einigen Fällen wurden jedoch

W. Mülder (✉)
Hochschule Niederrhein, Mönchengladbach, Deutschland
E-Mail: muelder@hs-niederrhein.de

T. Barton et al. (Hrsg.), *Mobile Anwendungen in Unternehmen*, Angewandte Wirtschaftsinformatik,
DOI 10.1007/978-3-658-12010-8_4

auch völlig neuartige Lösungen für den mobilen Anwender entwickelt. Wenn wir nachfolgend von mobilen HR Apps sprechen, dann sind hierbei sowohl native, also an die technischen Eigenschaften des jeweiligen Endgeräts angepasste Anwendungen als auch im Browser per Internetverbindung nutzbare mobile Webseiten gemeint. Ferner werden mobile HR Apps nicht ausschließlich von Anwendern aus der Personalabteilung genutzt sondern Führungskräfte können bestimmte Informationen über ihre Mitarbeiter mobil abrufen und weitergehende Programmaktionen ausführen, wie z. B. Genehmigung einer Geschäftsreise.

Generell stellt sich beim Einsatz von mobilen Anwendungen die Frage, welcher zusätzliche Nutzen durch eine mobile Apps im Vergleich zu einer stationären, webbasierten Lösung entsteht. Insbesondere bei personalwirtschaftlichen Anwendungen kann davon ausgegangen werden, dass die meisten Nutzer an ihrem Arbeitsplatz über PC und Webzugriff verfügen. Die Vorteile von mobiler gegenüber stationärer Nutzung werden jedoch deutlich, wenn wir uns noch einmal mit den spezifischen Eigenschaften mobiler Applikationen beschäftigen:

- **Ortsunabhängigkeit**: Die mobilen Geräte können leicht transportiert und überall genutzt werden.
- **Allgegenwärtigkeit**: Mobile Geräte verändern den beruflichen Alltag. Nahezu alle Arbeitnehmer tragen zumindest ein privates Smartphone ständig mit sich und nutzen die vielfältigen Anwendungsmöglichkeiten, wie z. B. Informationen abrufen, Zugriff aufs Internet, Fotografieren, Videos aufnehmen, Bezahlen, Termine planen, Adressen verwalten, Kommunizieren.
- **Erreichbarkeit**: Mobile Nutzer sind immer und überall erreichbar.
- **Zusammenarbeit**: Die Möglichkeit, jederzeit mit anderen Nutzern in Kontakt zu treten, fördert die gemeinsame Bearbeitung und Problemlösung.
- **Lokalisierbarkeit**: Der aktuelle Aufenthaltsort mobiler Endgeräte ist in der Regel zu ermitteln, und zwar entweder über die Lokalisierung innerhalb einer Funkzelle oder durch GPS-Positionsbestimmung. Hierdurch kann die App wichtige Informationen über die Umwelt, in der sie gerade genutzt wird, mit einbeziehen.
- **Personalisierbarkeit**: Weil mobile Endgeräte regelmäßig nur von einer bestimmten Person genutzt werden, können sie an die Bedürfnisse ihres Besitzers angepasst werden.
- **Motivation**: Für zahlreiche Menschen weltweit ist das jeweils neueste Smartphone eines Herstellers in höchsten Maße begehrenswert. Diese Anwender steigern hierdurch ihr persönliches Image, sie nutzen ihr neues Gerät sehr häufig und sind hoch motiviert.

Legt man diese Kriterien zugrunde, dann wird zunächst deutlich, dass bei einigen personalwirtschaftlichen Aufgaben keine nennenswerten Verbesserungen durch eine mobile App eintreten werden. Beispielsweise trifft dies auf die meisten administrativen Arbeiten bei Entgeltabrechnung, Personalbetreuung, Urlaubsverwaltung und Berichtswesen zu. Hierbei müssen oftmals Daten per Tastatur eingegeben oder geändert werden und es wird ein – im Vergleich zu Smartphone bzw. Tablet – größeres Display benötigt, weil umfangreiche Sachverhalte angezeigt werden müssen.

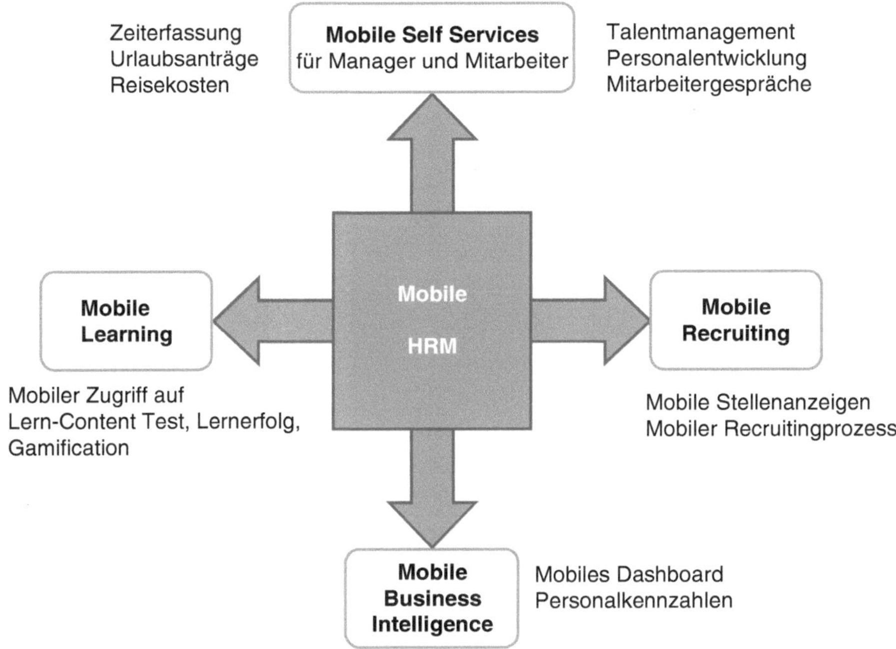

Abb. 4.1 Anwendungsschwerpunkte von mobile HRM

Das stärkste Interesse an mobilen HR-Apps haben diejenigen Nutzer, die orts- und zeitunabhängig arbeiten. HR-Applikationen mit einem hohen mobilen Potenzial lassen sich in vier Gruppen zusammenfassen (vgl. Abb. 4.1). Beispielsweise können Stellensuchende von unterwegs mit ihrem Smartphone direkt auf eine Stellenanzeige in einer Fachzeitschrift oder an einem Messestand reagieren (M-Recruiting). Führungskräfte mit hoher Reisetätigkeit können etwa bei Wartezeiten am Flughafen mobil bestimmte Kennzahlen abrufen (M-Business Intelligence) oder Urlaubsanträge der eigenen Mitarbeiter genehmigen (Mobile Self Services). Populär sind ebenfalls kleine Lerneinheiten und Lernkontrollen, die bei Reise- bzw. Wartezeiten bearbeitet werden (M-Learning).

4.2 Mobiles Lernen

Mobiles Lernen (Mobile Learning, in der Kurzform M-Learning) kann als Weiterentwicklung von E-Learning aufgefasst werden. Hierbei sind die Lerninhalte zu jeder Zeit und an jedem Ort über ein mobiles Endgerät zugänglich. Der Lernende kann selbst entscheiden, wann und wo er lernt und kann somit auch beispielsweise Wartezeiten sinnvoll nutzen. Aufgrund der begrenzten Darstellungsmöglichkeit von Lerninhalten infolge der kleineren Displays und wegen der eher beiläufigen Nutzung mobiler Geräte kommt es ganz besonders darauf an, Lernangebote attraktiv und die einzelnen Lerneinheiten nicht zu umfangreich darzustellen. Auch wird versucht, das spielerische und aktivierende Lernen in den Mittelpunkt zu stellen.

Das Angebot von M-Learning-Apps nimmt ständig zu. Wir unterscheiden Programme für überwiegend private und für überwiegend geschäftliche Nutzer, wobei sich die privaten Lernmodule auch im Unternehmenskontext nutzen lassen. **Private Lernapplikationen** werden als standardisierte Tools für den Massenmarkt angeboten. Beispielsweise zählen hierzu mobile Sprachkurse und Tests zum Überprüfen des Allgemeinwissens. Überwiegend **geschäftliche Lernapplikationen** werden bislang schwerpunktmäßig von einzelnen Unternehmen genutzt, hier sind standardisierte Angebote seltener anzutreffen. Inhaltliche Schwerpunkte bilden die Themen Compliance, Vertriebs- und Produktschulungen, Datenschutz- und Sicherheitstrainings.

Beispiel

Für einen Finanzdienstleisters wurde eine mobile Lernapplikation als Web-App für das Onboarding neuer Mitarbeiter entwickelt (vgl. Abb. 4.2). Nach Unterzeichnung des Arbeitsvertrages dauert es normalerweise einige Wochen oder Monate bis zum Arbeitsbeginn des neuen Mitarbeiters. Mit der mobilen App können sich zukünftige Arbeitnehmer schon vor Arbeitsantritt über wichtige Vorschriften, Geschäftsfelder und die Arbeitsumgebung informieren. Da es sich um freiwillige Nutzung handelt, wurde die korrekte Beantwortung der Lernkontrollfragen mit kleinen Prämien belohnt wie z. B. Kinogutschein (vgl. Mülder und Bold 2012).

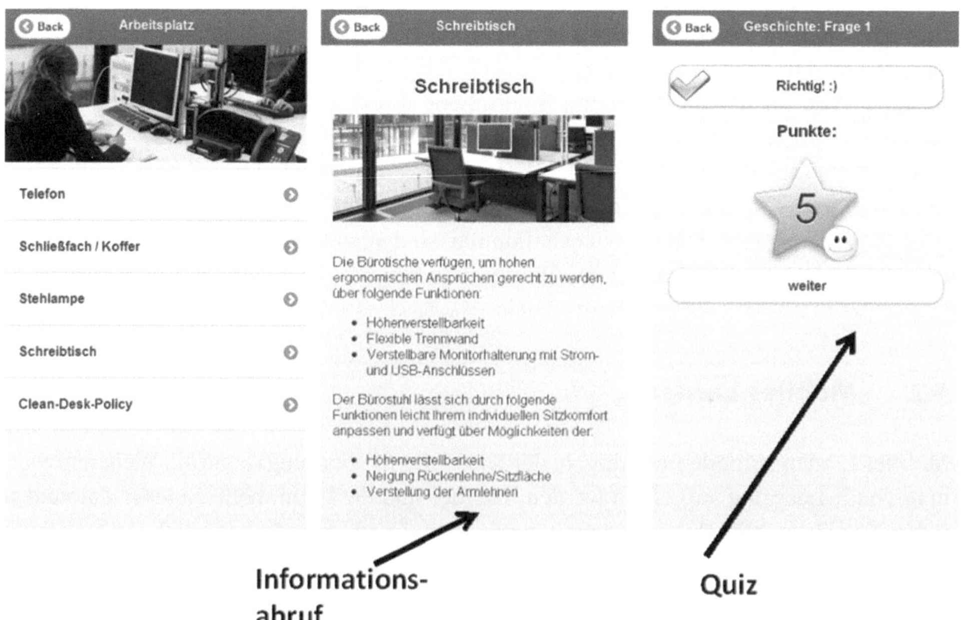

Abb. 4.2 Beispiel für mobiles Lernen

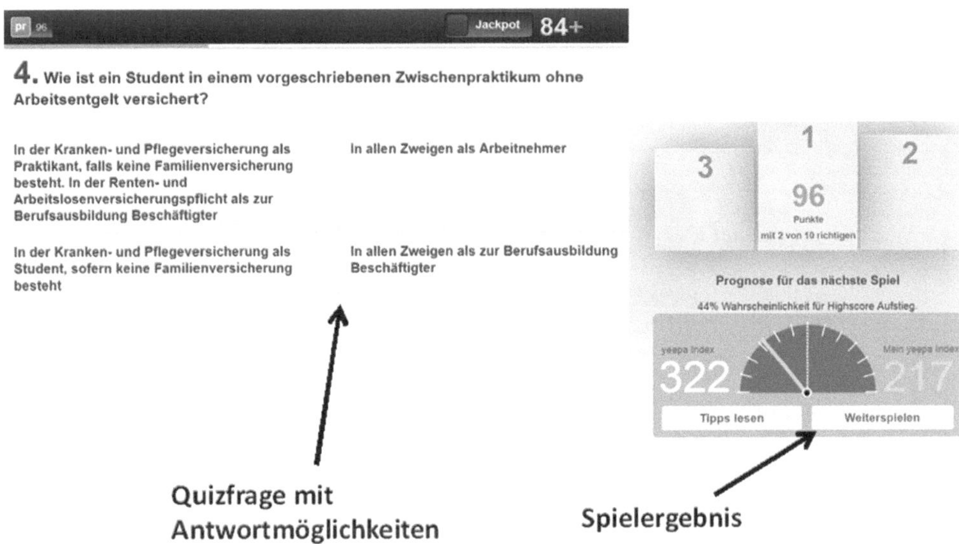

Abb. 4.3 Mobile Lernkontrolle mit Gamification. (Quelle: AOK-Bundesverband)

Die mobile Lernkontrolle lässt sich durch spielerische Elemente **(Gamification)** zur Steigerung der Motivation anreichern. In einem Projekt der Lufthansa AG gemeinsam mit der Hochschule Darmstadt wurde eine Lernapplikation zu den Themen Datenschutz und Datensicherheit entwickelt. Die Lernkontrolle erfolgt durch ein Quiz, welches sich an der Fernsehsendung „Wer wird Millionär" orientiert. Das Quiz besteht aus jeweils 10 Fragen mit unterschiedlichen Schwierigkeitsgraden. Der spielerische Anreiz entsteht beispielsweise durch Nutzung zweier unterschiedlicher Joker (vgl. Harriehausen-Mühlbauer und Sonne 2013, S. 246 ff.).

Verschiedene spielerische Elemente setzt eine große deutsche Krankenversicherung zur Lernkontrolle und Prüfungsvorbereitung ihrer Auszubildenden ein. Das Quiz kann wahlweise über PC oder Smartphone aufgerufen werden. Jedes Spiel besteht auch hier aus 10 Fragen, wobei jeweils bis zu drei richtige Antworten ausgewählt werden müssen. Es kann alleine oder gemeinsam mit anderen Auszubildenden gespielt werden (vgl. Abb. 4.3). Die Spieler können Joker einsetzen, müssen sich unter Zeitdruck entscheiden und erkennen am Ende, wie gut sie im Vergleich zu den Mitspielern bzw. – nach mehreren Spielen – wie gut sie im Gesamtranking abschneiden. Bei der Evaluation dieses Systems zeigte sich eine hohe Zufriedenheit und Motivation der Anwender. Jeweils mehr als die Hälfte der Auszubildenden nutzte die mobile Version des Quiz und spielte während der Freizeit von zu Hause aus (vgl. Mülder 2015).

Unter **Ambient Learning** versteht man die Möglichkeit, situativ und spontan lernen zu können. Der Lernende bezieht seine Umgebung in den Lernprozess mit ein. Ein Beispiel hierfür sind mobile Apps, die in der Lage sind, mittels Foto ein Gebäude zu erkennen und dem Lernenden genaue Informationen über das Bauwerk zu liefern. Andere Möglichkeiten

Abb. 4.4 Ambient M-Learning. (Quelle: LM3LABS – The Interactive Museum 2015)

zur Standorterkennung ergeben sich über die in allen Smartphones mittlerweile vorhandene GPS-Ortung oder über das Fotografieren eines QR-Codes am Objekt. Ambient M-Learning eignet für beispielsweise für Touristen, die hierdurch keinen gedruckten Stadtführer mehr benötigen. Zunächst fotografiert der Nutzer ein Bauwerk oder ein Kunstobjekt, vor dem er gerade steht und zu dem er weitere Informationen erhalten möchte (vgl. Abb. 4.4). Das Foto wird von der App via Internet an einen Server weitergeleitet, der das Foto mit gespeicherten Objektfotos abgleicht und dem Lernenden anschließend nähere Auskünfte erteilen kann (vgl. Mülder 2014, S 27). Eine ähnliche Wirkung erzielt man durch Einscannen eines am Objekt angebrachten QR-Codes, wodurch anschließend eine spezielle Webseite mobil aufgerufen wird.

4.3 Mobile Recruiting

Mobile Recruiting unterstützt die Kommunikation mit potenziellen Bewerbern unter Verwendung von mobilen Endgeräten. Durch das mobile Internet sind prinzipiell alle webbasierten E-Recruiting-Formen auch mobil nutzbar. Allerdings sollte die Darstellung an die Displaygrößen von Smartphones bzw. Tablet-PCs angepasst sein. Vorteil ist, dass mobile Webseiten direkt über den Browser genutzt werden. Alternativ können Karriere-Apps über einen Appstore bezogen und auf dem mobilen Endgerät installiert werden. Die Standortpositionierung (GPS) mobiler Endgeräte kann auch im Zusammenhang mit Rekrutierung genutzt werden, beispielsweise wenn dem Nutzer in einer Stadt angezeigt wird, welche Unternehmen aktuell Jobs anbieten.

Beispiel

Mit der App „Jobs&More" von der Deutschen Telekom AG (siehe Abb. 4.5) können ausgeschriebene Vakanzen und Einstiegsmöglichkeiten, untergliedert nach den Zielgruppen Schüler, Studenten, Absolventen und Professionals durchsucht und eingesehen sowie Informationen zum Konzern abgerufen werden. Zusätzlich sind die Social-Media-Auftritte der Telekom mit der App verzahnt, sodass auch die Inhalte der Facebook-, Twitter- und YouTube-Karrierekanäle verfügbar und die zugehörigen Kontakt-Funktionen nutzbar sind. Der Kandidat kann sich mobil direkt auf eine Vakanz bewerben, sofern er ein vollständiges Xing-Profil hat und dieses zusammen mit der Bewerbung weiterleitet. Die App ist für mehrere Betriebssysteme über die jeweiligen App-Stores kostenlos verfügbar (vgl. Mülder und Landmesser 2012).

Abb. 4.5 Mobile Jobsuche. (Quelle: Telekom 2015)

Mobile Recruiting erleichtert nicht nur Bewerbern den mobilen Zugriff auf Stellenanzeigen sondern erleichtert auch den Bewerbungsprozess im Unternehmen. Beispielsweise kann während des Bewerbergesprächs der Recruiter auf Bewerberakten und Ergebnisse eines Assessment Centers zugreifen. Da man Bewerberdaten stets mit sich trägt, können Bewerbungsgespräche auch an eher untypischen Orten wie Hotels oder Restaurants stattfinden.

Neben den eher traditionellen Job- und Karriereinformationen können auch vorhandene Social-Media-Präsenzen über den mobilen Kanal erreicht werden. Außerdem lässt sich hierdurch eine Schwäche von mobile Recruiting beseitigen: die eigentliche Durchführung des Bewerbungsvorgangs. Webbasierte E-Recruiting-Systeme verlangen vom Bewerber in der Regel eine umfangreiche Eingabe von persönlichen Daten, Qualifikationen und Zeugnissen, die auch als Datei hochgeladen werden können. Ein Umstand, der sich auf mobilen Endgeräten wegen einer fehlenden physischen Tastatur nicht ohne weiteres realisieren lässt. Aushilfe schaffen hier onlinebasierte Karriere- und Lebenslaufprofile, wie sie von Nutzern in Business Netzwerken (z. B. Xing) angelegt werden. Per Link lässt dieses Profil an eine vom Smartphone initiierte Bewerbung „anheften".

Immer mehr Unternehmen sehen in mobile Recruiting einen wichtigen Kanal, um mit Stellensuchenden und Karriereinteressierten in Kontakt zu treten. Rund drei Viertel der deutschen Großunternehmen hielten in einer Studie aus dem Jahr 2014 die Ansprache von Kandidaten über mobile Endgeräte für sinnvoll und 57 % sind überzeugt, dass sich die Stellensuchenden zukünftig verstärkt über mobile Endgeräte bewerben werden. In der tatsächlichen Umsetzung hinken die Unternehmen den Erwartungen jedoch hinterher: Erst 44 % der befragten 125 Großunternehmen haben ihre Karriere-Webseiten für bestimmte mobile Endgeräte optimiert, nur 31 % passen die Darstellungen ihrer Stellenanzeigen an Smartphones und Tablets an (vgl. Weitzel 2015, S. 14 f.). Noch geringer fällt die tatsächliche Verbreitung von mobile Recruiting in der HR-Trendstudie 2014 aus: demnach nutzen lediglich 5 % der befragten 190 Personalverantwortlichen immer und weitere 8 % regelmäßig mobile Recruiting als Kanal, während 57 % diese Möglichkeit überhaupt noch nicht genutzt haben (vgl. Kienbaum 2014, S. 18).

Während die Unternehmen somit erst allmählich die Informationen über Stellenangebote und Karriere mobil zur Verfügung stellen, zeigen diejenigen, die man erreichen möchte, also die Bewerber, ein großes Interesse an mobilen Jobangeboten. Vor allem wenn sie unterwegs sind, suchen 46,7 % der Stellensuchenden per Smartphone oder Tablet nach Jobs. Allerdings bevorzugen die meisten Befragten für den konkreten Bewerbungsvorgang den Computer bzw. das Notebook zu Hause, weil hierbei Konzentration und Tastatur zur Dateneingabe benötigt werden (vgl. Weitzel 2015 S. 14 f.).

4.4 Mobile Self Services

Unter dem Begriff „Employee Self Services" (ESS) existieren webbasierte Applikationen, die allen Mitarbeitern den Zugriff auf ihre persönlichen, vom Arbeitgeber gespeicherten Daten ermöglichen. Hierdurch können die meisten Routine-Anfragen, die sich früher an die Personalabteilung richteten, jetzt durch den Arbeitnehmer selbst erledigt werden, beispielsweise Lohn- und Gehaltsinformationen, Urlaubs- und Arbeitszeitsalden, Bescheinigungen, Reisekostenabrechnungen. Der Mitarbeiter erhält einen begrenzten Zugriff und kann die Informationen bei Bedarf ausdrucken. Ferner können über ESS-Applikationen persönliche Daten aktualisiert werden (z. B. Adressänderung) und es können Workflows angestoßen werden (z. B. Genehmigung einer Geschäftsreise durch den Vorgesetzten). Für Führungskräfte besteht zusätzlich die Möglichkeit, auf personenbezogene Informationen der eigenen Mitarbeiter zuzugreifen, in diesem Fall sprechen wir von Manager Self Service (MSS). Durch Nutzung mobiler Endgeräte sind diese Selbstbedienungsfunktionen jetzt zeit- und ortsunabhängig möglich.

Mobile Zeiterfassung
Zahlreiche Unternehmen verwenden Dienstausweise im Chipkartenformat zur Erfassung der Arbeitszeiten, für die Zutrittskontrolle sowie für bargeldloses Bezahlen in der Kantine. Die Erfassungsgeräte hierfür sind an Werkstoren oder Bürotüren stationär angebracht. Die Erhebung von Beginn- und Endezeiten kann jedoch auch am PC-Arbeitsplatz über einen Webbrowser erfolgen. Speziell für Mitarbeiter, die nicht jeden Tag am gleichen Ort arbeiten, eignet sich die mobile Zeiterfassung. Neben der Erfassung von Arbeitszeitbeginn bzw. -ende lassen sich auch Projektzeiten und sogar einzelne Tätigkeiten mobil erfassen, wo früher Belege benötigt wurden. Beispielsweise dienen bei Handwerkern und Servicemitarbeitern die mobil erfassten Daten als Basis für die spätere Rechnungstellung. Die mobile Datenerfassung erlaubt eine projektbegleitende und zeitnahe Kontrolle, wodurch sich die Mitarbeiter allerdings stärker überwacht fühlen können.

Mobile Personalakte
Aus der Papierakte ist in vielen Unternehmen inzwischen die elektronische Personalakte geworden. Als nächsten Schritt erlaubt die mobile Personalakte den standort- und zeitunabhängigen Zugriff auf Zeugnisse, Lohn- und Gehaltsabrechnungen, Verträge und andere Personaldokumente.

Genehmigung und Abrechnung von Reisekosten
Die Planung, Durchführung und Abrechnung von Geschäftsreisen wird als lästige administrative Tätigkeit empfunden, die sich über mobile Apps vereinfachen und beschleunigen lässt. Eine geplante Reise kann z. B. von einem Vorgesetzten, der gerade selbst unterwegs ist, mobil genehmigt werden. Für die Abrechnung sind angefallene Kosten aufzulisten und ggf. Belege beizufügen. Der Reisende hat die Gelegenheit, diese Formalitäten bereits während der Reise, etwa beim Warten auf das Flugzeug, mobil zu erledigen. Hierbei lassen sich erforderliche Papierbelege mit dem mobilen Gerät fotografieren und können somit direkt an die Reisekostenstelle verschickt werden. Der gesamte Vorgang wird vereinfacht und der Reisende erhält letztlich schneller sein vorgestrecktes Geld vom Arbeitgeber zurück.

4.5 Mobile Business Intelligence

Manager, die häufig unterwegs sind, benötigen einen mobilen Zugriff auf Kennzahlen, Grafiken und Berichte. Jede Führungskraft mit Personalverantwortung benötigt personenbezogene Daten, beispielsweise Profile der eigenen Mitarbeiter, Fähigkeiten, Gehaltsentwicklung. Insgesamt verwenden Manager ihre mobilen Geräte im beruflichen Alltag sehr häufig: 95 % nutzen Apps täglich, davon 18 % stündlich. Hierbei dominieren allerdings Standard-Anwendungen, wie beispielsweise Zugriff auf E-Mails, Kalender, Adressbuch, mobiles Internet und Telefonieren. In der gleichen Studie wurde deutlich, dass rund drei Viertel der befragten Manager keine mobilen Apps zur Mitarbeiterführung und zum Abruf personenbezogener Daten nutzen (vgl. Mülder 2015).

Beispiel

Im Rahmen von Zielvereinbarungsgesprächen und Leistungsbeurteilungen kann die Führungskraft eine App nutzen, um die Gespräche zu organisieren. Während des Gesprächs kann der Vorgesetzte auf alle wichtigen Daten der Vergangenheit zurückgreifen und Ergebnisse festhalten (vgl. Abb. 4.6).

Abb. 4.6 Einsatz einer App im Rahmen von Mitarbeitergespräch und Beurteilung. (Quelle: Aconso 2013)

4.6 Risiken bei mobile HRM und Sicherheitsmaßnahmen

Bevor sich ein Unternehmen für die flächendeckende Nutzung mobiler HR-Apps entscheidet, müssen auch potenzielle Risiken erkannt und geeignete Schutzmaßnahmen getroffen werden.

Die wichtigsten Gründe gegen den Einsatz mobiler HR-Apps sind Bedenken hinsichtlich Datenschutz und Datensicherheit (vgl. Perbit 2012, S. 22; Mülder 2015). Durch Verlust oder Diebstahl können Unbefugte in den Besitz des mobilen Endgeräts kommen und auf vertrauliche personenbezogene Daten zugreifen. Außerdem kann ein naiver Nutzer schutzwürdige Daten im Familien- oder Freundeskreis präsentieren – während dies im Büroumfeld kaum möglich erscheint. Grundsätzlich ist das Unternehmen verpflichtet, bei mobilen HR-Anwendungen Datenschutz und Datensicherheit in gleicher Weise zu gewährleisten, wie dies bei Büroanwendungen geschieht. Das Bundesdatenschutzgesetz (BDSG) enthält unterschiedliche Pflichten, die das Unternehmen als „Daten verarbeitende Stelle" erfüllen muss. Im Detail handelt es sich um technischen und organisatorische Maßnahmen (§ 9 BDSG), die beachtet werden müssen, wenn personenbezogene Daten erhoben, verarbeitet oder genutzt werden. Es handelt sich hierbei vor allem um:

- Schutz vor unberechtigtem Zugang,
- Vergabe von individuellen Zugriffsrechten
- Schutz vor unberechtigter Datenweitergabe
- Protokollierung von Datenänderungen
- Schutz vor Verlust und Zerstörung (vgl. Meyer-Spasche 2012, S. 3).

Die Risikoeinschätzung hängt davon ab, ob Daten und Programme lokal auf dem Mobilgerät gespeichert sind oder nicht. Bei mobilen Webseiten muss das Mobilgerät online mit dem Server verbunden sein. Personalinformationen und Berichte werden über den Browser des Endgeräts abgerufen. Ein Unbefugter gelangt nur dann an die Daten, wenn er das Passwort kennt. Allerdings muss auch die Kommunikationsverbindung (WLAN oder Mobilfunknetz) zwischen Server und Endgerät abgesichert sein, um unbefugtes Ausspähen bzw. Mithören zu verhindern. Eine native App nutzt lokal gespeicherte Daten und Programme. Hierbei können sämtliche Aktionen autark auf dem mobilen Gerät erfolgen, es kann also auch ohne eine ständige Netzverbindung gearbeitet werden. Bei diesem Szenario sind die Anforderungen an die Speicherkapazität des Endgeräts höher. Allerdings kann ein Unbefugter auch leichter auf lokal gespeicherte Daten zugreifen. Als Sicherheitsmaßnahme eignet sich eine Mobile Device Management (MDM) Software, die bei Geräteverlust u. a. eine Sperrung oder Datenlöschung durch einen zentralen Administrator vorsieht. Das hybride Szenario kombiniert die beiden vorgenannten Ansätze. Für bestimmte Anwendungen muss eine Online-Verbindung existieren, zusätzlich werden auch einige Daten bzw. Programme lokal gespeichert. Abfragen und Visualisierungen, die sich auf die im Endgerät gespeicherten Daten beziehen, können ohne Rückgriff auf einen Server angezeigt werden. Zugleich lassen sich hierbei die gerätespezifischen Hardware-Features (z. B. Kamera) nutzen. Allerdings besteht bei Geräteverlust ein vergleichbar hohes Risiko wie bei nativen Apps(vgl. Mülder und Landmesser 2012, S. 25; Müller und Lenz 2013, S. 242 f.).

Im Einzelnen lässt sich mit den folgenden Maßnahmen die Sicherheit mobiler Endgeräte erhöhen:

- Nutzung eines Passworts zusätzlich zur ohnehin schon vorhandenen SIM-Karten-PIN. Das Sicherheitspasswort sollte aus mindestens 8 Zeichen, Sonderzeichen und Zahlen bestehen. Ein heute noch vielfach üblicher 4-stelliger Zifferncode ist leichter zu erraten und gilt als unsicher. Nach mehreren Fehlversuchen sollte eine Komplettsperrung des mobilen Endgeräts erfolgen.
- Falls der Nutzer eine bestimmte Zeit inaktiv war sollte die Neueingabe des Passwortes erzwungen werden.
- Regelmäßiges Ändern von Passwörtern schafft zusätzliche Sicherheit.
- Ein Zugang auf Unternehmensdaten darf nur über gesicherte Verbindungen erlaubt sein (Virtual Private Network, VPN).
- Verschlüsselung lokal gespeicherter Daten.
- Da sich Viren verstärkt auf Smartphones verbreiten sind Virenschutzprogramme ebenfalls von Bedeutung.

Neben Datenschutzbestimmungen sind auch Regelungen zur Mitbestimmungen zu beachten. Soweit der Nutzerkreis nicht auf die obere Führungsebene/außertarifliche Angestellte beschränkt ist, und die Nutzung eines mobilen Endgeräts vom Arbeitgeber verlangt wird, hat der Betriebsrat ein Mitbestimmungsrecht bei der Einführung mobiler Anwendungen. Hierbei ist beispielsweise zu klären, ob Mobile Learning ausschließlich am Arbeitsplatz oder auch zu Hause bzw. in der Freizeit genutzt werden soll. Wenn das Lernen privat erfolgt, stellt sich die Frage, ob hierfür Arbeitszeit vom Arbeitgeber vergütet werden muss. Bei der Bearbeitung von E-Mails nach Büroschluss gibt es ähnliche Diskussionen. Die großen deutschen Automobilherstellern sowie die Telekom leiten dienstliche E-Mails nach Feierabend nicht mehr an die Smartphones der Mitarbeiter weiter. Bei VW wird der Mailserver für 3.500 Tarifmitarbeiter 30 Minuten nach Ende der Arbeitszeit abgeschaltet und am nächsten Morgen 30 Minuten vor Arbeitsbeginn wieder aktiviert (FR 2014).

Smartphones setzten sich für die private Nutzung schneller durch als für den geschäftlichen Einsatz. Vor allem bei Führungskräften verschwimmen die Grenzen zwischen Privat- und Arbeitswelt mehr und mehr. Teilweise erwartet der Arbeitgeber sogar, dass E-Mails in der Freizeit abgerufen und beantwortet werden. Insofern liegt es nahe, die persönlichen Geräte auch gleichzeitig im Unternehmen einzusetzen. In der Konsequenz mussten Lösungen entwickelt werden zur sicheren Integration privater Endgeräte in die Unternehmens-IT. Die Umsetzung eines derartig liberalen Konzepts unter der Bezeichnung „Bring your own Device“ (BYOD) stellt die IT-Verantwortlichen in den Unternehmen jedoch vor erhebliche Probleme. Aufgrund der Heterogenität mobiler Geräte müssen die Apps für unterschiedliche Betriebssysteme entwickelt bzw. aus verschiedenen Appstores bereitgestellt werden. Im privaten Bereich ist der Nutzer hierfür für das Herunterladen und Installieren verantwortlich. Bei einem geschäftlichen Einsatz müssten neue Versionen von Apps von der IT-Abteilung auf die verschiedenen Endgeräte verteilt werden. Ferner besteht bei BYOD die Gefahr, dass Mitarbeiter private Apps installieren, die mit Viren infiziert sind oder betriebliche Daten ausspähen können. Aus diesem Grund muss zwischen privater und dienstlicher Nutzung getrennt werden und es müssen unterschiedliche Sicherheitsstufen mit viel Zeitaufwand für die beiden Bereiche implementiert werden (vgl. Linnhoff-Popien und Verclas 2012, S. 10 f.). Aufgrund dieser Schwierigkeiten erlaubt nur jedes zehnte Unternehmen in Deutschland seinen Mitarbeitern den Zugang mit eigenen Endgeräten zum Unternehmens-Netzwerk weltweit erlauben dies rund 40 % der Unternehmen (vgl. Cisco 2014, S. 15). Nach einer anderen Studie verfolgen lediglich 20 % der Unternehmen die BYOD-Strategie, während 80 % ihren Mitarbeitern die Wahl zwischen wenigen, von der IT-Abteilung vorgegebenen Geräten ermöglichen (Choose your own Device) (vgl. Mülder 2015). Mit einer MDM-Software lässt sich jedoch auch eine saubere Trennung von privaten und geschäftlichen Daten und Programmen erreichen. Allerdings müssen weitere rechtliche Fragen geregelt werden, beispielsweise die Haftung bei Geräteverlust oder die Kontrolle, ob für alle Apps auch eine gültige Lizenz erworben wurde.

4.7 Fazit

Die überwiegende Mehrzahl der Manager nutzt inzwischen mobile Endgeräte für geschäftliche Zwecke. Führungskräfte greifen auf personenbezogene Informationen über Mitarbeiter zu, rufen Kennzahlen ab und können zeit- und ortsunabhängig bestimmte administrative Aufgaben lösen, wie beispielsweise die Genehmigung von Mitarbeiteranträgen. Ferner existieren Anwendungsbeispiele für mobiles Lernen und mobile Rekrutierung. Vor allem in den beiden letztgenannten Feldern ergeben sich aufgrund der spezifischen Eigenschaften mobiler Endgeräte, wie z. B. Foto, Video, GPS, Sensorik, auch neuartige Anwendungen, die in dieser Form mit einem stationären PC oder Laptop nicht möglich sind. Trotz zahlreicher, vermarktungsfähiger Apps für personalwirtschaftliche Zwecke ist die tatsächliche Nutzung in der Unternehmenspraxis derzeit noch gering. Zum einen reicht es in der Regel nicht aus, eine Webseite anstatt wie bisher am PC als mobile Webseite über ein Smartphone aufzurufen. Vielmehr kommt es darauf an, die HR-Apps an die kleineren Displays und – mangels Tastatur – an die reduzierten Erfassungsmöglichkeiten des Smartphones anzupassen. Datenschutz und Datensicherheit sowie die unkontrollierbare Nutzung privater Endgeräte für Geschäftszwecke werden als hauptsächliche Risiken bei mobilen HR-Apps genannt. Zur Lösung dieser Sicherheitsmaßnahmen existieren technischen Möglichkeiten, wie z. B. MDM sowie organisatorische Regelungen, wie z. B. Schulungen.

Literatur

Aconso: www.aconso.com/produkte/aconso-mobile.html, abgerufen am 20.11.2013

Cisco (Hrsg.): Connected World Technology Final Report, o.O. 2014, in: www.cisco.com/d/en/us/solutions/enterprise/connected-world-technology-report/index.html

FR: E-Mail-Sperre nach Feierabend, 18.02.2014; in: www.fr-online.de/arbeit---soziales/recht-auf-unerreichbarkeit; abgerufen am 30.09.2014

Harriehausen-Mühlbauer, B./Sonne, U.: Lufthansa Privacy Quiz – Mobile Gaming für Smartphones, in: Mobile Learning, hrsg. von C. de Witt, A. Sieber, Wiesbaden 2013, S. 241–262

Kienbaum (Hrsg.): HR-Trendstudie 2014 – Ergebnisbericht, in: http://www.kienbaum.de/Portaldata/1/Resources/downloads/Ergebnisbericht_HR-Trendstudie2014_Final.pdf; abgerufen am 18.09.2015

Linnhoff-Popien, C./Verclas, S.: Mit Business-Apps ins Zeitalter mobile Geschäftsprozesse, in: Smart Mobile Apps, hrsg. von C. Linnhoff-Popien/S. Verclad, Heidelberg u. a. 2012, S. 3–16

Meyer-Spasche, G: Bring your own Devices – Chancen und Risiken (25.04.2012), in: http://www.osborneclarke.de/publications/sectors/digital-business/update/2012/bring-your-own-devices-chancen-und-risiken.aspx (abgerufen am 04.07.2013)

Mülder, W. (2015) Strategien und Anwendungsszenarien für mobile HR, Vortrag auf der Messe Zukunft Personal, Köln 15.09.2015

Mülder, W. (2014) E-Learning, M-Learning, in: HR Performance Heft 8/2014, S. 22 – 28

Mülder, W./Bold, S: Einsatzmöglichkeiten von M-Learning am Beispiel der Einführung neuer Mitarbeiter ins Unternehmen, in: WIWITA 2012, Proceedings der 8. Wismarer Wirtschaftsinformatiktage 31.5./1.6.2012, hrsg. von J. Cleve, S. 173–180

Mülder/Landmesser (2012): Mobile Anwendungsmöglichkeiten für Human Resources, in: HR Performance 8/2012, S. 24–25

Müller, R.M./Lenz, H.-J.: Business Intelligence, Berlin, Heidelberg 2013

Perbit Software GmbH: Mobile HR – Status quo und Entwicklungsperspektiven; in: HR Performance 8/2012, S. 21–23

Telekom: https://play.google.com/store/apps/details?id=de.telekom.TelekomJobs; abgerufen am 24.06.2015

The Interactive Museum, in: http://www.lm3labs.com/museum/archives/71; abgerufen am 30.09.2015

Weitzel 2015: Weitzel, T. et al.: Recruiting Trends 2015, Bamberg 2015; https://www.uni-bamberg.de/fileadmin/uni/fakultaeten/wiai_lehrstuehle/isdl/Recruiting_Trends_2015.pdf; abgerufen am 20.09.2015

5 Die Werkzeuge des Mobile Marketing

Manfred Leisenberg

Zusammenfassung

Die Kombination von „Mobil + Lokal + Sozial (LoMoSo)" ist die Zukunft! Social Media-Anwendungen, bei denen z. B. der ermittelte User-Standort dazu dient, die relevantesten Inhalte, Angebote oder Aktionen zur Verfügung zu stellen, spielen eine immer wichtigere Rolle. Technisch unterstützt wird dies durch Kombinationen ortsbasierter mobiler Portale und Anwendungen. Welche Ansätze verfolgen in diesem Kontext erfolgreiche Unternehmen und was bevorzugen mobile Benutzer bei der Kommunikation? Kann man die normale Onlineerfahrung einfach auf einen kleinen Bildschirm des mobilen Endgerätes übertragen? Wie kann man die Bedürfnisse mobiler Benutzer und die Einschränkungen des mobilen Geräts berücksichtigen?

Dieser Übersichtsbeitrag wird nach einer Darstellung des State-of-the-Art auf die praxisnahe Erklärung der Werkzeuge, die im Mobile Marketing eingesetzt werden können, fokussieren. Mobile Marketing Tools, wie z. B. Mobile Websites, Apps, Mobile Tagging oder Augmented Reality werden bezüglich ihrer Marketing-relevanten Eigenschaften dargestellt und je nach Einsatzszenario gegeneinander abgegrenzt.

Schließlich wird der Ansatz der Mobile Media Optimierung für das mobile Marketing vorgestellt und in seiner Wirkungsweise erläutert. Bei diesem Verfahren werden günstige Prozessparameter für den Einsatz der Mobile Marketing Tools in Abhängigkeit vom Unternehmenserfolg ermittelt. Hierbei spielt hier die Erfolgskontrolle durch das Mobile Monitoring eine wichtige Rolle. Mithin wird der Beitrag durch eine an praktischen Einsatzfällen orientierte vergleichende Darstellung der Mobile Monitoring Werkzeuge für Analyse und Tracking abgerundet.

M. Leisenberg (✉)
Fachhochschule des Mittelstands, Bielefeld, Deutschland
E-Mail: manfred@leisenberg.info

T. Barton et al. (Hrsg.), *Mobile Anwendungen in Unternehmen*, Angewandte Wirtschaftsinformatik,
DOI 10.1007/978-3-658-12010-8_5

Schlüsselwörter
Mobile Marketing • App • Monitoring • Werkzeuge

5.1 Einführung

Social Media hat sich in Unternehmen etabliert, wurde wissenschaftlich untersucht und ausführlich beschrieben (z. B. Leisenberg und Roebers 2010; Buhse 2014). Der Trend zur durchgängigen Nutzung von Social Media Werkzeugen für Marketing, Kommunikation und andere Unternehmensfunktionen wird gegenwärtig verstärkt durch deren Kombination mit den Möglichkeiten mobiler Endgeräte und Kanäle und Wird Mobile Social Media ge-nannt. Diese Verknüpfung ist für Unternehmen in unterschiedlichen Bereichen profitabel einsetzbar (Leisenberg 2013): Die Nutzung für die Unternehmenskommunikation ermöglicht, um nur ein Beispiel zu nennen, die Verwertung kontextsensitiver Daten für den Außendienst oder auch den mobilen Zugriff auf Unternehmensdatenbanken.

Besonderes Potenzial hat der Einsatz von Mobile Social Media im Marketing-Mix zur Kundengewinnung. Dieses Empfehlungsmarketing konzentriert sich auf die Anwendung der bekannten Social Media Werkzeuge (Leisenberg und Schweifel 2012) in Kombination mit den besonderen Tools des Mobile Marketings. Die mobil einsetzbaren Social Media Werkzeuge unterstützen den Beziehungsaufbau und die Kommunikation in einem mobilen, sozialen Kontext und orientieren sich an spezifischen Prinzipien wie Selbstorganisation, Social Feedback, Verknüpfung von Inhalten und Transparenz von Personen, Beziehungen, In-halten und Bewertungen. Der Erfolg solcher viraler Marketingprozesse kann durch die Social Media Optimisation (SMO) verbessert werden (Leisenberg 2007). Die SMO hat sich als effizienter und zielführender Ansatz für Strategien, Instrumente und Maßnahmen etabliert, die es Unternehmen ermöglichen, authentischer Teil der mobilen Kommunikation am Zielmarkt zu werden. Dem Optimierungsziel, möglichst viele im Sinne des Unternehmens positiv besetzte Online-Kundenkontakte bei minimalen Kosten zu knüpfen, dienen drei in einer Schleife wiederholt zu durchlaufende Einzelschritte (vgl. Abb. 5.1): Zunächst geht es darum, dass das betreffende Unternehmen mit seiner Kommunikation Teil der mobilen Online-Community am Zielmarkt wird. Der darauffolgende zweite Schritt zielt auf die Verbindung betrieblicher Kommunikations- und Marketingstrategien mit spezifischen Social Software-Anwendungen, wie nativen mobilen Apps für soziale Netze. Im dritten Schritt werden die vorhergehenden Optimierungsergebnisse anhand der Zielerreichung geprüft, entsprechende an erreichte Ergebnisse angepasste Reaktionen ausgelöst und es wird iterativ mit veränderten Parametern wieder zum Anfang gesprungen, um die SMO-Schleife erneut zu durchlaufen (Leisenberg und Roebers 2010).

Mobile Social Media Marketing ist ein Teil von Mobile Marketing. Die ersten beiden SMO-Schritte nutzen im Kontext der Mobilkommunikation Werkzeuge des Mobile Marketings. Der vorliegende Beitrag erläutert die wichtigsten Tools aus der Praxis-Perspektive und gibt einen Überblick über das im finalen SMO-Schritt angesiedelte Mobile Monitoring.

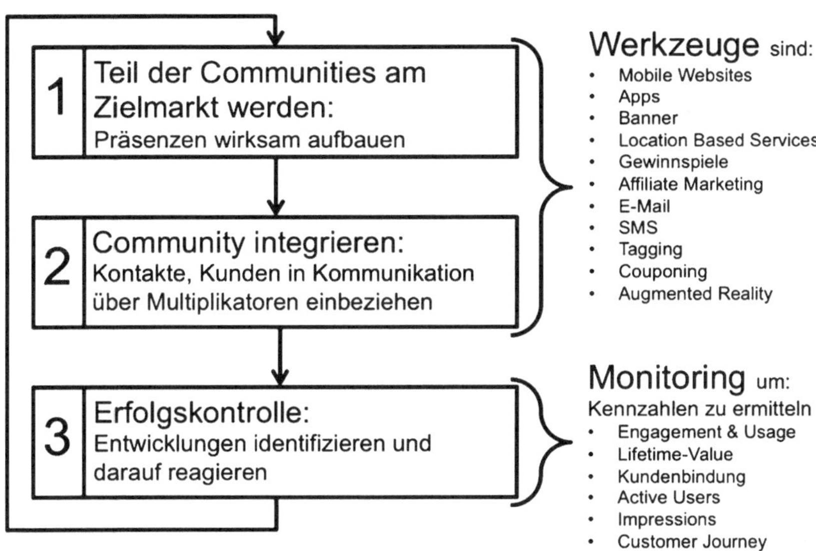

Abb. 5.1 Social Media Optimierung für mobile Kanäle. Quelle: Eigene Darstellung

5.2 Werkzeuge des Mobile Marketings

Sowohl die Funktion der Werkzeuge des Mobile Marketings als auch deren Einsatz sind Gegenstand punktueller Forschung (Meyer 2014; Kreutzer 2012). Die wissenschaftliche Untersuchung wichtiger Entwicklungen, wie z. B. des Marketing-Einsatzes der Mobile Augmented Reality, ist keineswegs abgeschlossen (Bolter et al. 2013).

Mobile Marketing ist Direktmarketing. Man kann damit den Kunden „in der Tasche“ erreichen, d. h. da, wo man früher nicht an ihn herangekommen ist. Zudem ist „Mobile“ das perfekte Tracking- und Response-Medium. Die nun folgende Darstellung hat das Ziel, die verschiedenen mobilen Anwendungen bezüglich ihrer Nutzbarkeit für diese Form des Marketings im Unternehmen vor dem Hintergrund der Mobilen Social Media Optimisation zu untersuchen. Wir systematisieren Tools, wie mobile Websites, Apps oder ortsbezogene Dienste und bezeichnen diese Gattung als „Werkzeuge des Mobile Marketings“. Manche, der zu dieser Gattung gehörenden Anwendungen, sind schon etwas älter und in der Gemeinschaft der Nutzer mobiler Endgeräte bereits etabliert, andere aber erst seit kurzer Zeit im Netz verfügbar. Im Folgenden wollen wir die wichtigsten Werkzeuge etwas genauer betrachten und dabei weniger auf technische Gesichtspunkte eingehen. Vielmehr wollen wir die grundlegende Tool-Handhabung und den im Marketing zu erzielenden Effekt in den Mittelpunkt stellen. Für diese Zusammenstellung konzentrieren wir uns auf folgende Werkzeuge:

- Mobile Websites
- Apps und In-App-Marketing
- Mobile Display Advertisement
- Location Based Services
- Gewinnspiele
- Mobile Affiliate Marketing
- Mobile E-Mail-Marketing
- SMS-/MMS-Marketing
- Mobile Tagging (Einsatz von QR-Codes)
- Mobile Couponing
- Augmented Reality

Insbesondere mobile Websites und Apps können, funktionell betrachtet, im Sinne der Betrachtung zur Mobilen SMO (vgl. Abschn. 1) gleichzeitig als Werkzeuge des mobilen als auch des Social Media Marketings betrachtet werden. Dies trifft z. B. auf eine mobile facebook-App zu. Andere Werkzeuge, wie das Couponing, haben kaum einen Social Media Bezug. Sie wurde aber dennoch aus Gründen der Vollständigkeit in die Zusammenstellung aufgenommen.

5.2.1 Mobile Websites

Mobile Websites sind Webangebote, die sowohl im Inhalt als auch dem technischen Format den besonderen Eigenschaften des mobilen Übertragungskanals und der mobilen Endgeräte genügen. Sie werden mit den bekannten Methoden des Webdesigns entworfen und häufig mit speziellen Content Management Systemen, wie goMobi, wirenode oder POCCA, erzeugt. Standard ist heute das Responsive Design, bei dem der Seitenaufbau automatisch den Anforderungen des mobilen visuellen Nutzeragenten folgt (Hellwig 2013). Grundsätzlich sind mobile Websites für den Marketing-Einsatz geeignet. Jedoch ist mit Rücksicht auf den besonderen Nutzungskontext auf eine klare Struktur, kurze Texte und präzise Informationen zu achten. Der Erfolg ist davon abhängig, ob ein Mehrwert für die Zielgruppe geschaffen wird: ein Gutschein der auf dem Smartphone abgelegt wird, schnelle Informationen über die Öffnungszeiten oder die Anzeige der Anfahrt-Route zum Geschäft. Wirkungsvoll ist der Einbau einer Möglichkeit zur sofortigen Aufnahme des Direktkontaktes, z. B. per Anruf, mobilem Chat oder SMS (Payne 2013).

5.2.2 Native Apps und In-App-Marketing

Apps sind gekapselte Anwendungen, die vorzugsweise auf mobilen Endgeräten ausgeführt werden. Sie werden für den Einsatz unter spezifischen Bedingungen, die u. a. durch Gerätetyp oder Art des Betriebssystems gekennzeichnet sind, programmiert. Inhalt und

Funktion der App können speziell auf das mobile Marketing hin ausgerichtet werden. Die in dieser Hinsicht interessante App „picalook“ ermöglicht es beispielsweise dem Nutzer ein Kleidungsstück, welches an einer anderen Person gefällt, zu fotografieren. Die App erkennt daraufhin das Kleidungsstück und schlägt dem Nutzer Angebote für gleiche und ähnliche Produkte vor. Zudem können auch Nicht-Marketing-Apps als Träger von Marketinginformationen eingesetzt werden. Ein Beispiel hierfür wäre das In-App-Marketing über Werbebanner, die über Affiliate-Programme geschaltet werde könnten. Die außerordentliche Stärke der App besteht darin, dass sie die besonderen technischen Eigenschaften des mobilen Endgerätes, wie Sensoren für Ort, Temperatur oder Lage, direkt auswerten und daraus Parameter für das Targeting ermitteln kann. Für Einsteiger gibt es universelle Apps als „White-Label-Lösungen“, die z. B. auf das Marketing für spezielle Unternehmen zugeschnitten werden können (Leisenberg und Vartmann 2014).

5.2.3 Eine schwierige Entscheidung: App oder mobile Website

Bei der Auswahl des richtigen Marketing-Werkzeuges fällt Unternehmen häufig die Entscheidung zwischen mobilen Websites und Apps schwer. Als Einstieg ins Mobile Marketing ist die Website deswegen vorteilhaft, weil sie für vergleichsweise niedrige Entwicklungskosten erstellt werden kann und kurze Änderungszyklen ermöglicht. Eine detaillierte Betrachtung (vgl. Tab. 5.1) ermöglicht einen direkten Vergleich der Auswahl.

5.2.4 Mobile Bannerwerbung

Die weltweiten Umsätze von mobiler Bannerwerbung beliefen sich im Jahr 2014 auf fast 11 Mrd. €. Dies ist fast eine Verdopplung gegenüber dem Vorjahr (Statista 2015). Die Steigerungsrate wird erzielt durch konsequente Nutzung von insbesondere ortsbasiertem Targeting. Kampagnen lassen sich durch leistungsfähige kommerzielle Werbenetzwerke, wie z. B. redcarpet, unterstützen. Bannerwerbung auf mobilen Websites führt häufig zu ganzseitigen Prestitials, die der eigentlichen Seite, die beworben werden soll, vorgeschaltet sind. Nach bestimmter Zeit oder einem Klick wird der User dann automatisch weitergeleitet.

5.2.5 Ortsbasierte Dienste

Die Zielgruppenansprache über Behavioral Targeting ist insbesondere im mobilen Kontext ein effizientes Marketinginstrument. Ortsbasierte Dienste unterstützen diese Form des Targetings und dienen damit der Kampagnenaussteuerung auf geografische Gebiete durch Ortsfeststellung mit Hilfe des mobilen Endgerätes. Auf Basis positionsabhängiger Daten

Tab. 5.1 Eigenschaften mobiler Websites und Apps; Legende: +Vorteil, −Nachteil. Quelle: Eigene Darstellung

Eigenschaft	Mobile Website		App	
Nutzerzugriff durch	+	Browser	+−	Installation und Ausführung
Nutzer Interface	−	Navigation festgelegt	+	Interaktive Bedienung
Hardware Sensorik	−	Eingeschränkt nutzbar	+	Effizient auswertbar
Offline nutzbar	−	nein	+	ja
Geschwindigkeit	−	Limit durch Datenrate	+	Hoch, prozessorabhängig
Kosten Entwicklung	−	günstig	−	hoch
App Store Angebot	+	Nicht erforderlich	−	notwendig
App Store Prüfung	+−	Nein	+	Ja

werden selektive Informationen, zum Beispiel über das zu erwartende Wetter, bereitgestellt. Oder es werden Mehrwert-Dienste, wie der Vorschlag der nächsten günstigen Tankstelle, angeboten. In beiden Fällen kann die Verknüpfung mit Marketinginformationen effizient sein. Wichtige Technologien zur Ortsfeststellung sind die Nutzung der Daten des General Positioning Systems, das auf der Messung der Signallaufzeiten basierende Dreiecksverfahren sowie die Identifikation der Funk-Zelle. Marketinginhalte mit Ortsbezug werden recht häufig in Einkaufszentren, Hotels und Flughäfen abgerufen (Blodget 2012). Typische Kampagnen betreffen z. B. als App die Anzeige angebotenen Wohnraums durch Immonet oder die Nennung von nahen Kfz-Werkstätten durch pitstop.

5.2.6 Gewinnspiele

Gewinnspiele dienen häufig dem Erwerb von Targeting-Daten. Vorzugsweise geht es darum, Listen von Personen aufzubauen, die dem zukünftigen mobilen Empfang von Marketinginformation, z. B. über SMS, rechtsverbindlich zustimmen. Dabei sind wichtige juristische Randbedingungen zu beachten: In den USA liegt z. B. das Monopol für Gewinnspiele beim Staat. Daher sollten sie dort kostenlos sein, nur Preise anbieten, die keinen finanziellen Gegenwert haben und der Gewinn sollte nicht nach Zufallsprinzip ermittelt werden. In Europa besteht zudem Spamverdacht und nationale Telekommunikationsgesetze regeln, in welchen Fällen die Aufforderung zu Gewinnspielen als Spam zu betrachten ist (TKG 2014).

5.2.7 Mobile Affiliate Marketing

Mobile Affiliate Systeme bieten im Mobile Marketing Vertriebslösungen, z. B. für Bannerwerbung, an. Hierbei vergütet ein kommerzieller Anbieter die Vertriebspartner erfolgsorientiert nach einem Konditionsmodell. Affiliates in diesem Sinne sind häufig

Einzelpersonen oder kleine Unternehmen, die gleichzeitig Betreiber von Apps oder von mobilen Websites sein sollten. Erfolgreich meint hier, dass der Affiliate die Marketinginformationen des Werbekunden möglichst weit verbreitet. Dies setzt voraus, dass er über seine eigenen Kanäle die Zielgruppe effizient erreichen kann. Affiliate Networks treten in diesem Prozess zusätzlich als Zwischenanbieter auf. Der Anbieter stellt die Werbemittel (z. B. Banner für mobile Endgeräte) über das Affiliate Network dem Vertriebspartner zur Verfügung. Dieser nutzt die Werbemittel mit seinen Mobile Marketing Werkzeugen zur Bewerbung der Angebote des kommerziellen Anbieters. Erfolgreiche Konditionsmodelle zur Motivierung des Affiliate sind u. a. pay per Click, Sign Up oder Install (Glockel 2012). Affiliate Networks übernehmen Dienstleistungen für den kommerziellen Anbieter indem sie die Werbemittel an den Vertriebspartner ausliefern und gleichzeitig Provisionserfassung sowie Abrechnung über den mobilen Kanal vornehmen. Weitere Services der Netzwerke können ortsbasierte oder kontextsensitive Auslieferung und auch Monitoring sein.

5.2.8 Mobile E-Mail-Marketing

E-Mail-Marketing unterliegt zunächst einem grundlegenden Spam-Verdacht der Zielgruppe. Dies scheint die Nutzung erheblich einzuschränken. Allerdings hat der Gesetzgeber hier regulierend eingegriffen und es ist daher wichtig, insbesondere die Regelungen im § 7 des „Gesetzes gegen den unlauteren Wettbewerb" einzuhalten. Daher ist es erforderlich, vor dem Versand vom Mails und Newslettern, die ausdrückliche Einwilligung des Rezipienten einzuholen, sowie spätere Abmeldungen auf einfache Weise zu ermöglichen. Für die Anmeldung hat sich das Doppel-Opt-In-Verfahren, bei dem der Eintrag in die Abonnentenliste in einem dedizierten Schritt bestätigt werden muss, durchgesetzt. Mobiles Email-Marketing kann ein wirksames Kommunikationsmittel sein. Es ermöglicht Unternehmen eine direkte Kundenansprache und die zielgerichtete Übermittlung größerer Blöcke zusammenhängender Marketinginformation. Um Wahrnehmung und Interaktion zu motivieren, müssen die Inhalte das Interesse des Empfängers wecken und sollten im mobilen Kontext nutzbare Zusatzfunktionen, wie ortsbasierte Angebote, bieten. Um das Layout automatisch an den mobilen Kanal und das Endgerätes anzupassen, wird ein responsives Einspalten-Design mit großen Navigationsbuttons (Levin 2015) empfohlen.

5.2.9 SMS-Marketing

Ein Vorteil der SMS besteht darin, dass die Zielgruppe genau und sofort erreichbar ist. Das mobile Endgerät ist fast immer empfangsbereit und in körperlicher Reichweite. Da 95 % aller SMS innerhalb der ersten fünf Sekunden nach Empfang gelesen werden, stellen sie einen der effektivsten Kommunikationswege dar. Der Empfänger assoziiert die SMS mit etwas „Dringendem" und betrachtet sie (noch) nicht als Spam. Die Nachricht wird auf den unterschiedlichen Endgeräten immer richtig dargestellt und für den Empfang ist keine Verbindung übers Internet nötig. Die textuelle Kürze führt beim Rezipienten häufig zur sofortigen Bearbeitung und zum Marketing-Erfolg. App-basierte Messenger Dienste, wie „WhatsApp" reduzieren zunehmend die Reichweite des SMS-Dienstes. Die Nutzung des Messenger-Kanales fürs mobile Marketing wäre eine kompensierende Alternative.

Im Einsatz wird unterschieden zwischen proaktiven SMS an potentiellen Kunden und Customer Care-SMS an Bestandskunden. Selbstverständlich sind die gesetzlichen Vorgaben strikt zu beachten. Der Versand kann letztlich entweder durch Massenversendung bzw. Bulk-SMS oder automatisiert durch Integration in Kundenapplikation erfolgen. Mit SMS-Kampagnen wird der Kunde häufig über ein Offline-Medium, z. B. Flyer, aufgefordert, eine SMS mit dem impliziten Einverständnis zur Rückantwort zu versenden. Im SMS-Feedback kann dann die Marketinginformation an den potenziellen Kunden versandt werden (Payne 2013).

5.2.10 Mobile Tagging

Dieses Werkzeug verbindet durch den Einsatz von druckbaren 2D-Codes die physikalische Welt mit der virtuellen und ist daher für besondere Aufgaben im Marketing prädestiniert. Die Codes sind zur Speicherung spezifischer Daten geringer Volumina, wie z. B. von Webadressen, geeignet und in unterschiedlichen Ausprägungen bekannt. Gegenwärtig werden hauptsächlich der Quick Response (QR) Code und der Datamatrix-Code eingesetzt. Sie werden durch die Kamera des mobilen Endgerätes erfasst und nachfolgend durch eine App decodiert sowie funktionell ausgewertet. Mit dem einfachen Codieren von URLs kann man derzeit kaum noch Marketingerfolg erwarten. Innovative Funktionen sind gefragt: Ein Textilunternehmen codiert z. B. mit dem QR-Code das Betätigen des Like-Buttons der eigenen Fanpage bei facebook (Life Labs 2013).

5.2.11 Mobile Couponing

In den DACH-Staaten werden u. a. nach der Abschaffung des deutschen Rabattgesetzes Coupons zur Kundenbindung und Absatzförderung zunehmend akzeptiert und genutzt. Das mobile Couponing ermöglicht es, diese Rabattmarken ortsgebunden und personalisiert auf die mobilen Endgeräte der Kunden zu übertragen, dort zu verwalten und beim Einkauf einzusetzen. Das ist insbesondere für stationäre Unternehmen aus den Bereichen Handel, Gastronomie und Dienstleistung interessant. Unterschieden wird dabei zwischen dem Pull- und dem Push-Couponing. Das Push-Couponig verwendet häufig den SMS-Kanal zur Aussendung der Rabattmarken. Die Pull-Variante berücksichtigt bei der Auswahl des Coupons den mobilen Nutzungskontext des Kunden. Kontextuelle Profilinformationen, wie Standort, Uhrzeit, Alter oder Geschlecht können so beim Aufruf des Coupon-Angebotes einbezogen werden. Die Bezugnahme auf den Standort ermöglicht es beispielsweise, dem Kunden Rabattmarken örtlich naher Filialen einer Supermarktkette anzubieten. Der Speicherung von Coupons dient z. B. die App „Wallet" (Sößel 2014). Für die automatisierte Übertragung der Coupons in das Kassensystem des Geschäftes lassen sich die Near Field Communication oder aber auch Bar- bzw. QR-Codes nutzen. Standardisierte praktische Lösungen existieren hierbei noch nicht.

5.2.12 Augmented Reality

Das AR-Werkzeug hat hohes innovatives Potenzial und steht erst am Beginn seines Einsatzes: „Augmented Reality" beschreibt die rechnergestützte Erweiterung der Realitätswahrnehmung des Rezipienten. Im mobilen Kontext wird damit die Überlagerung von Bildern mit Marketinginformationen, die eine mobile App situationsbezogen aufnimmt, bezeichnet. In technisch besonders anspruchsvollen Anwendungen werden sogar Bewegtbilder durch Zusatzinformationen automatisch ergänzt. Es sind bereits verschiedene, mehr oder weniger ambitionierte Beispiele bekannt: Ein Einrichtungshaus projiziert Möbel aus dem Katalog in das Foto des Wohnraumes des Kunden. In einem anderen Beispiel ergänzt die App eines Maklerunternehmens Echtzeitaufnahmen von städtischen Straßenzügen durch Informationen zu Ort, Eigenschaften und Mietpreis verfügbarer Wohnungen. Besonders interessant werden Marketing-Anwendungen der Augmented Reality dann, wenn am Kopf zu tragende Miniaturcomputer in Brillenform Informationen in das Sichtfeld einblenden. Eingestellte Produkt Google Glasses war ein erster Schritt in diese Richtung (Richter 2015).

5.3 Erfolgsfaktoren für den effizienten Einsatz der Tools

Beim Einsatz der Mobile Marketing Werkzeuge sind folgende Besonderheiten zu beachten, die damit zu Erfolgsfaktoren werden können:

- Zunächst ist das Kundeninteresse an den **Mehrwert**, der sich für die Zielgruppe aus der unmittelbaren Nutzung des Werkzeuges ergibt, gebunden. Besonders interessante, eventuell ortsbezogene Informationen, Gewinnspiele oder Coupons erfüllen oftmals diese Forderung. Ein Bespiel dafür ist die Anzeige von Restaurants oder Sehenswürdigkeiten mit Hilfe der Augmented Reality im Bild bei der Nutzung einer speziellen mobilen App.
- Ergonomische **Gestaltung** des Werkzeuges ist Voraussetzung für dessen mobile Nutzung. Barrierefreiheit und responsives Design sind wichtige, vom Kunden erwartete, Tool-Eigenschaften. Bedienbarkeit und Lesbarkeit des Inhalts im Kontext entscheiden ganz erheblich über die Erfolgsquote. So wird z. B. eine Bannerwerbung, die von einer Jogging-App dem Kunden während Laufes gezeigt wird, ganz sicher nicht beachtet.

- Einfache und bei der Zielgruppe bekannte **Nutzungsmuster** werden verstanden und daher auch gern intuitiv genutzt. Solche Muster werden vorzugsweise durch erfolgreiche mobile Marketing-Tools aufgegriffen. Ein Beispiel hierfür ist die Aufforderung auf einer mobilen Site „Anruf bei Verkäufer durch Anklicken". Den Ablauf dieses Mechanismus kennt die Zielgruppe.
- Die **Kombination** des mobilen Kanals mit anderen Kanälen ist häufig sehr zielführend. So forderte ein Restaurant werbend in der Speisekarte seine Kunden zum Absenden einer SMS auf, damit sie zukünftig per SMS übers Specials informiert würden. In diesem recht erfolgreichen Multichannel-Praxisbeispiel wurde der im Restaurant sitzende Kunde noch zusätzlich durch das Ausschenken eines Cocktails nach Eingang seiner SMS incentiviert.
- Die besonderen **Erwartungen** der jeweiligen besonderen Zielgruppe an die Funktion des Werkzeuges sind zu ermitteln und konsequent umzusetzen. Der Aufforderung, eine SMS zu schicken, werden jüngere Zielgruppen kaum nachkommen, da sie als SMS-Substitut besondere, andere Messagingdienste einsetzten. Die Einbeziehung von Snapchat wäre hier eine Kundeerwartung.
- Nur wirklich **kreative mobile Kampagnen** setzen sich durch. Ausgefallene Ideen sind oft der Schlüssel zum Erfolg. Ein asiatischer Supermarkt motivierte beispielgebend in Verbindung mit dem Couponing Abverkäufe zur Mittagszeit, indem im Freien ein körperlicher QR-Code aufgestellt wird, der wegen der Schattenbildung durch die Sonne nur mittags als Coupon erfolgreich decodiert werden kann. Diese besonders kreative Lösung, hat dazu geführt, dass sich vor dem Objekt täglich große Menschenmengen ansammeln.
- Die Funktion und Einsatz der Werkzeuge müssen sich an den tatsächlichen **technischen Möglichkeiten** im Unternehmen, beim Provider und auch beim Kunden orientieren. Dies erfordert bei den Marketing Managern u. a. auch ein gutes Verständnis der angewandten Technologien. Gerade neue Verfahren, wie z. B. der mobile Einsatz von Augmented Reality, müssen sowohl von den technischen Möglichkeiten als auch den Restriktionen her eingeschätzt werden können.

5.4 Mobile Monitoring

Gerade im Kontext der Mobile SMO(vgl. Abschn. 5.1) muss das Ergebnis des Einsatzes der Mobile Marketing Tools schließlich einer Erfolgskontrolle unterzogen werden. Dazu dienen besondere Mobile Monitoring Verfahren. Mit dem Ziel eines lediglich komprimierten Überblicks und einer Einschränkung auf das Monitoring mobiler Websites und von Apps sollen hier ausgewählte Kennzahlen (KPI) zur Bewertung des Erfolges zusammengetragen werden:

- **Engagement & Usage** sind Maße dafür, wie stark und oft der Kunde die App oder die Mobile Website nutzt bzw. mit dem Shop oder der Marke interagiert. Hiermit verbundene Indikatoren sind demografische Daten oder mobile Nutzungsmuster.

- **Lifetime-Value** beschreibt den Wert eines mobilen Users, verglichen mit einem nicht-mobilem User. Das Monitoring folgt dem Kunden über die gesamte Lifetime hinweg, seit App-Installation bis zum aktuellen Zeitpunkt. Die Quantisierung erfolgt z. B. anhand der Impressions einer News App, der Hör-Zeit einer Music App oder der Zahl Einkäufe im mobilen Shop den In-game-Käufe.
- **Kundenbindung** misst die Rate, mit der die App oder die Mobile Site nach einer bestimmten Zeitdauer durch den Kunden noch genutzt wird. 30-, 60- und 90-Tage Retention Rates werden meist zugrunde gelegt.
- **Active Users** zählt die Nutzer auf, welche das Tool regulär einsetzen. Häufig werden die monatlichen bzw. täglichen aktiven Kunden ermittelt.
- **Impressions** messen die Kunden- Sichtkontakte mit dem Werbemittel, z. B. dem mobilen Banner.
- **Customer Journey** beschreibt Weg des Kunden über alle Touchpoints vom ersten Sichtkontakt über Klicks bis zur Conversion. Eine vor der Messung festgelegte und beobachtete, besonders interessante exemplarische Customer Journey wird als Funnel bezeichnet. Funnels spielen bei der Monitoring-Auswertung eine wichtige Rolle.

Die Ermittlung der KPIs erfolgt für mobile Websites und Apps wegen der jeweils spezifischen Voraussetzungen mit unterschiedlichen technischen Mitteln. Diese Mittel bestimmen die Eigenschaften der messbaren KPIs.

5.4.1 App-Monitoring

Vor der Messung der Kennzahlen sind Bibliotheken des Monitoring-Dienstleisters in den App-Code einzubinden. Damit werden u. a. wiedererkennbare, teils temporäre Geräte-Identifikatoren bei Aufruf ermittelt. Auf dieser Basis ist eine eindeutige Erkennung von Unique Sessions möglich. Darauf aufbauende Messungen konzentrieren sich auf die Feststellung der Kundenbindung, der Navigationswege, von Bewegungsprofilen und profilbasierten Nutzungsdaten. Sozio-demografische und ortsbezogene Daten können nur mit Zustimmung des Kunden erfasst werden. Die Auswertung erfolgt, u. a. aus juristischen Gründen, streng entpersonalisiert. Bei diesem Verfahren ist anonymes Tracking mit hoher Genauigkeit bei der Unterscheidung der Endgeräte möglich. Die hohe Geräte-Fragmentierung in der Android-Welt setzt hierbei allerdings Grenzen. Typische Monitoring und Tracking-Dienstleister sind Flurry (2014) oder Localytics (Localytics 2015). Abbildung 5.2 dokumentiert ein getestetes Einsatzszenario unter Nutzung von Flurry: Im Ablauf einer App „Quiz" wurden 4 alternative Zustände (Buttons Right, Wrong, Start, Stop) markiert und bezüglich der Pfade, die Testpersonen bei der Nutzung der App durchliefen, beobachtet. Es ist erkennbar, zu welchen Anteilen auf den Zustand „quiz-right" die vier möglichen Zustände folgten. Derartige Auswertungen sind sowohl für die Erfolgsbewertung von Mobile Marketing-Kampagnen als auch für Rückschlüsse auf die Effizienz der Nutzerführung hilfreich.

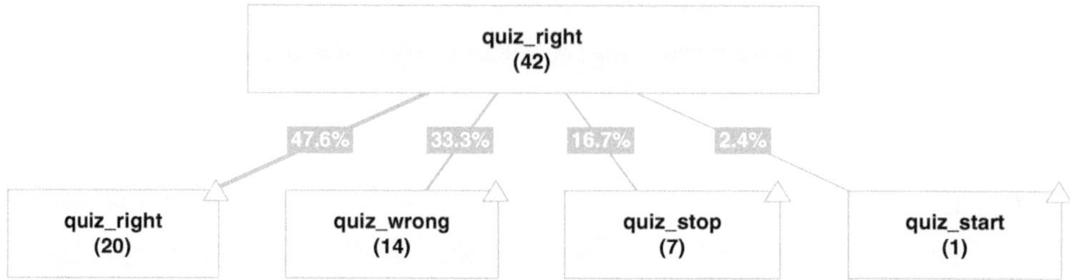

Abb. 5.2 Zustandsgraph der Nutzung einer Test-App. Quelle: Eigene Messung mit (Flurry 2014)

5.4.2 Monitoring mobiler Websites

Die KPI-Messung für mobile Websites basiert dagegen häufig auf den bekannten Technologien JavaScript Page Tagging, Pixel-Tracking oder Cookie. Anbieterspezifische Tracking Codes sind zudem oftmals in die Strukturbeschreibung der Site einzufügen. Diese Verfahren sind für den Anwender ohne großen Aufwand implementierbar aber durch die Zielgruppe auch leicht abschaltbar. Typische Messungen fokussieren auf die Bestimmung von Engagement und Usage über die Ermittlung von Page Views, Visits, Visitors und Informationen zu technischen Eigenschaften des mobilen Endgerätes. Ein anonymes Tracking ist nicht möglich, da die IP-Adressen der Server identifizierbar sind. Der Einsatz der genannten Verfahren ist bei Medienabfragen (Media Queries), wie sie im für das Responsive Design nötig sind, technisch unsicher. Aus der Vielfalt der verfügbaren Produkte seien Google Analytics und webtrends (webtrends 2015) genannt.

5.5 Fazit

Konzeption, Umsetzung und Auswertung des Mobile Marketing sind komplexe und interdisziplinäre Aufgabenstellungen, deren Lösung sich für Unternehmen lohnen kann. Der Autor versuchte sich der umfassenden Thematik über neue Möglichkeiten und aktuelle Erfordernisse des mobilen Social Media Einsatzes zu nähern. Die erfolgreiche betriebliche Umsetzung des Mobile Social Media Marketings erfordert Strategien. Der Autor bildete daher das bekannte Verfahren der SMO auf die mobile Problematik ab. In diesem Zusammenhang wurden wichtige Mobile Marketing-Werkzeuge vorgestellt und eingeordnet. Die Feststellung und Bewertung des Erfolges mobiler Marketingkampagnen erfordert gerade aus der Sicht der mobilen SMO effiziente und aussagekräftige Mess- und Analysemethoden. Daher wurden abschließend Möglichkeiten zum Monitoring mobiler Websites und Apps vorgestellt.

Literatur

Blodget, H. (2012): The Future of Mobile, http://de.slideshare.net/digiday/a1020-business-insider, Abruf 1.10.2015.

Bolter, J., M./Engberg/MacIntyre, B. (2013): Media Sudies, Mobils Augmented Reality, and Interaction Design, in Interactions, 20,1, S. 36 ff.

Buhse, W. (2014): Management by Internet: Neue Führungsmodelle für Unternehmen in Zeiten der digitalen Transformation, 1. Aufl., Kulmbach.

Flurry (2014): Audience and Usage, http://www.flurry.com, Abruf 14.4.2015.

Glockel, T. (2012): Für wen ist Affiliate Marketing überhaupt geeignet? http://tomglockel1.wordpress.com/2012/06/25/fur-wen-ist-affiliate-marketing-uberhaupt-geeignet/, Abruf 27.7.2014.

Google (2014): Analyseberichterstellung für mobile Websites, http://www.google.com/intl/de_de/analytics/features/mobile.html, Abruf 17.4.2015.

Hellwig, J. (2013): Responsive Webdesign, Bonn.

Kreutzer, R. T. (2012): Praxisorientiertes Online-Marketing: Konzepte - Instrumente – Checklisten, Wiesbaden

Leisenberg, M./Vartmann, C. (2014): App-Marketing: Die Vor- und Nachteile von White Label-Lösungen für Entwickler, Unternehmen und Endkunden, http://www.web-zweinull-unternehmen.de, Aufruf 27.7.2015.

Leisenberg, M./Schweifel, A. (2012): Social Media für mittelständische Unternehmen – Thesen und Handlungsempfehlungen, in Lembke, G./Soyez, N.(Hrsg.): Digitale Medien im Unternehmen: Perspektiven des betrieblichen Einsatzes von neuen Medien, Wiesbaden: Gabler, 2012.

Leisenberg, M. (2007): Social Media Optimization – So kann Web 2.0 Unternehmen nützen, Computerwoche, 2007,1.

Leisenberg, M. (2013): Erfolg durch eine starke Kombination: Mobile Marketing und Social Media, Macwelt, http://www.macwelt.de/news/Erfolg-durch-eine-starke-Kombination-Mobile-Marketing-und-Social-Media-8239992.html, Abruf 27.7.2015.

Leisenberg, M./Roebers, F. (2010): Web 2.0 im Unternehmen. Theorie & Praxis – Ein Kursbuch für Führungskräfte, Hamburg.

Levin, M. (2015): Designing Multi-Device Experiences: An Ecosystem Approach to User Experiences across Devices, Sebastopol.

Life Labs (2013): Likify – Give your real life objects a share button, http://de.slideshare.net/LifeLabs/likify-give-your-real-life-objects-a-share-button, Abruf 27.7.2015.

Localytics (2015): App Analytics, http://www.localytics.com, Abruf 15.4.2015.

Meyer, N. (2014): Die Zukunft des Marketing ist mobil! Grundlagen, Voraussetzungen und Instrumente des Mobile Marketing, Hamburg.

Payne, N. (2013): Developer Kit, http://www.textanywhere.de/developers/default.aspx, Abruf 27.7.2014.

Richter, M. (2015): Google Glass, http://www.mygoogleglass.de, Abruf 15.4.2015.

Sößel, A. (2014): Dossier Mobile Couponing, Hamburg.

Statista (2015): Umsätze mit mobiler Werbung nach Segmenten weltweit in den Jahren 2012 bis 2014, http://de.statista.com/statistik/daten/studie/232404/umfrage/ausgaben-fuer-mobile-werbung-weltweit/, Abruf 2.3.2015.

TKG (2014): Telekommunikationsgesetz der BRD, BGBI. I, Berlin.

Webtrends (2015): Mobile Measurement, http://webtrends.de, Abruf 16.4.2015.

Ecosystem Management für Android OS

6

Anthony Krückel und Jürgen Karla

Zusammenfassung

Plattformen und ihre Ecosystems sind allgegenwärtig und haben einen großen Einfluss auf unser heutiges Leben. Die bekanntesten Beispiele sind soziale Netzwerke wie Facebook, Spielekonsolen wie die PlayStation oder Softwareplattformen wie Microsofts Betriebssystem Windows. Im folgenden Beitrag wird das Ecosystem des Betriebssystems Android für mobile Geräte aus der Sicht von Google betrachtet. Seit der Gründung der Open Handset Alliance (OHA) im November 2007 hat sich Android als Operating System (OS) mit einem Marktanteil von mittlerweile rund 80 Prozent weltweit durchgesetzt. Heute kämpft Google nicht mehr um Marktanteile, sondern gegen Custom ROMs, Abspaltungen und die Fragmentierung der Android OS-Landschaft. Die Marktführerschaft setzt daher neue Anforderungen an die Managementstrategie der Plattform.

Dieser Beitrag gibt einen Überblick über das Android OS als Plattform und arbeitet die Besonderheiten in Bezug auf das zugrunde liegende Ecosystem heraus. Darüber hinaus werden Maßnahmen aufgezeigt, mit denen Google versucht, den entstandenen Herausforderungen zu begegnen.

Im ersten Teil des Beitrags wird eine theoretische Grundlage geschaffen, um im weiteren Verlauf das Android OS in die Plattform-Theorie einzuordnen. Darauf aufbauend wird erörtert, wie Custom ROMs und Abspaltungen das Android Ecosystem

A. Krückel (✉)
RWTH Aachen University, Aachen, Deutschland
E-Mail: anthony.krueckel@rwth-aachen.de

J. Karla
Hochschule Niederrhein, Mönchengladbach, Deutschland
E-Mail: juergen.karla@hs-niederrhein.de

T. Barton et al. (Hrsg.), *Mobile Anwendungen in Unternehmen*, Angewandte Wirtschaftsinformatik,
DOI 10.1007/978-3-658-12010-8_6

beeinflussen. Im abschließenden Teil werden Maßnahmen seitens Google zum Ecosystem Management dargestellt und bewertet.

Schlüsselwörter
Android OS • Ecosystem • Management • Plattform • Betriebssystem

6.1 Plattformen und Ecosystems

Der Begriff Plattform wird in verschiedenen Bereichen genutzt, von der Produktentwicklung, über technologiebezogene Strategien bis hin zur Industrie. Daher gibt es eine Vielzahl unterschiedlicher Definitionen für Plattform, von denen jedoch die meisten über eine Gemeinsamkeit verfügen: Eine Kernkomponente wird stabil gehalten oder wiederverwendet, um Skaleneffekte generieren zu können. Diese Komponente reduziert die Kosten für die Erzeugung eines breiten und variablen Angebots komplementärer Güter für die Plattform [13]. Gawer definiert Plattformen „as a set of stable components that supports variety and evolvability in a system by constraining the linkages among the other components" [12]. Das System ist aufgeteilt in einen Satz von Kernkomponenten mit geringer Varietät und in einen Satz komplementärer Bestandteile mit hoher Varietät [25]. Industrie-Plattformen sind Produkte, Dienstleistungen oder Technologien, die von einem oder mehreren Unternehmen entwickelt werden und die das Fundament für komplementäre Produkt- oder Dienstleistungsangebote darstellen. Die Kombination von festen Bestandteilen und Vielfältigkeit wird sowohl von Firmen genutzt, welche alleine eine Plattform kontrollieren, als auch von Firmengruppen, welche gemeinsam eine Plattform betreiben [14]. Ein Beispiel für eine gruppenbetriebene externe Industrie-Plattform ist das Android OS. Diese wurde anfangs – unter der Leitung von Google Inc. – von der Open Handset Alliance mit 33 Partnern gegründet [19]. Im weiteren Verlauf des Beitrags ist mit dem Begriff Plattform eine solche externe Industrie-Plattform gemeint.

Das Wort Ecosystem ist eine Analogie aus der Biologie. Organismen erhalten ein Ökosystem über einen langen Zeitraum am Leben und passen dabei ihre Funktionen und Mechanismen an äußere Umstände an, um zu überleben. Business Ecosystems arbeiten in vielerlei Hinsicht genauso, da der Erfolg eines Unternehmens u. a. vom Erfolg seiner Partner und somit von einem funktionierenden und wirtschaftlichen Ecosystem abhängt [17]. Nach Moore wird ein Business Ecosystem definiert als: „An economic community supported by a foundation of interacting organizations and individuals – the organisms of the business world. The economic community produces goods and services of value to customers, who are themselves members of the ecosystem. The member organisms also include suppliers, lead producers, competitors, and other stakeholders. [18]"

Bei Übertragung dieser Definition auf das Android-Ecosystem ergibt sich Abb. 6.1.

Mittelpunkt ist hierbei das Android OS als Multi-Sided Platform (MSP). MSPs sind durch die Interaktion ihrer verschiedenen Seiten charakterisiert [22]. App-Entwickler und Gerätehersteller erzeugen komplementäre Angebote für den Endnutzer. Es bildet sich eine

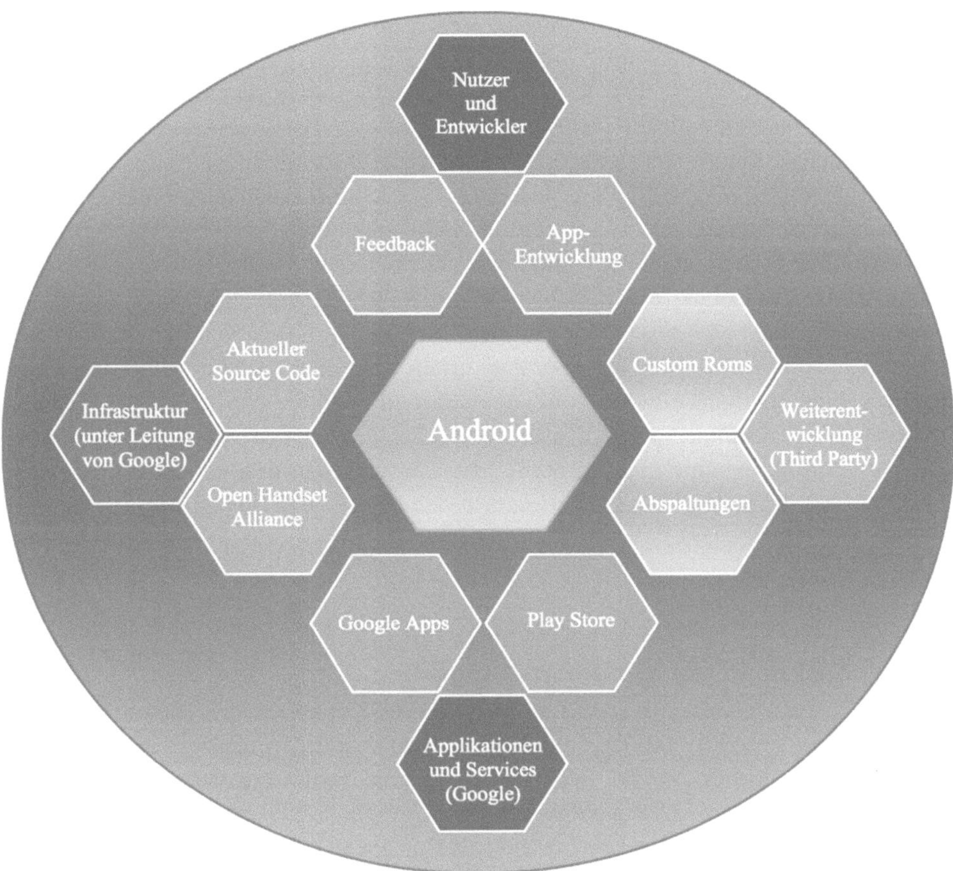

Abb. 6.1 Ausschnitt aus dem Android OS Ecosystem

Community um das Android OS, welche durch die Infrastruktur – unter der Leitung von Google – unterstützt wird. Mehrere Plattformen und andere Ecosystems können Bestandteil eines bestehenden Ecosystems sein. Die Bestandteile des Ecosystems interagieren miteinander und beeinflussen einander.

Plattformen werden häufig mit Netzwerkeffekten assoziiert. Das bedeutet, dass der Wert für alle Beteiligten positiv mit der Nutzeranzahl korreliert – wobei in der Regel von einem abnehmenden Grenznutzen ausgegangen werden kann. Bis zu einem gewissen Punkt wird die Plattform dadurch für jeden weiteren Nutzer, Unternehmen und Entwickler komplementärer Produkte wertvoller. Die Größe einer Plattform begünstigt somit komplementäre Innovationen. Grundsätzlich lässt sich festhalten, dass ein großes und funktionierendes Ecosystem den Nutzen für alle Beteiligten erhöht, jedoch dadurch schwieriger zu managen ist.

6.1.1 Management von Plattformen

Es gibt sowohl vertikale als auch horizontale Managementstrategien für Plattformen. Vertikale Strategien zielen für die hier betrachtete Plattform darauf ab, Einnahmen über die Hardware und exklusive Services zu erzielen. Apple ist im Mobile Business-Umfeld ein Beispiel für eine geschlossene Plattform. Das Unternehmen erwirtschaftet seine Umsätze insbesondere über den Verkauf von eigener Hardware und exklusiven Services.

Horizontale Strategien haben existierende und potentielle Konkurrenten im Fokus und schaffen – im Extremfall – ein Monopol über horizontale Zusammenschlüsse. Plattformen werden bei horizontalen Strategien häufig offen gestaltet. Offen bedeutet in diesem Zusammenhang, dass die Benutzer einer konkurrierenden Plattform mit der eigenen interagieren, direkt an der Gestaltung mitwirken und aktiv an der Vermarktung teilnehmen können [12]. Einnahmen werden über Gebühren, Provisionen oder Werbung erzielt. Deshalb wird für eine möglichst große Verbreitung der Plattform und ihrer Produkte zu niedrigen Preisen gesorgt. Google verfolgte also durch die OHA eine horizontale Strategie für das Android OS.

6.1.2 Custom ROMs und Abspaltungen

Mobile Geräte, die das Android Betriebssystem verwenden, werden mit einer Firmware (Stock ROM) ausgeliefert. Die Stock ROM ist eine vom Gerätehersteller angepasste Android OS-Software, wie beispielsweise Samsung TouchWiz oder HTC Sense. Streng genommen könnten diese Versionen schon als Custom ROMs bezeichnet werden, da der Source Code manipuliert worden ist, um z. B. Anpassungen am User Interface vorzunehmen. Faktisch bezeichnet der Begriff Custom ROM eine veränderte Version der Android-Firmware, die weder von Google noch von einem der großen Hersteller stammt. Auch Privatpersonen und Internet-Communities entwickeln Custom ROMs, welche eine bessere Performance, geringeren Akkuverbrauch und eine höhere Anzahl an Anpassungsmöglichkeiten versprechen. Ein Custom ROM ist demnach ein eigenständiges Betriebssystem für mobile Endgeräte auf Basis des Android Source Codes. Die Veränderung des Source Codes kann von optischen Veränderungen des User Interfaces, Integration zusätzlicher Apps auf Systemebene bis hin zum Ausschluss bestimmter Google Apps und Dienste gehen. Eine der bekanntesten und erfolgreichsten Custom ROMs ist der CyanogenMod mit fast sieben Millionen Nutzern und über 220 unterstützten Geräten (Stand Mai 2014) [9].

Wird der Source Code kopiert und unabhängig vom ursprünglichen Mutterprojekt weiterentwickelt, entsteht eine Abspaltung (Fork) der Software. Beispiele für erfolgreiche Android Forks sind Fire OS von Amazon und MIUI von Xiaomi.

6.2 Android OS

Es gibt einen wichtigen Unterschied zwischen dem reinen Android, welches von der Open Handset Alliance angeboten wird und dem Android OS, welches heute auf einem Großteil der mobilen Endgeräte läuft. Dieser Unterschied entsteht durch die Aktivitäten seitens Google in diesem Marktsegment. Das Android Open Source Projekt (AOSP) wird von Google geführt. Google hält Android instand und entwickelt es weiter [6]. Aber die Weiterentwicklungen werden nicht mehr offen über das AOSP weitergegeben, sondern in nicht öffentliche Quellcodes ausgelagert. Diese Unterscheidung ist für die weitere Analyse entscheidend, da hier das Ecosystem-Management aus der Sicht von Google zum Tragen kommt.

Genau genommen beinhaltet des Android OS zwei Plattformen. Android selbst ist die Hauptplattform. Im Sinne der horizontalen Managementstrategie hat Google die Android Plattform offen gestaltet. Der Source Code wird im Rahmen des AOSP-Projektes kostenfrei herausgegeben [5]. Bis zur nächsten Version des Source Codes kann dieser als stabile Komponente der Plattform betrachtet werden. Dadurch wird es den Original Equipment Manufacturers (OEM) ermöglicht, die Android-Software an bestimmte Hardwarekomponenten anzupassen. Gleichzeitig werden vielfältige Custom ROMs und Abspaltungen entwickelt.

Die zweite Plattform existiert parallel zu der vorher genannten. Auch hier dient das Android OS als Plattform, welche es App-Entwicklern ermöglicht, über das Software Development Kit (SDK) als stabile Komponente komplementäre Applikationen zu programmieren. Diese Applikationen können dann im Google Play Store angeboten werden und sorgen für eine hohe Varietät. Google schafft und pflegt auf diese Weise sein Ecosystem [4]. Das SDK kann kostenlos auf der Homepage des Android Open Source Projects heruntergeladen werden. Möchte sich ein Nutzer der Plattform als Entwickler registrieren, um Applikationen zu veröffentlichen, fällt eine einmalige Gebühr von 25 US-$ an [15]. Die Veröffentlichung einer App ist kostenfrei, aber Google behält 30 Prozent der Erlöse aller über den Google Play Store verkauften Produkte als Transaktionsgebühr ein [16].

Google verfolgte die Intention, Android auf möglichst vielen Endgeräten zu verbreiten, um eine Monopolstellung von Apple und/oder Microsoft zu vermeiden und sich seinen eigenen Marktanteil an der mobilen Zukunft zu sichern [2]. Seit dem vierten Quartal 2013 dominiert Android den OS-Markt für Smartphones (Marktanteil bei verkauften Neugeräten) [24]. Anders als bei Apple steht für Google nicht der Hardwareverkauf im Vordergrund, sondern eine möglichst weite Verbreitung der Android-Plattform. Android dient als Vehikel für die Google-Dienste. Über diese generiert Google 90 Prozent seines gesamten Umsatzes [26]. Die horizontale Strategie von Google beinhaltet zudem die Lizensierung. Dadurch wird sichergestellt, dass die OEM ihre Geräte mit den Google Diensten ausliefern und diese somit beim Endkunden zur Verfügung stehen.

Die App Stores sind für die Plattform-Betreiber von hoher Bedeutung, da durch die geringen Instandhaltungskosten hohe Gewinnmargen erzielt werden können. Durch einen gut gepflegten App Store werden das Ecosystem gestärkt und Kunden an die Plattform gebunden [10]. Dieses Argument gilt für Google in besonderem Maß, da es im Gegensatz zu Apple primär Geld über Werbung verdient. Damit die Werbung zu einem höheren Preis verkauft werden kann, müssen die Google Dienste beim Endkunden verfügbar sein und genutzt werden. Speziell in reifen Märkten können Umsätze durch Dienste ein wichtiges Standbein für die Umsatz- und Gewinnerzeugung sein [12]. Des Weiteren entstehen durch ein starkes Ecosystem Markteintrittsbarrieren für potentielle Konkurrenten (z. B. Microsoft) [10].

6.3 Die Auswirkungen von Custom ROMs und Abspaltungen auf das Android Ecosystem

Googles horizontale Strategie, welche auch die Lizensierung des Android OS an Gerätehersteller beinhaltet, hat dafür gesorgt, dass der Markt mit Smartphones und Tablets unterschiedlichster Ausprägungen bedient wird. Zweck der Lizensierung ist es, die mobilen Geräte vorinstalliert mit Google-Diensten auszuliefern. Wie bereits dargestellt, hat Android hat den Kampf um die Marktanteile im Smartphone-Bereich gewonnen und sich eine starke Position im Markt aufgebaut. Nun gilt es die Herausforderung zu meistern, einen nachhaltigen wirtschaftlichen Nutzen aus der großen Verbreitung zu ziehen, denn die offene Plattformgestaltung beeinflusst die Fragmentierung des Android Ecosystems. Die Fragmentierung findet auf zwei Ebenen statt. Auf der ersten Ebene existieren in der OS-Landschaft verschiedene Android Versionen parallel auf dem Markt. Auf der zweiten Ebene, der Geräte-Landschaft, wird zwischen vielen Tausend verschiedenen Android-Geräten unterschieden. Eine anschauliche Darstellung der Fragmentierung der Geräte-Landschaft findet sich unter [20].

Eine starke Fragmentierung beinhaltet die Gefahr, es Entwicklern unmöglich zu machen, Apps zu programmieren, die auf allen im Umlauf befindlichen, mobilen Geräten und Android Versionen fehlerfrei laufen. Dadurch kann zum einen ein unverhältnismäßig hoher Aufwand für die Programmierung einer App entstehen und zum anderen können sich häufiger Fehlfunktionen bei den angebotenen Apps einschleichen. Dies führt nicht nur zu einer sinkenden Kundenzufriedenheit, sondern auch zu immer weniger komplementären Innovationen innerhalb des Ecosystems, weil dem Aufwand der Entwickler kein ausreichender Nutzen mehr gegenübersteht. Resultierend sinkt der Nutzen für alle Beteiligten des Ecosystems, denn verschiedene Geräte mit verschiedenen OS-Versionen erzeugen beim Endkunden unterschiedliche Erfahrungswerte mit Android als OS. Dadurch entsteht Verwirrung beim Endkunden. Dieser weiß in der Regel, dass er ein Android Gerät besitzt, aber nicht, ob es sich um ein Custom ROM, eine Abspaltung oder das originale Android handelt. Neben den entstehenden Problemen für Entwickler, Nutzer und Betreiber von Android hat die Fragmentierung auch positive Aspekte. So können Kunden zwischen einer Vielzahl von Android Geräten eines auswählen, das ihren individuellen Anforderungen entspricht. Ferner hat die Gerätefragmentierung die schnelle Verbreitung von Android erst möglich gemacht. Eine Fragmentierung beinhaltet folglich sowohl Risiken als auch Chancen für ein mobiles Ecosystem.

Das Android OS dominiert den Smartphone-Sektor mit einem Marktanteil von rund 77 Prozent. Doch das größte Wachstum stammt aus Android-Abspaltungen und Custom ROMs. Diese machen 25 Prozent des Android-Marktanteils aus. Nur 52 Prozent der existierenden Android-Versionen sind lizensiert [1]. Dieser Umstand hat einen negativen Einfluss auf Googles Möglichkeiten, mit dem Android OS Umsatz zu erzeugen. Wie bereits erwähnt, werden bei Abspaltungen und Custom ROMs, die auf dem AOSP basieren, teilweise die Google-Dienste nicht verwendet.

Die gewonnene Marktführerschaft von Android bringt neue Gefahren für Google mit sich. Wenn ein konkurrierendes Unternehmen eine Abspaltung von Android entwickelt, ist diese durch das bereits existierende Ecosystem mit fast allen bestehenden Apps kompatibel. Das konkurrierende Unternehmen müsste lediglich seinen eigenen App Store entwickeln und die App-Entwickler zum Hochladen ihrer Apps motivieren. Schafft es ein Unternehmen Android funktionaler und optisch ansprechender zu gestalten als es jetzt ist, wäre eine erfolgreiche Abspaltung von Google und seinen Diensten denkbar. Eine der erfolgreichsten Abspaltungen stellt Amazons Fire OS dar. Fire OS ist die standardmäßige Firmware der Kindle Tablets. Es basiert auf dem AOSP und nutzt keine Google Dienste. Um Amazons Kindle existiert ein eigenes Ecosystem mit einem App Store, Browser, Cloud Storage und einem E-Mail Client. Auch der gesamte chinesische Markt kommt ohne Google aus. Die meisten Google Dienste sind in China verboten. Xiaomi ist ein chinesischer Soft- und Hardwarehersteller für mobile Geräte, der erst 2010 gegründet wurde. Dennoch verkaufte Xiaomi 2013 alleine auf dem chinesischen Markt 18 Millionen Geräte. Die Geräte werden mit einem Android-basierten OS namens MIUI ausgeliefert. Um diese Abspaltung hat Xiaomi sein eigenes Eco- und Bezahlsystem aufgebaut. Der Slogan des Unternehmens lautet „Redefinding Android" und das Unternehmen plant in weitere Märkte zu expandieren [8]. In beiden erwähnten Fällen zieht Google nur bedingt bis keinen Nutzen aus der Verwendung des Android-Quellcodes. Durch den Erfolg von Abspaltungen wie der von Xiaomi kommt es für Google zu Einbußen im eigenen Marktanteil.

6.4 Ecosystem Management von Google

Im Folgenden wird erläutert und bewertet wie Google über das Ecosystem Management (nach Szaro et al. [23]) plant, die Kontrolle über die Android Plattform und das Ecosystem zurückzuerlangen.

6.4.1 Die Closed Source Transformation

Da Google anfangs um die Verbreitung seines Android OS bemüht war, wurden lediglich Online-Dienste wie Gmail, Maps, und Youtube vom Open Source-Prinzip ausgeschlossen. Seit seiner Marktführerschaft überführt Google vieler seiner vorher in das AOSP integrierten Apps in firmeneigene Apps. Danach findet die Weiterentwicklung dieser Apps ausschließlich intern bei Google statt. Jegliche Arbeit an den vorherigen AOSP Apps wird eingestellt. Die frühere AOSP Search wurde so zu Google Search umgewandelt, Musik zu Google Play Music und der Kalender zum Google Kalender. Dasselbe gilt für Kamera-, Tastatur- und viele weitere Apps. Eine Übersicht über ausgewählte Google Services bietet Abb. 6.2.

Stück für Stück überführt Google in dieser Weise alle für den Endnutzer interessanten Teile der Android Oberfläche in Google Apps. Zurück bleibt ein reines Grundgerüst auf Android-Basis. So sichert sich Google gleichzeitig die eigenen Innovationen und gestaltet

Google Play Services	Google Play Store	Android
Account Authentication	Calendar	Application Framework
Account Syncing	Chrome	Application APIs
Cloud to Device Messaging	Drive	Hardware Support
In-App Billing	Gapps Device Policy	Linux Kernel & Drivers
Initial Account Setup	Gmail	Lock Screen
Google+ Sign-In	Hangouts	Phone App
Google+ Sharing APIs	Google+	Settings
Google+ Photo Syncing	Keep	System UI
Google Maps APIs	Keyboard	
Google Setting App	Maps	
Location APIs	Play Books	
Malware Scanner	Play Music	
Photosphere Support	Play Movies	
Play Games API	Play Magazines	
Remote Location	Play Games	
Remote Wipe	Search/Now	
	Voice	
	Wallet	
	Youtube	

Abb. 6.2 Ausgewählte Google Services (in Anlehnung an [7])

eine Abspaltung der Software für Unternehmen unattraktiver. Denn für die wegfallenden Apps müssten die Unternehmen im Zuge der Abspaltung einen Ersatz programmieren. Google entwertet mit dieser Maßnahme erfolgreich den offenen Quellcode und gewinnt ein Stück weit die Kontrolle über das AOSP zurück [2].

6.4.2 Gerätehersteller binden

Viele der Google-Apps wie Google Mail, Google Maps, Navigation, Google Now, Street View, YouTube, Voice Search und der Google Play Store werden von Kunden mit Android assoziiert. Diese Dienste machen Android für den Endkunden interessant. Dementsprechend möchten die Gerätehersteller ihren Kunden diese Applikationen anbieten. Hat ein Unternehmen vor ein mobiles Gerät auf Android-Basis zusammen mit Google-Apps auf den Markt zu bringen, muss es zuerst einen Kompatibilitätstest durchlaufen. Ist dieser bestanden, muss ein Lizenzvertrag für das Gerät bei Google angefragt werden. Sind diese zwei Bedingungen seitens des Herstellers erfüllt, dürfen die neuen und verbesserten Funktionen der Google Apps auf dem Gerät angeboten werden. Erst ab diesem Zeitpunkt steht den Geräteherstellern das gesamte Android Ecosystem inklusive Play Store zur Verfügung [4]. Dafür erwartet Google eine Gegenleistung. Software-Updates seitens der OEMs müssen demnach vor der Veröffentlichung von Google geprüft und genehmigt werden. Google hingegen behält sich das Recht vor, die eigene Software ohne Kontrolle des Herstellers zu aktualisieren – dies ermöglicht beispielsweise das Einführen neuer Funktionen über die Google Play Services, unabhängig von einer neuen Android Version [11]. Google bietet seine Apps nur im Paket an und hält es sich frei, das Paket zu erweitern. Über Kompatibilitätstests wird versucht, Dienste von Unternehmen, die mit den eigenen Diensten konkurrieren, vom Markt zu verdrängen [2]. Darüber hinaus verlangt Google je nach Abschlusszeitpunkt des Lizenzvertrages, dass neue Geräte mit einer bestimmten Android-Version ausgeliefert werden. Diese darf maximal zwei Versionen hinter der aktuellen liegen. Je aktueller der Lizenzvertrag, desto aktueller muss die Android-Version sein [21]. Viele der großen Gerätehersteller wie Samsung, Sony, LG, Huawei und Motorola sind bereits Mitglieder der Open Handset Alliance. Mitgliedern der OHA ist es verboten, Geräte herzustellen oder zu verkaufen, auf denen eine Android-Abspaltung als Firmware läuft. Dasselbe gilt für Unternehmen, welche der Lizenzvereinbarung von Google zugestimmt haben. Google versucht so, die Ausbreitung von Android-Abspaltungen zu verringern und bindet sie an das Ecosystem [2].

6.4.3 Applikationen und Entwickler binden

API steht für Application Programming Interface. APIs werden dafür genutzt, das Programmieren von Apps – über ein grafisches User Interface – zu erleichtern und Schnittstellen zwischen Diensten zu schaffen. Google versucht über ein firmeneigenes API den

Mehraufwand, der durch die Fragmentierung für die Entwickler entsteht, zu mindern. So werden z. B. 90 Prozent des Codes aus den Google APIs auch von Apples iOS unterstützt. Google Android-Geräte und Apples iOS-Geräte nehmen einen großen Teil des Marktes ein. Deshalb entscheiden sich viele Entwickler dazu, mit der API von Google zu arbeiten. Doch Applikationen, die mit der Google API entwickelt wurden, funktionieren unter Android nur innerhalb des Play Stores. Somit schwindet der Nutzen, den Abspaltungen wie Amazons Kindle Fire aus dem Ecosystem ziehen können [2].

Die Antwort seitens Google auf die Fragmentierung auf Versionsebene lautet Google Play Services. Lediglich sechs Prozent der Geräte nutzen die neueste Android Version. In der Vergangenheit mussten die OEMs zunächst ihre Modifizierungen an den Android Updates vornehmen und diese dann an die Mobilfunkbetreiber weitergeben. Dieser Prozess zog sich über mehrere Monate und wurde wegen des hohen Aufwandes nur für die am meisten verbreiteten Geräte durchgeführt. Google Play Services hat Systemrechte und ist updatefähig. Der Play Service ist ein Prozess auf Systemebene, der sich selber mehr Rechte zuteilen kann, ohne dass der Nutzer davon etwas mitbekommt. Der Prozess läuft ständig im Hintergrund und beinahe alle Google-Apps laufen nur mit seiner Unterstützung. Google Play Services ist Teil des App-Pakets, welches Google über seine Lizenzen herausgibt und ist somit nicht Open Source. OEMs ist es verboten, die Play Services zu verändern. Google schafft sich so eine direkte Schnittstelle zum Android OS ohne Updates über die OEMs laufen lassen zu müssen [3]. Diese Maßnahme erhöht die Kompatibilität der Android Geräte mit den Apps seines Ecosystems. Google verschafft sich so Kontrolle über das gesamte Operating System und macht sich unabhängiger von seinen OEMs.

6.5 Fazit

Google war von Anfang an die treibende Kraft hinter dem Android OS. Über die offene Plattformgestaltung erreichte Android innerhalb von sechs Jahren einen Marktanteil von rund 80 Prozent. Aber Google stellte fest, dass die Managementstrategie für Android an die aktuelle Situation angepasst werden muss. Eine hohe Fragmentierung innerhalb des Ecosystems minderte vor allem den Nutzen, den Google aus Android ziehen konnte. Aber auch der Kunden- und Entwicklernutzen sank durch die Fragmentierung. Android ist zwar immer noch Open Source, aber Google hat erfolgreich viele der für das Ecosystem interessanten Teile des AOSP in proprietäre Software umgewandelt. Durch Kompatibilitätstests und Lizenzen für Hersteller wird ein Teil der Fragmentierung unter Kontrolle gebracht. Die langfristige Strategie Googles ist es, das Android Ecosystem in ein Google Ecosystem zu transformieren. Dazu erleichtert Google den Entwicklern das Programmieren von Applikationen, bindet Hersteller an das eigene Ecosystem und sorgt gleichzeitig dafür, dass Android-Abspaltungen so wenig wie möglich von dem aufgebauten Ecosystem profitieren.

Google ist bestrebt sich über Innovationen und stetige Verbesserungen seiner angebotenen Dienste unersetzbar zu machen. Dies stellt Googles komparativen Konkurrenzvorteil dar, da es auf dem Markt nur wenige Alternativen für die Google-Dienste gibt und der Aufwand diese herzustellen enorm groß ist. Google hat erfolgreich Maßnahmen ergriffen, um aus dem Android OS einen größtmöglichen Nutzen ziehen zu können. Doch diese Maßnahmen schränken Hersteller und Entwickler in ihrer Handlungsfreiheit ein. Die abschließende Frage lautet: Wie lange kann Google die Balance zwischen diesen Einschränkungen und der Zufriedenheit des Ecosystems halten? Die Konkurrenz baut eigene Ecosystems um Android auf, welche es Google in Zukunft deutlich erschweren könnten, weiterhin Nutzen aus Android zu ziehen. Sollte Google in Zukunft Maßnahmen ergreifen, die Hersteller, Entwickler oder Nutzer nicht gewillt sind mitzugehen, könnten das empfindliche Ecosystem nachhaltig gestört werden.

Literatur

1. ABIresearch (2014): Press, Q4 2013 Smartphone OS Results: Is Google Losing Control of the Android Ecosystem?, URL: https://www.abiresearch.com/press/q4-2013-smartphone-os-results-is-google-losing-con [Abruf 16.06.2015].
2. Amadeo, Ron (2013a): Google's iron grip on Android: Controlling open source by any means necessary, Arstechnica, URL: http://arstechnica.com/gadgets/2013/10/googles-iron-grip-on-android-controlling-open-source-by-any-means-necessary/ [Abruf 14.06.2014].
3. Amadeo, Ron (2013b): Balky carriers and slow OEMs step aside: Google is defragging Android, Arstechnica, URL: http://arstechnica.com/gadgets/2013/09/balky-carriers-and-slow-oems-step-aside-google-is-defragging-android/ [Abruf 14.06.2014].
4. Android Open Source Project (2014a): Android Compatibility, URL: http://source.android.com/compatibility/ [Abruf 14.06.2014].
5. Android Open Source Project (2014b): Home, URL: http://source.android.com/index.html [Abruf 14.06.2014].
6. Android Open Source Project (2014c): Source, Governance Philosophy, URL: https://source.android.com/source/index.html#governance-philosophy [Abruf 14.06.2014].
7. Arstechnika (2013): Arstechnica, URL: http://cdn.arstechnica.net/wp-content/uploads/2013/08/playservicesdiagram2.png [Abruf 14.06.2014].
8. CNET (2014): Xiaomi's Hugo Barra: True world phones in 2 years, Android all the way, URL: http://www.cnet.com/news/xiaomi-world-phone-in-2-years-android-all-the-way-says-hugo-barra/ [Abruf 14.06.2014]
9. CyanogenMod (2014): CyanogenMod Statistics, URL: http://stats.cyanogenmod.com/ [Abruf 14.06.2014].
10. Forbes (2013): Google Play Catching Up To Apple's App Store, Forbes, URL: http://www.forbes.com/sites/chuckjones/2013/12/19/google-play-catching-up-to-apples-app-store/ [Abruf 14.06.2014].
11. Funk, Lukas (2014): Google: OEM-Lizenzvertrag für Android-Geräte mit Google-Apps durchgesickert, Androidnext, URL: http://www.androidnext.de/news/google-oem-lizenzvertrag-fuer-android-mit-google-experience-geleakt/ [Abruf 14.06.2014].
12. Gawer, Annabelle (2009): Platforms, Markets and Innovation, Edward Elgar Publishing Limited, Cheltenham, UK.

13. Gawer, A./Cusumano, M. A. (2002): Platform Leadership: How Intel, Microsoft, and Cisco Drive Industry Innovation, Boston, MA: Harvard Business School Press.
14. Gawer, A.,/Cusumano, M. A. (2013): Industry Platforms and Ecosystem Innovation. Journal of Product Innovation Management.
15. Google (2014a): Google, Developer Registration, URL: https://support.google.com/googleplay/android-developer/answer/113468?hl=en [Abruf 14.06.2014].
16. Google (2014b): Google, Transaktionsgebühren, URL: https://support.google.com/googleplay/android-developer/answer/112622?hl=de [Abruf 14.06.2014].
17. Iansiti, M./Levien, R. (2004): The Keystone Advantage: What the New Dynamics of Business Ecosystems Mean for Strategy, Innovation, and Sustainability. Boston, MA, USA: Harvard University Press.
18. Moore, James F. (1996): The Death of Competition: Leadership and Strategy in the Age of Business Ecosystems, HarperBusiness.
19. Open handset alliance (2014): Press, Industry Leaders Announce Open Platform for Mobile Devices, URL: http://www.openhandsetalliance.com/press_110507.html [Abruf 14.06.2014].
20. OpenSignal (2014): Android Fragmentation Visualized, URL: http://opensignal.com/reports/2014/android-fragmentation/ [Abruf 16.06.2015].
21. Ritter, Frank (2014): Google: Neue Richtlinie zwingt Hersteller zu aktuellen Android-Versionen für neue Geräte, Androidnext, URL: http://www.androidnext.de/news/google-neue-richtlinie-zwingt-hersteller-zu-aktuellen-android-versionen-fuer-neue-geraete/ [Abruf 14.06.2014].
22. Rochet, J.-C./Tirole, J. (2006): Two-sided markets: Where we stand, RAND Journal of Economics, S. 645–67.
23. Szaro, R. C./Sexton, W. T./Malone, C. R. (1998): The emergence of ecosystem management as a tool for meeting people's needs and sustaining ecosystems. Landscape and Urban Planning, 1–7.
24. Smartmo (2013): World Wide Smartphone Sales Share, Wikimedia Commons, URL: http://commons.wikimedia.org/wiki/File:World_Wide_Smartphone_Sales_Share.png [Abruf 14.06.2014].
25. Tushman, M.L./Murmann, J.P. (1998): Dominant designs, technology cycles and organizational outcomes, Research in Organizational Behavior, S. 231–66.
26. Welt (2014): Google wächst dank hoher Werbeeinnahmen, Welt, URL: http://www.welt.de/wirtschaft/article124402518/Google-waechst-dank-hoher-Werbeeinnahmen.html [Abruf 14.06.2014].

Teil III

Software Engineering mobiler Anwendungen

Aufgrund der Komplexität von mobilen betrieblichen Anwendungen kommt dem Software Engineering eine besondere Bedeutung zu. Die Herausforderungen und Lösungsansätze für die Entwicklung mobiler Anwendungen werden im folgenden Kapitel beleuchtet. Dabei werden auch Lösungen wie Web Apps betrachtet, die möglichst Kosten- und Zeitaufwand minimieren sollen bei gleichbleibendem Ergebnis für unterschiedliche Betriebssysteme.

Software Engineering für Mobile Anwendungen

7

Herausforderungen und Lösungsansätze für die Entwicklung mobiler Anwendungen

André Schekelmann

Zusammenfassung

Mobile Anwendungen sind anders als nicht-mobile Anwendungen – und müssen anders entwickelt werden. Das Software Engineering muss für mobile Anwendungen zwar nicht neu erfunden werden – aber die Besonderheiten mobiler Anwendungen müssen im Software Engineering berücksichtigt werden. Dieses Kapitel gibt eine Übersicht über Herausforderungen und Lösungsansätze.

Schlüsselwörter

Mobile Anwendungen • Software Engineering • Requirements Engineering • Vorgehensmodelle

7.1 Wieso eigentlich Software Engineering für mobile Anwendungen?

Mobile Anwendungen bestanden in der Vergangenheit – und bestehen auch heute – häufig nur aus ein paar tausend Zeilen Code und werden von einer Handvoll Entwickler entwickelt; zudem gibt es mächtige Entwicklungsumgebungen, die die schnelle Entwicklung einer neuen mobilen Anwendung einfach machen; Software Engineering erscheint da beinahe überflüssig [16]. Das ändert sich jedoch, wenn die mobilen Anwendungen komplexer werden und wenn es um mobile *Geschäftsanwendungen* geht, d. h. um mobile

A. Schekelmann (✉)
Hochschule Niederrhein, Mönchengladbach, Deutschland
E-Mail: andre.schekelmann@hs-niederrhein.de

T. Barton et al. (Hrsg.), *Mobile Anwendungen in Unternehmen*, Angewandte Wirtschaftsinformatik,
DOI 10.1007/978-3-658-12010-8_7

Anwendungen zur Unterstützung von Geschäftsprozessen von Unternehmen, die von Mitarbeitern, Kunden oder Geschäftspartnern verwendet werden [16]. Um solche mobilen Geschäftsanwendungen geht es hier.

Dann ist Software Engineering unverzichtbar. Das Software Engineering hat sich über viele Jahre mit den verschiedenen Generationen von Anwendungen wie Großrechneranwendungen, Client/Server-Anwendungen bis hin zu Web-Anwendungen weiterentwickelt. Viele Prinzipien haben auch für mobile Anwendungen weiter ihre Gültigkeit bzw. lassen sich leicht auf mobile Anwendungen übertragen. Das ist aber nicht immer der Fall: Mobile Anwendungen haben andere Eigenschaften als nicht-mobile Anwendungen – und diese Eigenschaften müssen im Software Engineering mobiler Anwendungen berücksichtigt werden [5]. Darum geht es in diesem Kapitel. Dazu werden zunächst für das Software Engineering relevante Unterschiede von mobilen und nicht-mobilen Anwendungen beleuchtet und dann ihre Auswirkungen auf das Software Engineering untersucht. Tiefergehend werden dabei die Themen Projektmanagement, insbesondere die Wahl des Vorgehensmodells, sowie Requirements Engineering und Analyse betrachtet.

7.2 Relevante Unterschiede mobiler und nicht-mobiler Anwendungen

Mobile Anwendungen unterscheiden sich in vielerlei Hinsicht von nicht-mobilen Anwendungen. Im Folgenden geht es nur um solche Unterschiede, die sich auf das Software Engineering auswirken. Eine Übersicht über wichtige Unterschiede, eingeteilt in die Bereiche Technische Infrastruktur, Interaktion und Einsatzkontext, gibt Tab. 7.1.

Tab. 7.1 Für das Software Engineering relevante Unterschiede mobiler und nicht-mobiler Anwendungen

Bereich	Unterschied zu nicht-mobilen Anwendungen
Technische Infrastruktur	- Die Vielfalt an Geräten, Betriebssystemen und Versionen ist größer. - Die Netzanbindung ist instabiler und schmalbandiger. - Die Stromversorgung ist nicht durchgängig gewährleistet.
Interaktion	- Der Bildschirm ist kleiner, eine Hardware-Tastatur ist nicht vorhanden. - Es gibt neue Interaktionsmuster, zum Beispiel Multitouch-Gesten. - Es gibt zusätzliche Sensoren (Kamera, GPS, Mikrofon, Lagesensor, etc.) und Aktoren (Vibration).
Einsatzkontext	- Die Anwendung wird in verschiedenen physischen Umgebungen eingesetzt. - Die persönliche Verfassung des Benutzers kann berücksichtigt werden.

7.2.1 Unterschiede in der Technischen Infrastruktur

Im Bereich der technischen Infrastruktur ist die Vielfalt der zu unterstützenden Geräte und Betriebssystemversionen bei mobilen Anwendungen viel größer als bei nicht-mobilen Anwendungen: Bei PCs ist Windows das dominierende Betriebssystem – der Marktanteil beträgt ca. 90 %, allein ca. 60 % der PCs arbeiten mit Windows 7.[1] Max OS X hat einen Marktanteil von ca. 5,5 %. Bei mobilen Endgeräten, d. h. Smartphones und Tablets ist der Markt fragmentierter: Sowohl Android als auch iOS haben einen Markanteil von ca. 40 % – und bei Android verteilt sich der Markanteil noch auf verschiedene Versionen (unter anderem: Android 4.4: ca. 20 %, Android 4.2: ca. 8 %, Android 5.0: ca. 4 %). Darüber hinaus sind die Leistungsunterschiede insbesondere bei Smartphones größer als bei üblichen PCs. Dies gilt für Bildschirmgröße und Auflösung, aber auch für die Rechenleistung. Dies ist für mobile Anwendungen in Unternehmen besonders dann ein Thema, wenn die mobile Anwendung vom Kunden benutzt wird. Aber auch wenn die mobile Anwendung nur von Mitarbeitern verwendet wird, führt ein Bereitstellungskonzept wie Bring Your Own Device, bei dem jede Mitarbeiterin/jeder Mitarbeiter ein privates Gerät geschäftlich nutzt, zu einer großen Vielfalt an Geräten, Betriebssystemen und Versionen. Dies gilt etwas abgeschwächt auch bei dem Bereitstellungskonzept Choose Your Own Device bei dem jede Mitarbeiterin/jeder Mitarbeiter aus verschiedenen Geräten auswählen kann, die dem Unternehmens gehören – insbesondere, wenn die Gerät mehrere Jahre genutzt werden.

Bei PCs kann – insbesondere in Unternehmen – von einer stabilen und breitbandigen Netzwerkanbindung ausgegangen werden. Dies ist bei mobilen Endgeräten nicht der Fall: Technologien wie der Mobilfunkstandard 4G/LTE bieten zwar technisch hohe Bandbreiten – mehr als 50Mitb/s werden aber zumindest in Deutschland nur in bestimmten Ballungsgebieten angeboten; annähernd flächendeckend ist nur 3G/UMTS/HSPA mit bis zu 42Mbit/s und 4G/LTE mit bis zu 50Mbit/s verfügbar.[2] Die tatsächliche Bandbreite ist häufig allerdings deutlich geringer, da sich alle in eine Funkzelle eingebuchte mobile Endgeräte die Bandbreite teilen; in 2011 lagen die mittleren Übertragungsraten im Download bei Nutzung eines Smartphones im Netz der Telekom bei unter 2Mbit/s [8].

Schließlich begrenzt bei mobilen Endgeräten die Akkulaufzeit die Laufzeit des Geräts. Prinzipiell ist das auch bei Notebooks der Fall – diese werden aber, wie PCs, häufig im Netzbetrieb betrieben.

[1] Alle Angaben basieren auf den Zahlen von NetMarketShare (http://marketshare.hitslink.com). NetMarketShare ermittelt die Daten aus Browserzugriffen auf ihre über 40.000, weltweilt verteilte Netzwerk-Sites. Verwendet wurden die Zahlen für den Zeitraum Januar 2015 bis Dezember 2015, Abrufdatum 10.9.2015.

[2] Siehe hierzu stellvertretend die Angaben zum Netzausbau der Telekom, https://www.t-mobile.de/netzausbau/, Abrufdatum 10.9.2015.

7.2.2 Unterschiede in der Interaktion

Im Bereich der Interaktion werden die Unterschiede zwischen PCs und mobilen Endgeräten besonders deutlich: PCs bieten in der Regel Tastatur, Maus und Monitor für die Interaktion an – berührungsempfindliche Bildschirme und Grafiktabletts sind (noch) eher die Ausnahme. Mobile Endgeräte haben ebenfalls einen Bildschirm – der zwar klein, dafür aber berührungsempfindlich ist – und eine Software-Tastatur – die ebenfalls klein und nur langsam zu bedienen ist. Mobile Endgeräte haben aber außerdem noch Sensoren wie Kamera, Mikrophon, GPS-Empfänger, Lagesensor, Beschleunigungssensor, Helligkeitssensor, etc. und die Vibration als zusätzlichen Aktor. Außerdem können mobile Endgeräte über Bluetooth oder NFC Daten über kurze Distanzen senden oder empfangen. Mobile Anwendungen haben daher viel mehr Möglichkeiten mit ihrer Umwelt, insbesondere dem Benutzer, zu interagieren als nicht-mobile Anwendungen.

7.2.3 Unterschiede im Einsatzkontext

Nicht-mobile Anwendungen, insbesondere im Unternehmensumfeld, werden unter bekannten Bedingungen eingesetzt, zumeist in einer typischen Bürosituation. Bei mobilen Anwendungen ist das anders: Die Anwendungen werden in verschiedenen Umgebungen benutzt, d. h. an verschiedenen Orten, an denen sich zum Beispiel Temperatur, Lichtverhältnisse, Geräuschkulisse oder die Signalstärke des Mobilfunknetzes unterscheiden. Mobile Endgeräte können diese Eigenschaften über Sensoren messen.

Außerdem befinden sich Nutzer in physisch oder psychisch verschiedenen Verfassungen, wenn sie Anwendungen nutzen. Dies gilt natürlich sowohl für mobile Anwendungen als auch für nicht-mobile Anwendungen. Sensoren mobiler Endgeräte machen es aber möglich, physische und psychische Verfassungen zu erkennen, indem sie zum Beispiel Puls oder Zittern messen oder per Kamera Gesichtsausdrücke aufnehmen, die dann interpretiert werden können; am Körper getragene Computer, sogenannte Wearables, bieten noch weiter gehende Möglichkeiten.

Mobile Endgeräte sind in also der Lage, ihren Einsatzkontext wahrzunehmen. Mobile Anwendungen werden so in die Lage versetzt, sich in verschiedenen Einsatzkontexten unterschiedlich zu verhalten.

7.3 Auswirkungen auf das Software Engineering

Das Software Engineering, das sich ganz allgemein mit der Entwicklung und dem Betrieb von Softwaresystemen beschäftigt, hat viele Disziplinen. Eine Übersicht gibt die Abb. 7.1.

Im Requirements Engineering geht es darum, die Anforderungen aller Stakeholder, also aller von der Entwicklung oder dem Einsatz einer Anwendung Betroffenen zu erheben, abzustimmen, zu validieren, zu dokumentieren und über ihren gesamten

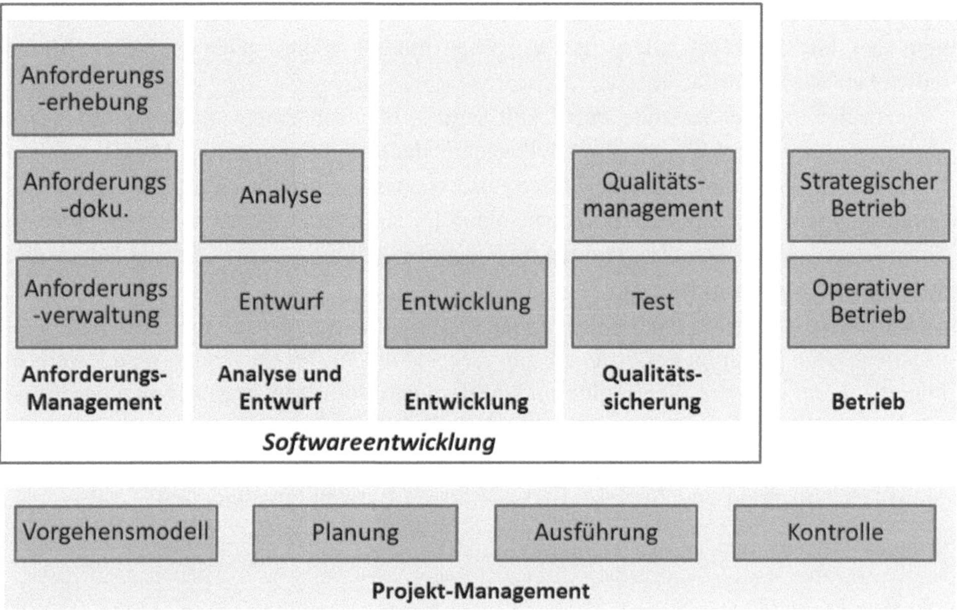

Abb. 7.1 Disziplinen im Software Engineering

Lebenszyklus zu verwalten. Dazu werden die Anforderungen aus der Außensicht des Benutzers beschrieben. Geklärt wird diese Frage, was das System leisten soll. In einer Auftraggeber/Auftragnehmer-Situation werden die Benutzeranforderungen vom Aufraggeber definiert. In der Analyse werden die Anforderungen an das System aus der Innensicht beschrieben, genauer: Die Anforderungen an seine Struktur, sein Verhalten und an seine Interaktion mit der Umwelt. Geklärt wird die Frage, wie das System die Benutzeranforderungen fachlich realisieren soll. In einer Auftraggeber/Auftragnehmer-Situation werden diese Systemanforderungen vom Aufragnehmer definiert. Die Abgrenzung dieser Disziplinen ist nicht scharf, sie hängt zum Beispiel davon ab, wie konkret die Vorstellungen des Benutzers sind oder wie genau ein Auftraggeber die fachliche Lösung mitbestimmen will. Aus diesem Grund werden diese beiden Disziplinen im Folgenden gemeinsam behandelt. Im Entwurf geht es dann darum, wie das System technisch realisiert werden soll, insbesondere wird hier die technische Architektur festgelegt. In der Disziplin Entwicklung wird das System dann basierend auf den fachlichen Vorgaben aus Requirements Engineering und Analyse und den technischen Vorgaben aus dem Entwurf realisiert und auf Modul- bzw. Klassenebene getestet. Analytische Qualitätssicherungsmaßnahmen wie Tests auf Komponenten- und Systemebene sowie konstruktive Qualitätssicherungsmaßnahmen sind Gegenstand der Qualitätssicherung. Der Betrieb fasst die Maßnahmen zur Inbetriebnahme sowie zur Überwachung und Sicherstellung des Betriebs zusammen. Das Projektmanagement begleitet die gesamte Entwicklung. Sie umfasst die Aktivitäten des klassischen Projektmanagements – aus der Sicht des Software Engineering spiegelt sich hier aber vor allem das Vorgehensmodell wider, nach dem die Software entwickelt wird.

Je nachdem, wie Software entwickelt wird – ob nach einem sequentiellen Vorgehensmodell wie dem Wasserfallmodell, einem iterativ/inkrementellen Modell wie dem V-Modell XT oder dem Rational Unified Process oder einem agilen Vorgehensmodell wie Scrum – werden die Aktivitäten der genannten Disziplinen in unterschiedlicher Intensität und zu unterschiedlichen Zeitpunkten im Projektverlauf ausgeführt. Sie sind jedoch allen Vorgehensmodellen gemeinsam.

Die Unterschiede zwischen mobilen und nicht-mobilen Anwendungen schlagen sich in praktisch allen Disziplin des Software Engineering nieder. Im Folgenden wird jeweils ein kurzer Überblick über die resultierenden Herausforderungen gegeben und es werden Lösungsansätze vorgestellt. Dabei wird auf die Kerndisziplinen der Softwareentwicklung eingegangen: Projektmanagement, insbesondere die Wahl des Vorgehensmodells, Requirements Engineering und Analyse, Entwurf, sowie Entwicklung und Test.

7.3.1 Projektmanagement, insb. Vorgehensmodelle

Bei mobilen Anwendungen spielt die Interaktion mit den Benutzern eine große Rolle. Die Benutzer sollten daher möglichst eng in den Entwicklungsprozess einbezogen werden. Außerdem ist es erforderlich, schnell und flexibel auf Änderungen des Marktes und auf Nutzererfahrungen zu reagieren. Diese – und weitere – Gründe, sprechen dafür, für die Entwicklung mobiler Anwendungen einen agilen Entwicklungsansatz zu wählen. Diese Einschätzung wird auch durch empirische Studien bestätigt [6].

Der derzeit sicherlich populärste agile Entwicklungsansatz ist Scrum – dies gilt auch für die Entwicklung mobiler Anwendungen [6]. In Scrum sorgt der Product Owner dafür, dass die Belange der späteren Benutzer im Vordergrund stehen. Die Entwicklung in Sprints mit definiertem Umfang sorgt für kurze Entwicklungszyklen und ermöglicht gleichzeitig einen flexiblen Umgang mit Änderungen. Scrum fokussiert allerdings stark auf das Projektmanagement und macht wenig konkrete Aussagen zu weiteren Aktivitäten im Software Engineering – Scrum wird daher in der Entwicklung mobiler Anwendungen mit Prinzipien aus dem Extreme Programming wie Test Driven Development und Continuous Integration kombiniert [6].

Spezielle agile Vorgehensmodelle zur Entwicklung mobiler Anwendungen sind Mobile-D, HME (Hybrid Method Engineering), MASAM (Mobile Application Software Agile Methodology) oder SLeSS (Scrum Lean Six Sigma) [6]. Diese Methoden kombinieren Elemente verschiedener agiler Vorgehensmodelle miteinander und mit Elementen der Neuproduktentwicklung oder Six Sigma, einem Managementsystem zur Prozessverbesserung. Diese Modelle haben in der Praxis aber keine große Verbreitung gefunden [4].

Darüber hinaus gibt es weitere, speziell auf die Entwicklung mobiler Anwendungen zugeschnittene Vorgehensmodelle, die allerdings nicht die komplette Softwareentwicklung abdecken, sondern sich auf Requirements Engineering und Usability Engineering konzentrieren. Ein solches Modell ist mConcAppt [7]. mConcAppt besteht aus 4 Aktivitäten, die wiederkehrend nacheinander ausgeführt werden: Elecit, Specify, Comunicate und Validate. In der Elicit-Aktivität werden die Anforderungen an das Interaktionskonzept erhoben. In der Specify-Phase wird das Interaktionskonzept spezifiziert, das dann in der Communicate-Phase an die Projektbeteiligten kommuniziert wird. In der Validate-Phase wird das Konzept mit Hilfe von Endnutzertests überprüft. Weitere Disziplinen der Softwareentwicklung, insbesondere die Entwicklung selbst, sind nicht Gegenstand von mConcAppt. Ein ähnliches Modell ist das Modell Rapid Design & Visualization (RDV) des Unternehmens Capgemini [15]. Dieses Modell sieht 5 Phasen vor: Initiate, Scenario Definition, Screen Layout, Simulation and Review und Deliver. Die erste und letzte Phase werden jeweils einmal durchgeführt, die mittleren drei Phasen bilden – ähnlich wie bei mConcAppt – einen Zyklus. In der Scenario Definition-Phase werden Stellvertreter für Benutzer, sogenannte Personas, und Nutzungsszenarien identifiziert und entworfen. In der Screen Layout-Phase werden die Screens, ihre Abfolge und das Navigationskonzept entworfen. In der Simulation and Review-Phase werden die Entwürfe mit Hilfe von Prototypen visualisiert und es werden die Rückmeldungen der Projektbeteiligten eingeholt. Diese Phasen werden eingerahmt von der Initiate- und der Deliver-Phase. In der Initiate Phase werden vorliegende Unterlagen sowie Zielgruppen und Rahmenbedingungen analysiert. In der Deliver-Phase wird der Entwurf der Benutzungsschnittstelle finalisiert. Auch diese Modelle weisen mit ihren kurzen Zyklen Eigenschaften agiler Vorgehensmodelle auf.

Agile Vorgehensmodelle sind für die Entwicklung mobiler Anwendungen allerdings auch kein „Silver Bullet". In einer Umfrage äußerten Befragte Bedenken vor allem hinsichtlich mangelnder Dokumentation, mangelnder Managementkontrolle und Problemen in der Skalierung der Projekte; außerdem identifizierten sie unter anderem Unternehmenskultur und mangelnde Kommunikation als Gründe für das Scheitern von agilen Projekten zur Entwicklung mobiler Anwendungen [6]. Diese Bedenken sind allerdings nicht unbedingt spezifisch für die Entwicklung mobiler Anwendungen.

In der Praxis werden mobile Anwendungen nach wie vor auch nach klassischen, sequentiellen oder iterativ/inkrementellen Vorgehensmodellen entwickelt. Ein solches wird zum Beispiel in einem Blogbeitrag eines Mitarbeiters der SAP beschrieben [9]. Nach diesem Modell durchläuft die Entwicklung einer mobile Anwendung die folgenden Phasen: Requirements Specification, Wireframing, Application Design and Build sowie Application Testing & Final Delivery. Dieses Modell ähnelt von der Abfolge der Phasen her dem Wasserfallmodell, betont aber durch die Phase Wireframing, in der die Bedienoberfläche der Benutzungsschnittstelle entworfen wird, die hohe Bedeutung der Usability bei der Entwicklung mobiler Anwendungen. Der Ansatz betont aber genauso die hohe Bedeutung einer vollständigen Spezifikation aller Anforderungen in der Requirements Specification-Phase. Die Notwendigkeit einer vollständigen Spezifikation aller

Anforderungen wird auch in Blog-Einträgen von Mitarbeitern anderer Unternehmen unterstrichen, die sich auf die Entwicklung mobiler Anwendungen spezialisiert haben (zum Beispiel Intersog [1] oder Apro Software [3]). Sequentielle bzw. iterativ/inkrementelle Vorgehensmodelle sind also offenbar weiterhin interessant, wenn die Entwicklung einer mobilen Anwendung extern beauftragt wird, insbesondere in Form von (Festpreis-) Werkverträgen.

7.3.2 Requirements Engineering und Analyse

Mobile Anwendungen bieten viele neue Möglichkeiten – diese müssen bereits in Requirements Engineering und Analyse berücksichtigt werden.

7.3.2.1 Spezielle nicht-funktionale und funktionale Anforderungen

Die Unterschiede in der technischen Infrastruktur führen zu speziellen nicht-funktionalen und funktionalen Anforderungen. Diese müssen für mobile Anwendungen stets im Rahmen des Requirements Engineering geklärt werden.

Wichtige nicht-funktionale Anforderungen betreffen die Betriebssysteme, deren Versionen und die Geräte, auf denen die mobile Anwendung laufen muss. Außerdem muss geklärt werden, ob die mobile Anwendung außer im Hoch- auch im Querformat funktionieren muss.

Wichtige funktionale Anforderungen betreffen den Umgang mit unzuverlässigen Netzwerkverbindungen: Soll die mobile Anwendungen offline-fähig sein, d. h. auch dann noch funktionieren, wenn die Netzwerkanbindung unterbrochen ist? Soll es dann möglich sein, die gesamte Funktionalität anzubieten oder reichen Teile davon aus? Wie soll mit Konflikten umgegangen werden, wenn Daten der mobilen Anwendung und Daten einer verbundenen nicht-mobilen Anwendung bei Wiederherstellung des Netzwerkverbindung voneinander abweichen? Diese Anforderungen sind besonders für mobile Anwendungen in Unternehmen wichtig. Bei mobilen Anwendungen für private Zwecke oder Spiele kommen weitere funktionale Anforderungen hinzu. Von der Frage, ob und wie die mobile Anwendung mit welchen sozialen Medien interagieren soll bis hin zur Frage, ob Käufe aus der mobilen Anwendung heraus, sogenannte. AppIn-Käufe, möglich sein sollen.

7.3.2.2 Dokumentation von Anforderungen, insb. an die Benutzungsschnittstelle

Bei der Herausarbeitung der Benutzeranforderungen liegt bei nicht-mobilen Anwendungen der Fokus auf der Beschreibung von Struktur und Verhalten der Anwendung. Dazu werden zum Beispiel Datenmodelle definiert und das gewünschte Verhalten der Anwendung mit Use Cases und natürlichsprachlichen Anforderungen beschrieben. Darüber hinaus können weitere Diagramme der Unified Modeling Language (UML) wie z. B. Aktivitätsdiagramme, Sequenzdiagramme, etc. eingesetzt werden (siehe z. B. [11], Kap. 8). Auf die

Interaktion mit dem Benutzer über eine Benutzungsschnittstelle wird nur indirekt eingegangen, indem Anforderungen an die Benutzungsschnittstelle formuliert werden. Dazu unterscheidet zum Beispiel das Volere-Template [10] verschiedene Look and Feel Requirements und Usability and Humanity Requirements. Solche Anforderungen können sehr genau sein und die Umsetzung einer bis ins Detail beschriebenen Benutzungsschnittstelle fordern ([11], Seite 268). In der Regel geht es hier aber darum, die Anforderungen an die Benutzungsschnittstelle in einer geringeren Detailtiefe aus Benutzersicht zu definieren und den eigentlichen Entwurf der Benutzungsschnittstelle Analysten in der Analyse oder sogar erst den Entwicklern in der Entwicklung zu überlassen.

Im Gegensatz dazu steht bei mobilen Anwendungen die Interaktion mit dem Benutzer im Vordergrund. Gegenüber nicht-mobilen Anwendungen gibt es vielfältigere und auch immer wieder neue Möglichkeiten der Interaktion. Bei mobilen Anwendungen müssen die Anforderungen an die Benutzungsschnittstelle daher schon auf der Ebene der Benutzeranforderungen detailliert beschrieben werden. Dazu werden verschiedene Beschreibungsmittel verwendet. In mConcAppt (siehe Abschn. 7.3.1) werden dafür Interaction Cases, Wireframes und Screenflows verwendet: Interaction Cases beschreiben – wie Use Cases – die Interaktion des Benutzers mit der Anwendung. Im Gegensatz zu Use Cases beschreiben die Benutzeraktionen der Interaction Cases aber genau, welche Aktion der Benutzer durchführen muss, zum Beispiel eine Wischgeste. Die Systemaktionen der Interaction Cases beschreiben genau, wie die Benutzungsschnittstelle auf die Benutzeraktion reagiert, d. h. welches Eingabefeedback die Anwendung liefert, zum Beispiel Vibration, und was die eigentliche Ausgabe ist. Wireframes zeigen die Struktur der Bedienoberfläche, insbesondere die Aufteilung in einzelne Screens und Navigationsmöglichkeiten, ohne schon genau auf visuelle Aspekte wie Farben, Größen, etc. einzugehen. Screenflows zeigen schließlich in einer Art Landkarte, wie der Benutzer zwischen den Screens navigieren kann. Für das konkrete Design der Benutzungsschnittstelle einer mobilen Anwendung gibt es Vorgaben für die beiden großen Plattformen iOS und Android; allgemeingültige Vorgaben fehlen dagegen [5]. Bekannte Regeln wie die 8 Regeln von Shneiderman lassen sich zum Beispiel nur teilweise auf mobile Anwendungen übertragen [5].

Das funktionale Verhalten einer mobilen Anwendung wird häufig weniger genau beschrieben. Dies gilt vor allem dann, wenn die mobile Anwendung Funktionalitäten mobil verfügbar macht, die bereits in nicht-mobilen Anwendungen verfügbar sind, zum Beispiel Auskünfte zu Kundendaten aus einem CRM-System.

7.3.2.3 Vorlagen für die Anforderungsspezifikation mobiler Anwendungen

Für eine vollständige Anforderungsspezifikation im Zuge einer Entwicklung nach einem sequentiellen oder inkrementell/iterativen Vorgehensmodell werden Vorlagen wie das Volere-Template für mobile Anwendungen spezialisiert. So werden in den Blogs von Mitarbeitern von Entwicklungsunternehmen Gliederungen vorgeschlagen, die Punkte zu dem Ziel der mobilen Anwendung, Zielgruppen der mobilen Anwendung, konkurrierenden mobilen Anwendungen, zu unterstützenden Plattformen, zur Zusammenarbeit mit anderen nicht-mobilen Anwendungen, zur Integration sozialer Medien, etc. enthalten [1, 3].

7.3.2.4 Beschreibung des Verhaltens in verschiedenen Kontexten

Im einfachsten Fall verhält sich eine Anwendung immer gleich – unabhängig davon, wer die Anwendung in welcher Umgebung nutzt. Dies gilt weitgehend für nicht-mobile Anwendungen – bei mobilen Ansätzen ist das anders: Die mobile Anwendung soll ihren Nutzungskontext erkennen und ihr Verhalten daran anpassen – sie soll selbstadaptierend sein. Bei selbstadaptierenden Systemen können zwei Stufen unterschieden werden: In der ersten Stufe, der Design Time Adaptivity, werden zur Entwicklungszeit die verschiedenen Kontexte identifiziert und das Verhalten im jeweiligen Kontext festgelegt. In der zweiten Stufe, der Run Time Adaptivity, muss das System sein Verhalten dynamisch anpassen, ohne dass das Verhalten schon zur Entwicklungszeit vollständig vorhergesagt werden kann. Der Fokus von selbstadaptierenden Systemen geht weit über mobile Anwendungen hinaus, z. B. gehören auch selbstfahrende Autos dazu. Einen Überblick über Herausforderungen für das Requirements Engineering für selbstadaptierende Systeme gibt [12]; hier werden nur einige speziell für mobile Anwendungen interessante Konzepte näher beleuchtet.

Berücksichtigung von Design Time Adaptivity

Um Design Time Adaptivity in Requirements Engineering und Analyse zu berücksichtigen, können Ansätze aus dem Goal-oriented Requirements Engineering [14] verwendet werden. Beim Goal-oriented Requirements Engineering wird zwischen Zielen und Aktivitäten unterschieden. Ziele werden hierarchisch zerlegt und durch Aktivitäten operationalisiert. Eine solche Zerlegung kann Alternativen enthalten, d. h. es kann verschiedene Möglichkeiten geben, um ein Ziel zu erreichen. Das passt zum Einsatz einer mobilen Anwendung in verschiedenen Kontexten. Das Ziel, dass der Benutzer verfolgt, ist immer das gleiche, zum Beispiel das Finden einer Busverbindung. Für die Eingabe des Startorts gibt es aber Alternativen: Eingabe per Tastatur (immer), per Spracheingabe (nur in einer Umgebung ohne laute Nebengeräusche) oder per GPS (außerhalb eines Gebäudes mit ausreichend starkem Signal).

Der erste Schritt um eine Design Time Adaptivity zu erreichen ist die Identifizierung und Beschreibung der Kontexte. Als Grundlage dafür ist eine Taxonomie hilfreich. Sie erleichtert es, Nutzungskontexte systematisch zu erheben. In [13] werden dazu die Kategorien Teilnehmer, Aktivität und operationales Umfeld unterschieden; einen Überblick über weitere bekannte Taxonomien gibt [2].

- Teilnehmer: Aspekte wie die Lokation der Teilnehmer und ihre persönlichen (zum Beispiel Ausbildung), physischen (zum Beispiel Puls) und psychischen Eigenschaften (zum Beispiel Stimmung)
- Aktivität: Ziele und Aktivitäten der Teilnehmer

- Operationales Umfeld: Aspekte wie Lokation der mobilen Anwendung, Netzwerkverbindung, Umgebungsaspekte wie Licht, Temperatur, etc.

Zur Beschreibung der Nutzungskontexte werden in [2] sogenannte Kontextelemente vorgeschlagen, d. h. solche Elemente aus der Umgebung der mobilen Anwendung, deren Änderungen Auswirkungen auf die mobile Anwendung haben. Diese Kontextelemente werden durch einen Namen identifiziert und durch den Typ des Kontextes gemäß Taxonomie, ein messbares Attribut des Kontextelements und dessen mögliche Werte identifiziert. Zum Beispiel kann das Kontextelement Benutzer aus der Kategorie Teilnehmer durch das Attribut Händigkeit mit den Werten Linkshänder und Rechtshänder beschrieben werden. Ein Nutzungskontext wird damit durch eine Kombination von Kontextelementen mit konkreten Attributwerten beschrieben.

Damit lässt sich dann für jede Anforderung zusätzlich festlegen, für welche Kontexte sie gilt. Bei Anforderungen, die zum Beispiel auf der Basis der Volere-Snowcard [10] beschrieben werden, lassen sich die Attribute, die zur Anforderung verwaltet werden, um das Attribut Kontexte erweitern. Bei grobgranularen Anforderungen, die zum Beispiel mit Hilfe von Use Cases beschrieben werden, können die Beschreibungen von Alternativszenarien um die Kontexte erweitert werden, in denen sie gelten. Auch die Beschreibungen von User Stories lassen sich um Kontexte erweitern. Anforderungen, die in den allermeisten Kontexten gelten, bilden dann die Basis für den Kern der mobilen Anwendung; Anforderungen, die nur in manchen Kontexten gelten, bilden die Basis des kontextabhängigen Verhaltens der Anwendung [13].

Berücksichtigung von Run Time Adaptivity

Nicht alle Kontexte können vorhergesehen werden – und auch nicht das Verhalten darin. Dann muss sich die mobile Anwendung selbst anpassen. Ein Ansatz, um dies in Requirements Engineering und Analyse zu berücksichtigen, ist Relax [17]. Relax ist ein Schema zur Formulierung von Anforderungen, das explizit Unsicherheit berücksichtigt.

Relax setzt auf dem bekannten Formulierungsschema aus dem Requirments Engineering auf [11]:

```
[When | Under what Conditions]
the system<system name> [shall | should | will]
[<process> | provide<whom> the ability to process | be able to<process>]
<object> [additional details about the object].
```

Nach diesem Schema formulierte Anforderungen für eine mobile Terminkalenderanwendung sind zum Beispiel [17]:

1. The synchronization process shall be initiated when the sales clerk enters the room and at 30 minute intervals thereafter.

Tab. 7.2 Operatoren von Relax

Modale Operatoren	- SHALL: Anforderung, die eingehalten werden muss - MAY … OR: Anforderung, die ein oder mehrere Alternativen zulässt
Temporale Operatoren	- EVENTUALLY: Anforderung muss letztlich irgendwann eingehalten werden - UNTIL: Anforderung muss eingehalten werden, bis ein Ereignis eintritt - BEFORE, AFTER: Anforderung muss vor oder nach einem Ereignis eingehalten werden - IN: Anforderung muss in einem bestimmten Zeitintervall eingehalten werden - AS EARLY, LATE AS POSSIBLE: Anforderung muss so früh wie möglich eingehalten werden oder so lange wie möglich verzögert werden - AS CLOSE AS POSSIBLE [Frequency]: Anforderung muss wiederholt eingehalten werden, die Frequenz ist aber variabel
Ordinale Operatoren	- AS CLOSE AS POSSIBLE TO [quantity]: Anforderung spezifiziert eine Menge, die jedoch variabel ist - AS MANY, AS FEW AS POSSIBLE: Anforderung spezifiziert Menge, die in gewissen Grenzen liegt

2. The synchronization process shall distribute data to all connected devices in such a way that all devices are using the same data at all times.

Relax erweitert das Formulierungsschema um modale, temporale und ordinale Operatoren, um Unsicherheit auszudrücken. Alle Operatoren zeigt Tab. 7.2.

Mit Hilfe dieser Operatoren können die genannten Anforderungen folgendermaßen gelockert werden, um unterschiedlichen Kontexten gerecht zu werden, in denen das Netzwerk oder Geräte nicht oder temporär nicht verfügbar sind [17]:

1. The synchronization process SHALL be initiated AS EARLY AS POSSIBLE AFTER the sales clerk enters the room and AS CLOSE AS POSSIBLE TO 30 minute intervals thereafter.
2. The synchronization process SHALL distribute data to all connected devices in such a way that AS MANY devices AS POSSIBLE are using the same data at all times. EVENTUALLY, all devices SHALL use the same data.

Relax beschreibt darüber hinaus mit Hilfe von Unsicherheitsfaktoren, unter welchen Umständen – d. h. in welchem Kontext – ein solches adaptives Verhalten erforderlich ist. Dabei beschreibt der Faktor ENV die Umgebung, MON das beobachtbare Verhalten und REL die Beziehung zwischen beiden. Für die zweite Anforderung *The synchronization process SHALL distribute data …* ist die Umgebung (ENV) durch die Anzahl der konsistenten Geräte gegeben, beobachtet (MON) werden kann diese Umgebung durch Netzwerk- und Gerätesensoren, wobei Netzwerk- und Gerätesensoren die Anzahl der konsistenten Geräte ermitteln (REL).

7.3.3 Entwurf

7.3.3.1 Entwurf der Technischen Architektur im Kleinen

Beim Entwurf der technischen Architektur mobiler Anwendungen gelten die bekannten und bewährten Architekturprinzipien und Designregeln nicht-mobiler Anwendungen weiter. Bei der technischen Architektur mobiler Anwendungen sind aber auch Besonderheiten zu berücksichtigen: Zum Beispiel erfordern schmalbandige Verbindungen noch mehr Sorgfalt, wenn festgelegt wird, welche Daten wann zwischen mobiler Anwendung und einer verbundenen nicht-mobilen Anwendung übertragen werden als dies ohnehin schon der Fall ist, wenn es sich um eine klassische Client/Server-Anwendung handelt.

Darauf zu achten, dass eine Anwendung so wenig Strom wie möglich verbraucht, ist für Entwickler mobiler Anwendungen dagegen eine neue Herausforderung, die Entwickler nicht-mobiler Anwendungen so nicht kennen. Dazu gibt es zum Beispiel folgende Möglichkeiten: Um den Stromverbrauch für das Display zu senken, kann das Display bei längerer Inaktivität der mobilen Anwendung gedimmt werden. Um den Stromverbrauch für die Mobilfunk-Schnittstelle zu senken, sollten Zugriffe über das Netzwerk generell so selten wie möglich erfolgen, zum Beispiel in dem häufig verwendete Daten lokal auf dem mobilen Endgerät zwischengespeichert und vorgehalten werden.

7.3.3.2 Entwurf der Technischen Architektur im Großen

Die im letzten Abschnitt genannten Probleme sind – obwohl wichtig – doch schon eher Detailprobleme. Machen mobile Anwendungen Funktionalität nicht-mobiler Anwendungen wie ERP- oder CRM-Systeme verfügbar, so ist in der technischen Architektur eine vollständige Zwischenschicht zwischen den mobilen Anwendungen und den nicht-mobilen Anwendungen sinnvoll, ein Mobile Access Layer. Diese Schicht entkoppelt die mobilen Anwendungen von den nicht-mobilen Anwendungen und stellt Dienste zum Zugriff auf Funktionen der nicht-mobilen Anwendungen zur Verfügung, aber auch weitere Dienste wie Authentifizierung und Autorisierung, Logging, Caching und Datensynchronisation. Um eine solche Schicht zu realisieren, gibt es verschiedene Möglichkeiten:

- Mobile Enterprise Application Platforms
- Mobile App Gateways
- Selbst entwickelte Lösungen

Mobile Enterprise Application Platforms, die miteinander integrierte Produkte zur Entwicklung von mobilen Anwendungen einschließlich Konnektoren zu nicht-mobilen Anwendungen zur Verfügung stellen, enthalten eine solche Schicht. Mobile API Gateways stellen Dienste zur Verfügung, um eine solche Schicht zu implementieren, zum Beispiel in dem sie Funktionen von nicht-mobilen Anwendungen als einfach nutzbare Dienste zur Verfügung stellen, zum Beispiel als REST-Services. Darüber hinaus stellen sie Dienste für Authentifizierung, Verschlüsselung oder zur Anbindung an soziale Netzwerke zur Verfügung. Und schließlich gibt es die Möglichkeit, eine solche Schicht selbst zu entwickeln, zum Beispiel mit Open Source-Komponenten. Welcher Ansatz der geeignete ist, muss von Fall zu Fall entschieden werden – generell gilt: Je mehr mobile Anwendungen, je mehr mobile Betriebssysteme, je mehr anzubindende nicht-mobile Anwendungen – desto eher lohnt sich der Übergang von selbst entwickelten Lösungen über Mobile API Gateways hin zu Enterprise Application Platforms.

7.3.4 Entwicklung und Test

In der Entwicklung wirkt sich vor allem die Vielfalt an Geräten, Betriebssystemen und deren Versionen aus. Ziel ist es hier, den Aufwand für die Entwicklung für mehrere Plattformen zu reduzieren. Dafür gibt es verschiedene prinzipielle Ansätze. Der einfachste Ansatz sind sogenannte Web-Apps. Diese nutzen ausschließlich Web-Technologien wie HTML 5 und sind damit auf jeder Plattform lauffähig. Allerdings können diese Web-Apps nicht auf die Ressourcen des mobilen Endgeräts wie zum Beispiel die Sensoren zugreifen. Sogenannte native Apps können auf alle Ressourcen eines mobilen Endgeräts zugreifen – sie müssen aber prinzipiell für jede Plattform separat programmiert werden. Aber es gibt Möglichkeiten, diese Mehrfachprogrammierung zu vermeiden: Durch Cross-Compilation ist es möglich, eine Codebasis für verschiedene Zielplattformen zu übersetzen – dieses Prinzip wird zum Beispiel von Qt[3] oder Xamarin[4] verfolgt. Ein anderer Ansatz ist die Interpretation – hier wird der Quellcode zur Laufzeit auf der Zielplattform interpretiert – Voraussetzung dazu ist allerdings, dass auf der Zielplattform eine spezielle Ausführungsumgebung vorhanden ist oder mit der mobilen Anwendung gemeinsam ausgeliefert wird. Dieses Prinzip nutzen zum Beispiel Adobe Air[5] oder Titanuim.[6] Ein weiterer Ansatz sind sogenannte hybride Apps. Sie nutzen wie die Web-Apps Webtechnologien, können aber durch den Zugriff auf Funktionen aus plattformspezifischen Bibliotheken, die mit der mobilen Anwendung gemeinsam ausgeliefert werden, auch auf die Ressourcen des mobilen Endgeräts zugreifen. Ein Beispiel dafür ist PhoneGap.[7] Welcher Ansatz der geeignete ist, muss jeweils von Fall zu Fall entschieden werden. Generell gilt: Müssen Ressourcen des mobilen Endgeräts genutzt werden, kommt nur eine native App oder eine hybride App in Frage. Außerdem: Je höher die Ansprüche an die Usability der Benutzungsschnittstelle sind, desto mehr spricht dies für eine native App.

[3] Mehr dazu: http://www.qt.io/mobile-app-development/.

[4] Mehr dazu: http://xamarin.com/.

[5] Mehr dazu: http://get.adobe.com/de/air/.

[6] Mehr dazu: http://www.appcelerator.com/.

[7] Mehr dazu: http://phonegap.com/.

Die Vielfalt an Geräten, Betriebssystemen und deren Versionen stellt auch den Test vor große Herausforderungen. Auf jedem Gerät kann die mobile Anwendung potentiell anders aussehen und sich anders verhalten. Die mobile Anwendung muss also prinzipiell auf allen Zielgeräten getestet werden. Eine gute Möglichkeit dazu sind Simulatoren und Emulatoren für verschiedene Geräte, um eine möglichst breite Testabdeckung zu erreichen. Simulatoren führen eine mobile Anwendung auf einer anderen Plattform aus; Emulatoren imitieren eine andere Plattform und führen die Anwendung dann auf dieser imitierten Plattform aus. Simulatoren eignen sich damit eher für funktionale Tests; mit Emulatoren lässt sich darüber hinaus auch die Darstellung testen. Für die wichtigsten Geräte sollte der Test zusätzlich auf dem echten physischen Gerät erfolgen – denn auch in einem Emulator wird die mobile Anwendung nicht immer exakt so wie auf dem physischen Gerät wiedergegeben.

7.4 Fazit: Evolution, nicht Revolution

Mobile Anwendungen unterscheiden sich von nicht-mobilen Anwendungen. Diese Unterschiede müssen bei der Entwicklung mobiler Anwendungen berücksichtigt werden. Das Software Engineering muss sich dazu weiterentwickeln – so wie sich das Software Engineering auch beim Übergang von Großrechneranwendungen zu Client/Server-Anwendungen und zu Web-Anwendungen weiterentwickelt hat. Etwas grundsätzlich Neues ist das Software Engineering für mobile Anwendungen aber nicht.

Literatur

1. Bogdanov V (2013) Create a Killer Mobile App Development Spec. http://www.sitepoint.com/create-a-killer-mobile-app-development-spec/. Zugegriffen: 10.9.2015
2. Castelli V, Thomas P, Bertone R (2009) Requirement engineering for context aware applications: a proceeding for context elements identification and representation. In XV Congreso Argentino de Ciencias de la Computación
3. Chumakova T (2014) Writing Specifications for a Mobile App Development Project. http://mobileapp-development.com/blog/writing-specifications-for-a-mobile-app-development-project.aspx Zugegriffen: 10.9.2015
4. Corral L, Sillitti A, Succi G (2013) Software development processes for mobile systems: Is agile really taking over the business? 1st International Workshop on the Engineering of Mobile-Enabled Systems (MOBS)
5. Dehlinger J, Dixon J (2011) Mobile application software engineering: Challenges and research directions. Workshop on Mobile Software Engineering
6. Flora HK, Chande SV, Wang X, (2014) Adopting an agile approach for the development of mobile applications. International Journal of Computer Applications 94.17: 43–50
7. Hess S (2013) mConcAppt-Methode zur Konzeption von mobilen Business Apps. Softwaretechnik-Trends 33.1: 15–16.

8. O.V. (2013) Transparenz von Endkundenverträgen im Telekommunikationsbereich. Bundesnetzagentur. http://www.bundesnetzagentur.de/SharedDocs/Downloads/DE/Sachgebiete/Telekommunikation/Unternehmen_Institutionen/Anbieterpflichten/Kundenschutz/Vertragsinhalte/Untersuchung_der-Vertragsinhalte_PDF.pdf. Zugegriffen: 10.9.2015
9. Pati B (2013) Mobile App Requirements Specification Creation. http://scn.sap.com/community/mobile/blog/2013/06/25/mobile-app-requirements-specification-creation. Zugegriffen: 10.9.2015
10. Robertson S, Robertson J (2012) Mastering the Requirements Process, 3. Auflage, Addison-Wesley
11. Rupp C & die SOPHISTen (2009) Requirements-Engineering und -Management, 5. Auflage. Hanser, München, Wien
12. Sawyer P, Bencomo N, Whittle J, Letier E, Finkelstein, A (2010) Requirements-aware systems: A research agenda for self-adaptive systems. In 18th IEEE International Requirements Engineering Conference
13. Sitou W, Spanfelner (2007) Towards requirements engineering for context adaptive systems. In 31st Annual International Computer Software and Applications Conference
14. Van Lamsweerde A (2001) Goal-oriented requirements engineering: A guided tour. In Fifth IEEE International Symposium on Requirements Engineering
15. Vellinga R, Shaikh S, Cerejo L (2013) From Vision to Concept to Reality. Präsentation auf der VISUALIZE 2013. http://assets.irise.com/files/events/visualize/2013/day2/Tues_Visualize_2013_Capgemini.pdf, Zugegriffen: 10.9.2015
16. Wasserman AI (2010) Software engineering issues for mobile application development. Proceedings of the FSE/SDP workshop on Future of software engineering research
17. Whittle J., Sawyer P, Bencomo N., Cheng BH, Bruel, JM (2009) Relax: Incorporating uncertainty into the specification of self-adaptive systems. In 17th IEEE International Requirements Engineering Conference

Möglichkeiten und Grenzen der plattformübergreifenden App-Entwicklung

8

Nikolai-Kevin Keist, Sebastian Benisch und Christian Müller

Zusammenfassung
Der Smartphone-Markt wird von unterschiedlichen Betriebssystemen dominiert. Mobile Applikationen können als betriebssystemabhängige native Apps oder als betriebssystemunabhängige hybride Apps bzw. Web-Apps realisiert werden. Dieser Beitrag diskutiert die verschiedenen App-Formen und stellt einen Leitfaden vor, welcher für unterschiedliche Rahmenbedingungen geeignete App-Formen vorschlägt.

Schlüsselwörter
Native Apps • Hybride Apps • Web-Apps • Leitfaden • App-Entwicklung

8.1 Einleitung

Mobile Geräte wie Smartphones und Tablets sind unwiderruflich in unserem Alltag integriert. Dabei wird der Funktionsumfang besonders durch mobile Anwendungen (Apps) an die Anforderungen des Benutzers angepasst und ausgeschöpft. Der Nutzer geht daher von der Annahme aus, dass von ihm benötigte Applikationen auf seinem Gerät verfügbar sind. Durch die Verbreitung vieler unterschiedlicher Betriebssysteme für Smartphones und Tablets (die am weitesten verbreiteten sind Android, iOS und Windows Phone [1]) stehen App-Entwickler vor dem Problem, dass die Umsetzung gleicher Funktionalitäten

N.-K. Keist (✉) • C. Müller
Technische Hochschule Wildau, Wildau, Deutschland
E-Mail: keist@quintra.de; christian.mueller@th-wildau.de

S. Benisch
Quintra Business Communication & Consulting GmbH, Berlin, Deutschland
E-Mail: sebastian.benisch@quintra.de

T. Barton et al. (Hrsg.), *Mobile Anwendungen in Unternehmen*, Angewandte Wirtschaftsinformatik,
DOI 10.1007/978-3-658-12010-8_8

für verschiedene Systeme einen vielfachen Aufwand erzeugt. Man muss von einer erhöhten Entwicklungszeit, einem größeren finanziellen Budget sowie zusätzlichen technischen Kompetenzen ausgehen.

An dieser Stelle kann ein plattformübergreifender Ansatz zur Aufwandsreduzierung bei der Planung einer Anwendung berücksichtigt werden. Hierzu werden in diesem Artikel die verschiedenen App-Formen vorgestellt und anschließend hinsichtlich elementarer Kriterien verglichen, um die Möglichkeiten der plattformunabhängigen Umsetzung zu untersuchen. Ausgehend von dieser Stärken-Schwächen-Analyse wird für bestimmte Anwendungsfälle ein Leitfaden zur Verwendung von Cross-Platform-Tools[1] für die Entwicklung von Apps erstellt und um Ausschlusskriterien erweitert. Der Leitfaden soll demnach eine Hilfestellung geben, um dem beschriebenen Zusatzaufwand durch mehrfach implementierte Funktionalitäten vorzubeugen, aber auch Fehleinschätzungen bei der Verwendung plattformübergreifender Werkzeuge zu vermeiden.

Mit dem Thema der systemunabhängigen App-Entwicklung befassten sich in den letzten Jahren vor allem Abschlussarbeiten [2–4]. Da es sich um einen sehr schnelllebigen Bereich der Software-Entwicklung handelt, sind möglichst aktuelle Abschlussarbeiten und Online-Inhalte die Hauptinformationsquellen bei der Untersuchung dieses Sachverhalts.

8.2 App-Formen

Apps werden in der Praxis und in den genannten Abschlussarbeiten oft in drei Formen, Web-Apps, native Apps und Hybrid-Apps, unterschieden [5]. Letztere stellen eine Mischung aus den beiden Erstgenannten dar. Wesentliche Unterschiede finden sich in der Entwicklung und werden in diesem Kapitel näher erläutert. Jede App-Form besitzt gegenüber den anderen ganz konkrete Vor- bzw. Nachteile, welche in Abschn. 8.3 Stärken-Schwächen-Analyse untersucht werden und die Grundlage des Leitfadens bilden.

8.2.1 Web-Apps

Web-Apps sind aus dem Desktop-Bereich bekannt. Mobile Web-Apps sind demnach für tragbare Geräte optimierte Webseiten, welche meist auf bereits vorhandenen Web-Inhalten beruhen und zwingend einen Web-Server zum Bereitstellen der Ressourcen benötigen. Aufgrund des angepassten Designs (vor allem größere Schaltflächen, selbsterklärende Icons und Seitenübergänge) vermitteln diese Web-Seiten den Eindruck, man benutze eine klassische mobile App.

[1] Cross-Platform-Tools (CPTs) sind Entwicklerwerkzeuge, welche dem Programmierer eine Grundausstattung an Funktionen bereitstellen, um plattformübergreifende Anwendungen zu erstellen.

Zum Erstellen des mobilen Layouts existieren viele Frameworks basierend auf HTML5, CSS3 und JavaScript (z. B. Sencha Touch [6] oder jQuery Mobile [7]), welche die grundlegenden Design-Elemente vorgeben. Es ist sogar möglich, ganze Design-Vorlagen der Betriebssysteme in den Frameworks zu verwenden und so den Eindruck einer nativen App weiter auszuschöpfen. Für den Zugriff auf bestimmte Gerätekomponenten bietet HTML seit der Version 5 verschiedene JavaScript-Programmierschnittstellen (APIs) an, um beispielsweise auf Positionsdaten (GPS) zuzugreifen oder den Web Storage als erweiterte Speichermöglichkeit im Vergleich zu herkömmlichen Cookies zu verwenden [8].

8.2.2 Native Apps

Native Apps werden wie Desktop-Programme direkt auf dem Betriebssystem installiert. Diese können aufgrund der Inkompatibilität der Betriebssysteme untereinander nur auf dem hierfür vorgesehenen System genutzt werden. Meist werden native Applikationen über die App-Stores des Betriebssystemanbieters vom Nutzer bezogen bzw. vom Entwickler angeboten. Dabei sind bei der Entwicklung die Richtlinien der Betreiber zur Veröffentlichung zu beachten. Die Anwendungen haben Zugriff auf die verbaute Hardware des Geräts, sofern vom Anwender die benötigten Zugriffsrechte erteilt wurden. Aus Sicherheitsgründen laufen die Programme in so genannten Sandboxes (eine vom Rest des Systems abgeschottete Laufzeitumgebung) auf dem System. Native Apps erreichen aufgrund der Hardware-Nähe zum System im Vergleich zu den anderen App-Formen architekturbedingt die beste Performance.

Android-Anwendungen werden in der Programmiersprache Java unter anderem in der integrierten Entwicklungsumgebung (IDE) Android Studio mithilfe der Android SDK (Software Development Kit) Tools entwickelt [9]. Das Erscheinungsbild wird hierbei vorwiegend durch XML-Dateien beschrieben. In so genannten Activities werden die Interaktionen des Nutzers mit der App und das allgemeine Verhalten durch Java-Programm-Code implementiert. Apps für Apples Betriebssystem iOS werden in Objective-C programmiert. Hierfür wird ein Apple-Computer mit installierten Mac OS zwingend vorausgesetzt. Das iOS SDK liefert mit Xcode eine Entwicklungsumgebung, einen Systemsimulator sowie Überwachungswerkzeuge [10]. Für die Entwicklung und Veröffentlichung von iOS-Apps ist zusätzlich zum Apple-PC auch die Registrierung im iOS Developer Program notwendig. Microsoft verfolgt seit Windows 10 die Strategie, eine Plattform für viele unterschiedliche Geräte anzubieten [11]. In diesem Zusammenhang wird auch die App-Entwicklung für Windows flexibler, so dass Entwickler Anwendungen in C# oder C++ in Verbindung mit XAML[2] oder mithilfe von Web-Technologien

[2] Extensible Application Markup Language, Sprache zur Beschreibung von Oberflächengestaltungen.

umsetzen können. Die integrierte Entwicklungsumgebung Visual Studio [12] ist in der Community-Version kostenlos und setzt ein aktuelles Windows-Betriebssystem voraus.

8.2.3 Hybrid-Apps

Durch spezielle Cross-Platform-Tools können Apps plattformunabhängig entwickelt werden. Dabei wird meist auf die etablierten Web-Technologien HTML, CSS und JavaScript zurückgegriffen. Der hiermit entwickelte Webcode läuft dann in einer nativen App, welche als Container fungiert, in der die plattformspezifische Browser-Umgebung zur Interpretation des Codes ausgeführt wird. Da die Browserengine im Vollbildmodus läuft, könnte man von einer „lokalen Web-App im Vollbildmodus" sprechen. Durch die standardisierten Auszeichnungs- und Scriptsprachen ist die resultierende Oberfläche auf unterschiedlichen Geräten nahezu identisch. Die Cross-Platform-Tools stellen JavaScript-Bibliotheken zur Verfügung, welche den Aufruf von nativem Code auf dem Gerät über APIs erlauben. Diese Bibliotheken müssen aufgrund der unterschiedlichen Gegebenheiten für jedes unterstützte Betriebssystem separat implementiert werden, dies gilt vor allem für selbst entwickelte Funktionalitäten. Bekannte Cross-Platform-Tools, welche Webtechnologien als Code-Grundlage nutzen, sind Apache Cordova [13], Appcelerator Titanium [14] und Adobe AIR [15]. Im Folgenden wird kurz die Verwendung des Cordova-Frameworks exemplarisch beschrieben.

Das Open-Source-Projekt der Apache Software Foundation bietet ein Kommandozeilen-Interface zur Entwicklung und Verwaltung von Hybrid-Apps. Für jedes unterstützte System werden die SDKs benötigt, gegebenenfalls weitere Voraussetzungen (z. B. Apple-Hardware) müssen ebenfalls erfüllt sein. Der Befehl „cordova create helloworld" erstellt ein Grundgerüst für eine hybride Anwendung, welche anschließend mit „cordova run android" direkt im Android-Emulator ausgeführt werden kann (andere Systeme sind analog möglich). Im WWW-Ordner befindet sich der Webcode in Form von HTML-, CSS- und JavaScript-Dateien. Native Funktionen werden über Plug-Ins in das Projekt eingebunden und stehen daraufhin im JavaScript-Code als Bibliotheken zur Verfügung, um z. B. mit „navigator.camera.getPicture(successFunction, failFunction, options)" die Kamera aufzurufen.

8.3 Stärken-Schwächen-Analyse

Um zu entscheiden, welche App-Formen sich für die Entwicklung eines konkreten Anwendungsfalls eignen, soll mithilfe der folgenden Analyse eine Bewertung und ein Vergleich der Varianten anhand relevanter Merkmale vorgenommen werden. Jede

App-Form erhält pro untersuchtem Merkmal eine grobe Einordnung, ob die notwendigen Eigenschaften vorhanden, teilweise vorhanden oder nicht vorhanden sind. Aus der Stärken-Schwächen-Analyse ergeben sich Ausschlusskriterien, welche in Abschn. 8.4.2 Ausschlusskriterien aufgegriffen werden und den Leitfaden begründen. Das eingeführte Bewertungssystem (vorhanden, teilweise vorhanden, nicht vorhanden) kann im Zweifelsfall bei der Priorisierung einer bestimmten App-Form helfen. Es folgen die Bewertungskriterien für die Analyse der Stärken und Schwächen.

8.3.1 Einfacher Zugang zu Entwicklerwerkzeugen

Web-Apps werden in den standardisierten Webtechnologien HTML, CSS und JavaScript entwickelt. Diese sind allgemein und frei von jedem verwendbar. Für native Anwendungen werden die SDKs der Zielsysteme benötigt. Die Entwicklungsumgebungen Android Studio und Visual Studio (Community-Version) sind frei verfügbar, das iOS SDK setzt Apple Hardware und die Anmeldung im Developer Program voraus. Die Abhängigkeiten der SDKs sind bei hybriden Applikationen ebenfalls gegeben.

8.3.2 Plattformunabhängigkeit

Jedes mobile Gerät mit Netzwerkverbindung und installiertem Browser (Standardausstattung heutiger Geräte) hat Zugriff auf mobile Web-Apps. Native Apps werden speziell für ein Betriebssystem programmiert und sind so nicht mit anderen Systemen kompatibel. Je nach verwendetem Cross-Platform-Tool unterstützen Hybrid-Apps alle wichtigen Systeme, im Fall von Apache Cordova die am weitesten verbreiteten (Android, iOS und Windows) und Weitere.

8.3.3 Native Zugriffsmöglichkeiten

HTML5 bietet im Zusammenspiel mit JavaScript nur sehr wenige APIs für den Zugriff auf Gerätekomponenten, das prominenteste Beispiel ist an dieser Stelle die Abfrage von GPS-Daten. Zusätzlich ist man abhängig von der Umsetzung der Browser-Anbieter und hat keinerlei Garantie für die korrekte Funktionsweise. Für native Apps gelten keine Einschränkungen, sofern der Nutzer der Anwendung die nötigen Berechtigungen erteilt. Geräteschnittstellen wie die Mobilfunkverbindung, WLAN, Bluetooth, NFC usw. sind verfügbar, Hintergrundprozesse und Interaktionen mit anderen Anwendungen sind ebenfalls möglich. Durch die JavaScript-APIs in Hybrid-Apps sind die wichtigsten Hardware-Funktionen (Mobilfunkverbindung, Speicher, Kamera, Beschleunigungssensor usw.)

verfügbar. Eigene Bibliotheken für speziell angepasste Zugriffe müssen jedoch für alle zu unterstützenden Plattformen separat umgesetzt werden und erzeugen einen gewissen Grad an Zusatzaufwand.

8.3.4 Performante Leistungsfähigkeit

In mobilen Web-Anwendungen werden sämtliche Inhalte über das Netzwerk geladen. Sind größere Dateien wie beispielsweise Bilder nicht im Browser-Cache und befindet sich das Gerät nicht in einem WLAN-Netzwerk, hängen die Ladezeiten von der mobilen Netzwerkgeschwindigkeit ab. Auch kann das System selbst oder der verwendete Browser die Datenverarbeitung drosseln, für rechenintensive Anwendungen sind Browser-Umgebungen ungeeignet. Native Apps sind am engsten mit dem Betriebssystem verbunden. Hierdurch können diese viel Rechenleistung nutzen, da es keine Zwischenebene (wie z. B. einen Browser) gibt, welche Leistung für sich selbst beanspruchen könnte. Hybride Anwendungen werden wie Web-Apps in der Browserengine des Systems ausgeführt und sind daher von deren Performance abhängig. Dafür entfallen die Ladezeiten für viele fest in der App integrierte Daten wie z. B. Ladebanner, Titelbilder oder Icons.

8.3.5 Veröffentlichung und Versionierung der Apps

Neben Inhalten werden auch alle anderen Änderungen am Quell-Code von Web-Apps sofort nach dem Bereitstellen auf dem Webserver dem Nutzer zugänglich gemacht. Bei nativen Apps existiert für jedes Betriebssystem eine eigene Code-Basis, wodurch bei Erweiterungen für jede Applikation Aufwand entsteht. Entwickler müssen beachten, dass häufig verschiedene Versionen einer App im Umlauf sind, da es keinen konkreten Update-Zwang für Nutzer gibt. Hybride Applikationen müssen wie native Anwendungen ebenfalls separat in App-Stores eingereicht werden, basieren allerdings auf einer zentralen Code-Basis, wodurch sich der Entwicklungsaufwand je nach Funktionalität deutlich reduziert.

8.3.6 Übersicht der Stärken und Schwächen

In Tab. 8.1 sind die Eigenschaften der drei App-Formen hinsichtlich der ausgewählten Kriterien zusammengefasst. Web-Apps und native Apps erfüllen jeweils zwei Kriterien nicht. Hybrid-Apps unterstützen die Plattformunabhängigkeit und native Zugriffe komplett und bieten zu allen anderen Eigenschaften wenigstens eine eingeschränkte Unterstützung.

Tab. 8.1 Übersicht der Stärken und Schwächen

Eigenschaften	Web-Apps	Native Apps	Hybrid-Apps
Einfacher Zugang zu Entwicklerwerkzeugen	Vorhanden	Teilweise vorhanden	Teilweise vorhanden
Plattformunabhängigkeit	Vorhanden	Nicht vorhanden	Vorhanden
Native Zugriffsmöglichkeiten	Nicht vorhanden	Vorhanden	Vorhanden
Performante Leistungsfähigkeit	Nicht vorhanden	Vorhanden	Teilweise vorhanden
Einfache Versionierung	Vorhanden	Nicht vorhanden	Teilweise vorhanden

8.4 Leitfaden zur Auswahl geeigneter App-Formen

Der folgende Leitfaden dient als Anhaltspunkt, um die Möglichkeit der Aufwandsreduzierung in der App-Entwicklung durch plattformunabhängige App-Formen zu bewerten.

8.4.1 Der Leitfaden

Nach der Ermittlung der Applikationseigenschaften wird der Leitfaden (siehe Abb. 8.1 Leitfaden) schrittweise durchlaufen. Hierbei werden die Fragen nach den Anforderungen stets mit „ja" oder „nein" beantwortet. Maximal fünf Entscheidungszweige sind zu durchlaufen, bis man einen Endpunkt erreicht. Dieser Endpunkt gibt die App-Formen an, mit welcher die angegebene Funktionszusammenstellung umgesetzt werden kann. Wenn mehrere Formen vorgeschlagen werden, kann die Tab. 8.1 Übersicht der Stärken und Schwächen herangezogen werden. Nach einer Priorisierung der Funktionen wird eine individuelle Bewertung vorgenommen, bei der die App-Form mit der größten Unterstützung Verwendung finden sollte.

8.4.2 Ausschlusskriterien

Unzählige Kombinationsmöglichkeiten von Funktionalitäten und die daraus resultierende Komplexität einer Anwendung führen dazu, dass der Leitfaden in bestimmten realen Anwendungsfällen (vor allem in sehr großen Projekten) möglicherweise nicht anwendbar ist (siehe Abschn. 8.5 Zusammenfassung und Ausblick). Generell ist auch festzuhalten, dass bei ausreichenden wirtschaftlichen Ressourcen native Apps für die unterstützten Betriebssysteme aufgrund der Performance-Vorteile den hybriden Anwendungen vorzuziehen sind. Dieses Vorgehen konnte man 2012 am Beispiel der offiziellen Facebook-App nachvollziehen [16]. Web-Apps sind vor allem dann sinnvoll, wenn der Nutzer eine

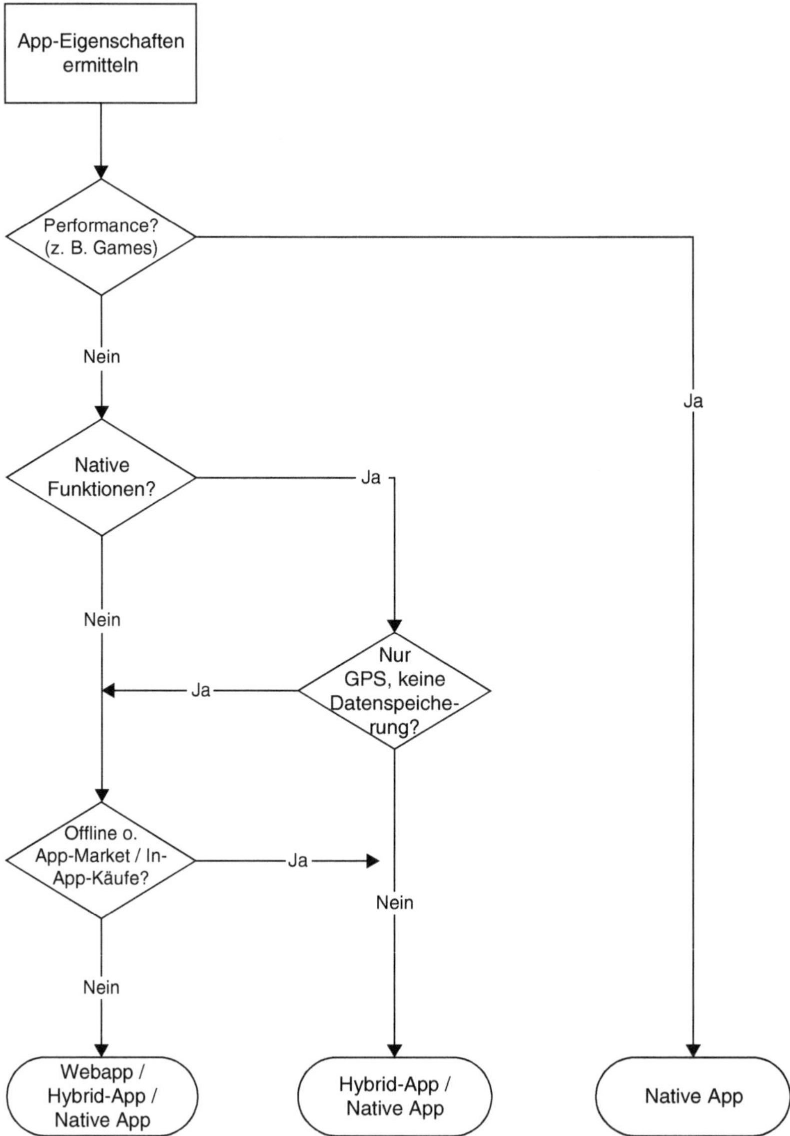

Abb. 8.1 Leitfaden

mobile Version einer bekannten Plattform erwartet, da dieser abweisend reagieren könnte, wenn der Download einer zusätzlichen App vorausgesetzt wird. In allen anderen Fällen lohnt sich die Anwendung des Leitfadens.

Um aus wirtschaftlicher Sicht den Entwicklungsaufwand im Allgemeinen zu reduzieren, bieten sich Web- oder Hybrid-Apps mit einer gemeinsamen, plattformübergreifenden

Code-Basis an. Native Apps bieten den Vorteil eines einheitlichen Code-Fundamentes nicht. Plattformunabhängige Apps sind jedoch aufgrund ihrer Architektur nicht für performance-kritische Anwendungen geeignet. Trotz verschiedener JavaScript-APIs ist in Web-Apps die Verwendung der meisten Hardware-Funktionen eines Geräts nur umständlich bzw. nicht möglich. In Hybrid-Apps hingegen stehen die meisten nativen Funktionen zur Verfügung und auch Hintergrund-Services können in den neusten Versionen der meisten Cross-Platform-Tools (in Apache Cordova durch das „PushPlugin" [17]) mit dem nötigen Zusatzaufwand pro Betriebssystem implementiert werden.

Web-Apps benötigen eine Internetverbindung um Inhalte anzuzeigen und sind somit für Offline-Anwendungen nicht geeignet. Theoretisch kann zwar der gesamte Inhalt in den HTML5-App-Cache geladen werden, für den Nutzer ist eine Offline-App im Smartphone-Browser jedoch keine intuitive Situation. Die anderen beiden App-Formen werden jeweils offline im System ausgeführt und laden nur bei Bedarf Inhalte aus dem Netzwerk nach, da viele Ressourcen direkt auf dem Gerät gespeichert werden können. Wenn auf eine solide Rechenleistung des Geräts (z. B. aufwendige 3D-Animationen) oder die Konnektivität zu externen Geräten zurückgegriffen werden soll, wird man nicht um die Entwicklung nativer Applikationen herumkommen. Web-Apps sind auch hierbei ungeeignet, Hybrid-Apps werden hohen Performance-Ansprüchen oder externer Konnektivität nicht in vollem Umfang gerecht.

App-Stores sind gemeinhin die erste Anlaufstelle für Nutzer, wenn diese nach einer App suchen. Auf Apple-Geräten ist die manuelle Installation außerhalb des Stores gar nicht möglich. Daher ist es oft sinnvoll, eigene Apps in Stores zu platzieren. Auch gibt es hierüber die Möglichkeit, dem Nutzer In-App-Käufe anzubieten, welche über den App-Store-Betreiber abgerechnet werden. Web-Apps bieten diese Vorteile nicht, die beiden anderen App-Formen hingegen schon.

8.4.3 Anwendungsbeispiele

Einige kurze Fallbeispiele sollen die Anwendung des Leitfadens exemplarisch erläutern. Voraussetzung ist, dass die Kernfunktionen der Anwendung im Vorhinein festgehalten wurden.

Mobile Spiele

Für Spiele, egal ob auf mobilen oder stationären Geräten, ist die Leistungsfähigkeit des Systems von größter Bedeutung, um dem Anwender ein befriedigendes Erlebnis zu bieten. Es würden noch weitere Kriterien wie eine permanente Internetverbindung oder der Zugriff auf Sensoren im Vorfeld untersucht werden, für den Leitfaden ist dies aber nicht relevant, da man bereits im Eingangs-Entscheidungsknoten die Frage nach der Performance-Abhängigkeit eindeutig mit „ja" beantworten muss. Als Ergebnis wird vorgegeben, dass eine Spiele-App in nativen Apps für die jeweiligen Systeme umgesetzt werden sollte.

Aufgabenverwaltung und Notizzettel
Eine Anwendung soll persönliche oder berufliche Aufgaben und Notizen anlegen, bearbeiten und löschen können. Zusatzdaten wie Infos oder Bilder können mit den Einträgen verknüpft werden. Die Daten werden lokal auf dem Gerät gespeichert und eine Internetverbindung ist aufgrund fehlender Synchronisation mit einem Server nicht erforderlich. Im Leitfaden wird die Performance-Frage mit „nein“ beantwortet. Die permanente, lokale Datenspeicherung von Datenmengen unbekannter Größe ist eine native Funktion, weshalb diese Frage mit „ja“, der anschließende Entscheidungszweig mit „nein“ zu beantworten ist. Laut Leitfaden bieten sich die Möglichkeiten, diese Anwendung plattformübergreifend in einer Hybrid-App oder nativ umzusetzen. Um den Entwicklungsaufwand zu reduzieren, sollte eine hybride Anwendung erarbeitet werden.

News App
Eine Nachrichtenredaktion mit einer bestehenden und etablierten Web-Seite möchte Nutzer auch unterwegs mit Neuigkeiten versorgen. An die Anwendung selbst werden keine speziellen Anforderungen gestellt, außer dass stets aktuelle Informationen bereitgestellt werden. Im Leitfaden werden die Fragen nach der Performance-Abhängigkeit, nativen Funktionen und der Offline-Fähigkeit oder der Notwendigkeit zur Platzierung im App-Store bzw. In-App-Käufen durchgehend mit „nein“ beantwortet. Es können somit alle App-Formen verwendet werden, wobei sich aufgrund der vorhanden Web-Seite eine mobile Web-App anbietet, um plattformunabhängig und ohne Installationsvoraussetzungen so viele Nutzer wie möglich zu erreichen.

8.5 Zusammenfassung und Ausblick

Apps werden oft in verschiedenen Programmiersprachen für unterschiedliche Betriebssysteme umgesetzt, um diese möglichst vielen Nutzern zur Verfügung zu stellen. Die Herausforderung eines jeden wirtschaftlichen Projekts ist die Minimierung des Kosten- und Zeitaufwands bei gleichbleibendem qualitativem Ergebnis. Das Ziel des Artikels war es, durch die konkrete Gegenüberstellung der App-Formen die Möglichkeiten der Überbrückung von unterschiedlichen Systemeigenschaften in eigenen Anwendungsfällen schnell und sicher zu ermitteln. Zu diesem Zweck wurde der Leitfaden erarbeitet, welcher eine Hilfestellung zur plattformübergreifenden App-Entwicklung bietet, damit sich die Fragmentierung der Gerätelandschaft nicht negativ auf den Entwicklungsaufwand auswirkt. Der Leitfaden zeigt konkret die möglichen App-Formen zu anwendungsspezifischen Funktionszusammenstellungen auf.

Grundlage des Leitfadens ist nur die Untersuchung der technischen Umsetzbarkeit von Funktionalitäten in den jeweiligen App-Formen. Wirtschaftliche Rahmenbedingungen wie Rüstkosten oder die Einbindung externer Dienstleister (beispielsweise Outsourcing von Entwicklungsphasen) werden weitgehend außer Acht gelassen. An dieser Stelle können unterschiedliche Faktoren bei der Erweiterung und Konkretisierung des Leitfadens berücksichtigt werden. Auch muss der zukünftige technische Fortschritt beobachtet werden, da dieser Bereich in der App-Entwicklung immer mehr an Bedeutung gewinnt und die Werkzeuge stets umfangreicher werden.

Literatur

1. Gs.statcounter.com (2015) StatCounter Global Stats – Browser, OS, Search Engine including Mobile Usage Share. http://gs.statcounter.com/#mobile_os-DE-monthly-200901-201507. Zugegriffen: 22. August 2015
2. Keist NK (2014) Entwicklung eines Leitfadens für die Verwendung von Cross-Platform-Ansätzen in der App-Entwicklung am Beispiel eines konkreten Anwendungsfalls. Bachelorarbeit, Technische Hochschule Wildau.
3. Jaser M (2011) Evaluation, Bewertung und Implementierung verschiedener Cross-Platform Development Ansätze für Mobile Internet Devices auf Basis von Web-Technologien. Bachelorarbeit, Hochschule Augsburg.
4. Glunz D (2014) Cross-Plattform Development einer Mobile Business Application am Beispiel einer Tourismus Anwendung. Masterarbeit, Universität Ulm.
5. Franke F, Ippen J (2015) Apps mit HTML5, CSS3 und JavaScript. Rheinwerk, Bonn
6. Sencha.com (2015) Cross-platform Mobile Web App Development Framework for HTML5 and JS | Sencha. https://www.sencha.com/products/touch/. Zugegriffen: 26. August 2015
7. jquery.org (2015) jQuery Mobile. In: Jquerymobile.com. https://jquerymobile.com/. Zugegriffen: 26. August 2015
8. W3.org (2015) Mobile Web Applications Current Status – W3C. http://www.w3.org/standards/techs/mobileapp. Zugegriffen: 22. August 2015
9. Developer.android.com (2015) Download Android Studio and SDK Tools | Android Developers. https://developer.android.com/sdk/index.html. Zugegriffen: 27. August 2015
10. Developer.apple.com (2015) iOS 8 for Developers – Apple Developer. https://developer.apple.com/ios/. Zugegriffen: 27. August 2015
11. Myerson T (2014) Announcing Windows 10. In: Blogging Windows. https://blogs.windows.com/bloggingwindows/2014/09/30/announcing-windows-10/. Zugegriffen: 23. August 2015
12. Visualstudio.com (2015) Visual Studio – Microsoft Developer Tools. https://www.visualstudio.com/. Zugegriffen: 27. August 2015
13. Cordova.apache.org (2015) Apache Cordova. https://cordova.apache.org/. Zugegriffen: 26. August 2015
14. Appcelerator (2015) Mobile App Development Platform – Appcelerator. http://www.appcelerator.com/. Zugegriffen: 26. August 2015
15. Adobe.com (2015) Adobe AIR | Adobe AIR 4 | Applikationen bereitstellen. http://www.adobe.com/de/products/air.html. Zugegriffen: 26. August 2015
16. Facebook.com (2015) Under the Hood: Rebuilding Facebook for Android. https://www.facebook.com/notes/facebook-engineering/under-the-hood-rebuilding-facebook-for-android/10151189598933920. Zugegriffen: 23. August 2015
17. GitHub (2015) phonegap-build/PushPlugin. https://github.com/phonegap-build/PushPlugin. Zugegriffen: 26. August 2015

Teil IV

Sicherheit mobiler Anwendungen

Im folgenden Kapitel werden die Regeln und Sicherheitsvorkehrungen für Smartphones und Tablet Computer als weit verbreitete Kommunikationsmittel näher betrachtet. Für das mobile Bezahlen wird z. B. die Nutzung kombinierter biometrischer Authentifizierungsverfahren vorgeschlagen. Auch der Blick auf Business-Apps für mobile Geschäftsanwendungen und -daten darf dabei nicht fehlen. Zudem wird gezeigt, wie Apps während der Entwicklung auf Sicherheit geprüft werden können.

9 Sicherheit bei Smartphones und Tablets

Bernd Eylert

Zusammenfassung

Smartphones und Tablets sind heute die am weitesten verbreiteten Kommunikationsmittel. Vom Schulkind bis zum Geschäftsmann/frau, vom Jugendlichen bis zum Greis, alle nutzen mehr oder weniger intensiv ihr „Mobiltelefon“. Über die Sicherheit machen sich viele, zu viele Zeitgenossen zu wenig Gedanken. Es wird nicht ausreichend registriert, dass es sich beim Smartphone oder Tablet nicht mehr um ein klassisches Telefon handelt, sondern um ein Notebook im Kleinstformat mit allen Angriffsvariationen, die das Internet so bietet. Erklärt werden zunächst die Begriffe und ganz kurz auch die Übertragungsverfahren. Dann werden die verschiedenen (Betriebs-)Systeme und ihre Eigenschaften vorgestellt. Die Sicherheitsmerkmale werden am Report der European Network and Information Security Agency (ENISA) zur Sicherheit von Smartphones gespiegelt. Angriffsmöglichkeiten und Gegenmaßnahmen werden an praktischen Beispielen präsentiert. Der Autor wird die grundlegenden Maßnahmen und Verhaltensregeln so formulieren, dass der Leser und Anwender das Gelernte auch an neue, z. Zt. noch nicht bekannte Angriffsverfahren- und -methoden adäquat anpassen kann.

Schlüsselwörter

Smartphone • Tablet Computer • Sicherheitsrisiken • Gegenmaßnahmen

B. Eylert (✉)
Technische Hochschule Wildau, Wildau, Deutschland
E-Mail: beylert@th-Wildau.de

T. Barton et al. (Hrsg.), *Mobile Anwendungen in Unternehmen*, Angewandte Wirtschaftsinformatik,
DOI 10.1007/978-3-658-12010-8_9

9.1 Unterschied zwischen Smartphone und Handy

Die Frage scheint in heutiger Zeit, wo zwei von drei Mobilfunkteilnehmern über 14 Jahren in Deutschland laut Bitkom [1] ein Smartphone benutzen, auf den ersten Blick vielleicht etwas seltsam, aber so daneben ist sie nicht. Smartphones, das werden wir im Folgenden sehen, unterscheiden sich wesentlich von den alt hergebrachten, einfachen Mobiltelefonen, auch Handy (plur. Handies) genannt. Auf Tablets werden wir im Folgenden nur eingehen, wenn sich wesentliche Unterschiede zum Smartphone auftun. Grundsätzlich finden wir auf Tablets die gleichen Funktionen und Anwendungen wie auf dem Smartphone. Tablets haben aber nicht notwendig eine Mobilfunkeinrichtung mit SIM-Card an Bord. Was sie aber in der Regel haben ist ein WLAN-Adapter, wie auch die meisten Smartphones. Fangen wir deshalb wie in der Feuerzangenbowle erst einmal ganz von vorn an: „Watt is' 'ne Smartphone?"

Das Bundesamt für Sicherheit in der Informationstechnik (BSI) definiert es in seinem Dokument zum IT Grundschutz aktuell „BSI – Überblickspapier Smartphones" wie folgt:

> „Smartphones sind Mobiltelefone mit zahlreichen Zusatzfunktionen. Nutzer können mit Smartphones im Internet surfen und Mediadateien wie Podcasts und Videos, beispielsweise von Youtube, abspielen. Smartphones besitzen einen vollständigen E-Mail-Client und können Termine und andere Daten zum Beispiel mit den Servern eines Firmennetzes synchronisieren. Dazu verfügen sie neben der Telefonnetzanbindung über weitere Schnittstellen wie etwa WLAN und Bluetooth. Außerdem sind bei vielen Smartphones bereits im Auslieferungszustand Clients für soziale Netzwerke und Blogdienste integriert." [2]

Da steckt so viel drin, dass es sich lohnt, die Definition stückweise zu analysieren:

- Smartphones sind Mobiltelefone,
  - verfügen (damit) ... (über eine) Telefonnetzanbindung
  - mit zahlreichen Zusatzfunktionen
    - (man kann) im Internet surfen
    - Media-Dateien abspielen
    - besitzen einen vollständigen E-Mail-Client
    - können ... Daten ... mit den Servern eines Firmennetzes synchronisieren
    - verfügen ... über weitere Schnittstellen wie etwa WLAN und Bluetooth
    - (haben vielfach) im Auslieferungszustand Clients für soziale Netzwerke und Blogdienste integriert

Was ist das anderes als ein simples Mobiltelefon der 1990er-Jahre, mit dem man „nur" telefonieren und evtl. noch SMS verschicken konnte? Schon Einiges ist anders, wie die letzten Unterpunkte deutlich machen.

Gehen wir zum besseren Verständnis noch mal zurück zu den Anfängen des Mobilfunks. Der Mobilfunk in Deutschland wurde durch die Deutsche Bundespost in den späten 50er-Jahren des letzten Jahrhunderts eingeführt. Er hatte zu dem Zeitpunkt den Charakter

eines Telefonsystems für Reiche, Unternehmer und die Spitzen der Regierung. Technisch war es ein analoges System und gliederte sich in die Netze A bis C. Man sprach von der 1. Mobilfunkgeneration. In den 1980er-Jahren beschlossen die deutsche und die französische Regierung den Aufbau eines länderübergreifenden, modernen Mobilfunksystems. Zu dem Zeitpunkt wurde im klassischen Telefondienst die Digitalisierung mit ISDN[1] eingeführt. Damit war klar, dass das neue Mobilfunk System ebenfalls digital sein sollte. Die anderen Länder der Europäischen Mobilfunkverwaltungen CEPT[2] mochten nicht zurückstehen und beschlossen dieses System gemeinsam für Europa, zunächst speziell für die Länder der EU, einzuführen. Es wurde unter dem Namen GSM[3] bekannt, ist als 2. Mobilfunkgeneration in die Geschichte eingegangen und hat die erste Mobilfunkrevolution [3] ausgelöst. Die Gründe dafür sind vielfältig, zum einen aus
ökonomischer Sicht,

- weil GSM zum ersten Mal einen Massenmarkt eröffnete,

soziologischer Sicht,

- weil zum ersten Mal auch die arme Bevölkerung am Mobilfunk teilhaben kann und letztlich aus

technologischer Sicht,

- da GSM das erste digitale Mobilfunksystem und
- das erste Mobilfunksystem mit Datenverschlüsselung war, Sprache eingeschlossen.

9.2 Der Mobilfunk und seine Entwicklung bis heute

Damit sind wir bei einem ersten wichtigen Aspekt: Der Verschlüsselung im Mobilfunk!

Der eine oder andere von unseren älteren Lesern mag sich an die Spiegelaffäre vor rund 50 Jahren erinnern, als von Journalisten der Mobilfunk von Politikern abgehört wurde und dies zu Korruptionsvorwürfen und Rücktritten von Ministern aus ihren Ämtern führte. Schon früh gab es ein Interesse an einer sicheren Telefonie, was aber bei den analogen A-, B- und C-Netzen nur unzureichend gelang. Die Digitalisierung der Nachrichten war der entscheidende Schritt, ein Prozess, den wir vor allem dem amerikanischen Mathematiker Claude Shannon zu verdanken haben. Der Trick soll an Abb. 9.1 erläutert werden.

[1] ISDN – Integrated Services Digital System, Digitales System mit integrierten Diensten.

[2] CEPT – Conseil Européen des Postes et des Télécommunications.

[3] GSM – ursprünglich *Groupe Spéciale Mobile*, später *Global System for Mobile Communication*.

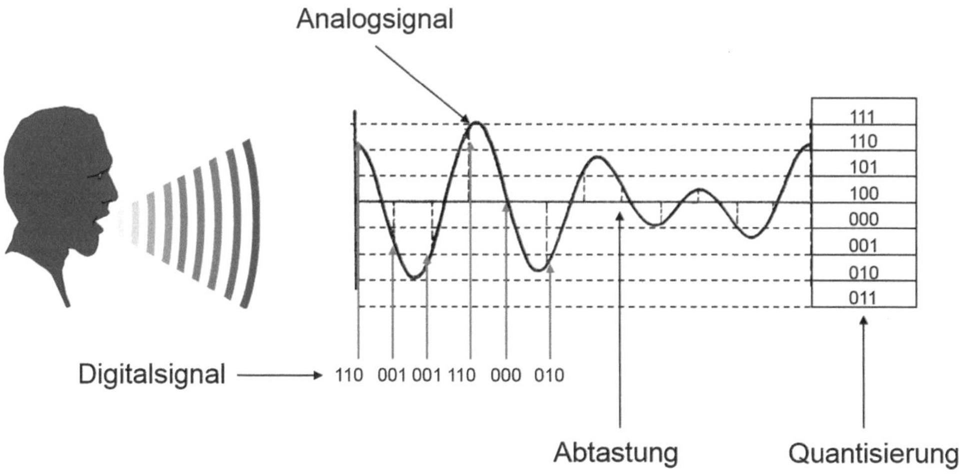

Abb. 9.1 Analog/Digital-Wandlung, Eylert, Bernd: Die Bedeutung der Mathematik im täglichen Leben eines Ingenieurs, ISBN 978-3-936527-23-0, 2010, S. 176 [4]

Zunächst einmal löst jede Sprache oder Musik auf dem Aufnahmemikrofon eine Schwingung der Membran aus, die in einer Wellenbewegung, dem sogenannten Analogsignal, dargestellt werden kann. So funktioniert im Prinzip heute noch Rundfunk. Shannon hat nun herausgefunden, dass man dieses Signal in bestimmten Zeitabständen auf seine Werte abtasten und einer sogenannten Quantisierungsstufe zuordnen kann. Diese Quantisierung ist eine 0–1-Zahlenfolge, die man wegen der ausschließlichen Werte 0 und 1 digital nennt. Auf der Empfängerseite lassen sich diese Digitalsignale wieder in ein Analogsignal umwandeln und die Schwingungen des Lautsprechers geben die zuvor gesendete Sprache oder Musik nahezu unverändert hörbar wieder. Solche 0–1-Zahlenfolgen lassen sich mit mathematischen Methoden wunderbar verändern. Darin liegt das Grundgeheimnis der Verschlüsselung. Das hat dann mit unserem Mobilfunksystem der 2. Generation GSM schon ganz gut geklappt, so dass wir da i. A. von einer sicheren Telefonie sprechen können. Die aktuellen Diskussionen um die Geheimdienstaffäre zeigen, dass es zwar Methoden gibt, mit denen man Mobilfunkgespräche auch entschlüsseln kann, der Aufwand ist aber beträchtlich. Wie groß damit das Gefährdungspotential für den Anwender ist, wird später erläutert. Letztendlich kann sich der normale Funknetz-Teilnehmer dagegen nicht wirklich wirksam schützen.

Mit der Einführung von UMTS[4] ist die Sicherheit der Sprachübertragung noch mal verbessert worden. Dafür tauchen aber andere Probleme auf. Während GSM als Pan-europäisches Projekt geplant und für Sprachübertragung optimiert war, sollte mit UMTS ein globaler Markt erschlossen werden. Aufbauend auf GSM sollte die europäische Industrie mit nicht unerheblichen Forschungsmitteln der EU in die Lage versetzt werden, mit den

[4] UMTS – Universal Mobile Telecommunications System, ® by ETSI.

anderen Spielern im weltweiten Mobilfunkgeschäft erfolgreich konkurrieren zu können. Das trifft auf Netzbetreiber und Hersteller gleichermaßen zu. Nun gibt es aber einen großen Unterschied zu GSM: UMTS ist optimiert für Datenübertragung. Was heißt das? Nun, die ersten Überlegungen entstanden 1988 im europäischen Forschungsprojekt *RACE* (*Research in Advanced Communications Equipment*). Zu der Zeit war, wie oben schon erwähnt, gerade ISDN eingeführt worden und man orientierte sich an den Diensten, die hier erstmals den Kunden neben der Telefonie angeboten wurden: Telefax, Auskunftsdienste, Bankgeschäfte etc. Der Dienst hieß damals *Bildschirmtext*. Das waren Services, die die Netzbetreiber selbst „gebastelt" hatten, denn das Internet gab es noch nicht. Mit der Einführung des Internets Anfang der 1990er-Jahre verfeinerten sich die Service-Ideen und einige sollen hier beispielhaft genannt werden:

- Transaktionen (z. B. mobile Bankgeschäfte, Handelsgeschäfte, Fahrkarten)
- Information (z. B. Börsennachrichten & -informationen, Wetterinformationen, Sportneuigkeiten etc.)
- Suchdienste (z. B. lokale Informationen wie Restaurantführer, Geldautomaten etc.)
- Unterhaltung (z. B. Spiele, Horoskope, Karaoke)

Hatten die Netzbetreiber auch bis Anfang der 2000er-Jahre die Vorstellung, sie könnten die Hauptanbieter neuer Dienste sein und bestimmen, welche Dienste überhaupt angeboten werden, hat sich das wie auch im Internet sehr bald zugunsten der sogenannten „3rd parties", der Drittanbieter oder Service-Provider gedreht. Das wurde dann 2007 mit der Einführung des *iPhones*[5] durch Apple dramatisch anders:

9.3 UMTS und der Paradigmenwechsel im Kommunikationsverhalten

Apple, kein Telekommunikationsanbieter, sondern ein Computerhersteller und mit seinem *iPod* ein erfahrener und erfolgreicher Diensteanbieter, stellte den Telekommunikationsmarkt auf den Kopf. Nicht mehr die Netzanbieter sind Herr des Verfahrens sondern ein Drittanbieter rollt den Markt von hinten auf. Apple hatte mit Apple-Stores und seiner *iTunes* Plattform schon erfolgreich Musikprodukte auf dem Markt angeboten, und zwar nur über diese Plattform! Jeder, der ein iPhone benutzen will, muss sich auf der iTunes Plattform anmelden. Das aber heißt, dass ein Großteil der Kundendaten an Apple geht und nicht mehr nur beim Netzbetreiber verbleibt. Apple hat den direkten Kontakt zum Kunden und bearbeitet diesen sehr regelmäßig mit Marketingmaßnahmen. Das ist grundsätzlich erst mal nicht zum Nachteil des Kunden. Mit der Einführung der iPhones startete die 2. Mobilfunkrevolution. Mit den iPhones wurden von Anfang an eine Reihe von Diensten

[5] iPhone, iPod, iTunes, iPad sind registrierte Handelsmarken von Apple Inc.

und Dienstmerkmalen, sogenannte *Apps* (von engl. application = Anwendung), z. T. kostenfrei, z. T. gegen geringe Nutzungsgebühr angeboten. Es war ein Produkt am Markt angekommen, was genau das erfüllt, was in unserer BSI-Definition zu Beginn des Beitrags beschrieben wurde: Ein Mobilfunktelefon mit Zusatzfunktionen, das Smartphone! Zwar gab es den Begriff Smartphone schon früher, eingeführt durch Hersteller, aber die Handhabbarkeit, wie wir sie heute kennen, war bei weitem noch nicht da. Jetzt aber ist das da, was Netzbetreiber und Herstellerindustrie mit der Einführung von UMTS anzubieten über Jahre versprochen hatten, ein einfaches nutzerfreundliches Multifunktionsgerät. UMTS, das anfänglich genauso dahin dümpelte wie 10 Jahre zuvor GSM, bevor es zum Massenmarktprodukt wurde, bekam jetzt den richtigen „drive". Besonders die Einführung des Zugangs zu sozialen Netzwerken auf dem Smartphone, meist schon voreingestellt, und deren exzessive Nutzung durch die Handynutzer, ist Beleg für das Neue in dieser Mobilfunkrevolution.

Der geneigte Leser mag jetzt einwerfen, „Da gibt es doch noch die Googles und Motorolas, Nokias, Samsungs und HTIs und Blackberries und wie sie alle heißen", richtig, die gibt's, aber die Googles sind nur auf den Apple-Zug aufgesprungen, und die Mobilfunkhersteller hatten noch nicht das richtige Produkt. Um sich vom neuen Marktführer abzugrenzen, brauchten sie auch ein neues Betriebssystem (BS). Die meisten haben sich für *Android*[6] von Google entschieden. RIM (Blackberry) hat eine andere Strategie und nutzt weiter sein *Blackberry X OS* als internes BS. Nokia hatte sich schon vor Jahren für *Symbian* als Betriebssystem entschieden und Microsoft für Windows CE. Mittlerweile hat sich Microsoft bei Nokia eingekauft, so dass in dem Konzern Handies mit dem BS Windows CE verkauft werden. Die Verkaufszahlen dieser zuletzt genannten Hersteller sind aber marginal verglichen mit den Anwendungen auf iOS und Android. Somit muss man wohl konstatieren: das Verdienst für den großen Umschwungs am neuen Mobilfunkmarkt kommt Steve Jobs' Idee und seiner Umsetzung in den Appleprodukten zu. Dennoch ist anzufügen, dass die Tablets i. W. die gleichen Betriebssysteme nutzen, das Betriebssystem Android aber mittlerweile das am weitesten verbreitete ist.

Charles Brookson, ein früherer Kollege des Autors aus seiner Londoner Zeit, der lange Jahre für One 2 One (heute T Mobile UK) und den britischen Regulierer Ofcom arbeitete und seit über 20 Jahren Vorsitzender der Sicherheitsgruppe der GSM Association[7] ist, führte zur Sicherheit von Smartphones, was wir unmittelbar auch auf Tablets übertragen können, in einer persönlichen Konversation aus:

> „Smartphones sind wie Internet Terminals, wie PCs, und obwohl Apps „tödliche" Schalter beinhalten (können), können wir sie dennoch kontrollieren. Wir haben festgestellt, dass diese Schadprogramme von vielen Antiviren-Verkäufern hochgejubelt werden, letztendlich aber kein unüberwindliches Problem darstellen".

[6] Android ist registrierte Handelsmarke von Google Inc.

[7] Weltweite Organisation der Mobilfunkbetreiber, zunächst nur für GSM, später auch für UMTS/3G und jetzt auch für LTE.

Dies Statement mag auf den ersten Blick verwundern, den einen oder anderen aber auch beruhigen. Warum kommt Charles Brookson zu dieser Einschätzung? Nun, beginnen wir mit dem Marktführer Apple. Apple benutzt das Betriebssystem (BS) iOS, das kein Standardprodukt sondern proprietär ist, an dem nur Apple die Rechte hat, von Apple entwickelt wurde und auch weiterentwickelt wird und über das Apple genauso eifersüchtig wacht wie Microsoft über Windows, wie auch *Windows CE* für Mobiltelefone. Das hat Vor- und Nachteile, für unser Anliegen aber eher Vorteile. Warum? Apple stellt nicht geringe Anforderungen an die Kooperationspartner[8]:

- Apple lässt niemanden auf sein Betriebssystem drauf, der nicht nachgewiesen hat, dass er zuverlässig, kompetent und kooperationswillig ist.
- Wer auf iOS programmieren will, muss sich bei Apple anmelden, registrieren und in gewisser Weise auch überwachen/kontrollieren lassen.
- Ein solcher Programmierer darf dann Apps schreiben, die, bevor sie auf der Plattform iTunes im Apple Store dem Kunden angeboten werden, von Apple ausführlich getestet werden, auch und insbesondere auf Schadsoftware oder Anfälligkeit dafür.

Das sind keine geringen Hürden und nicht jeder Programmierer, der kompetent wäre, ist willig, sich diesen Restriktionen zu unterwerfen. Das ist im Grunde genommen ein Gebaren, wie wir es aus früheren Zeiten bei den Computerherstellern, aber auch bei den nationalen Postgesellschaften kannten. In Apples App Store herrscht ein strenges Regime: Nur vom Unternehmen Apple auf Herz und Nieren geprüfte Anwendungen sind im Angebot. Somit ist die Plattform sicherer, aber auch komplett vom Hersteller und seiner strengen Vorgaben abhängig.[9] Alles ist klar geregelt, strenge Kontrollen, keine Ausnahmen. Dennoch gab es gerade im Juni 2015 einen bemerkenswerten Angriff auf Apples Betriebssystem iOS, der unter dem Namen XARA[10] in die Geschichte einging. Hier wurde eine Lücke im Apple Betriebssystem genutzt um auf PDF-Dateien zuzugreifen, diese zu manipulieren und damit einen Trojaner zu platzieren. Mit dem neuen Betriebssystem iOS 8.4 soll diese Lücke geschlossen worden sein. Bemerkenswert ist, obwohl Apple sicherlich über eine der kompetentesten Programmierer Familie in der Welt verfügt und schon hohe interne Sicherheitsstandards hat, bietet es gerade deshalb den Reiz für Hacker, erfolgreich Lücken im Betriebssystem zu suchen und Angriffe zu starten. Mit Apple wird einer der Mainplayer am neuen Mobilfunkmarkt Ziel von Angriffen, wie es zuvor nur Microsoft im PC-Markt erlebte.

[8] Jeder App-Entwickler und jede App wird, bevor er auch nur eine App auf iTunes hochladen darf, intensiv auf Zuverlässigkeit überprüft. Dazu bietet Apple den Entwicklern die Teilnahme am Apple Developer Program (https://developer.apple.com/programs/) an.

[9] iOS Developer Library, https://developer.apple.com/library/ios/navigation/, abgerufen 16.07.2015.

[10] XARA – Unauthorised Cross-App Resource Access.

Apples Geschäftsmodell widerspricht natürlich voll dem Verhalten der ganzen Internetwelt mit offenen Programmen (open source), freier Nutzung der Software, kurzum ein freies Netz für freie Bürger, ohne Einschränkung. Dieser Idee folgt Google i. P. nach und hat die open source Plattform Android entwickelt, auf der sich jeder Programmierer voll austoben kann. Google überprüft Anwendungen von unabhängigen Entwicklern relativ oberflächlich, sodass schnell bösartige Anwendungen in Umlauf geraten (können). Nun ist Google ja auch kein karitativer Verein! Auch Google will Geld verdienen. Jeder, der also auf Android programmiert, kann das ohne Einschränkung tun, bewegt sich aber in der Googlewelt, die, wie jedermann in der letzten Zeit erfahren konnte, auch sehr Datenkonsument ist. Es sei an die Einführung von Google + in Verbindung mit geänderten Nutzungsbedingungen für jeden Google-Nutzer erinnert. Und somit sitzt jeder Smartphone-Nutzer in der Zwickmühle: Mit der Akzeptierung der Nutzungsbedingungen der Anbieter wollen wir ihren Service, bezahlen aber mit der (vollständigen!) Offenlegung unserer Daten einen hohen Preis! Diese „Datenkraken" können aus den von uns bereitwillig zur Verfügung gestellten Informationen Nutzerprofile erstellen, die bis in den intimen Bereich hineingehen. Kurzum, der persönliche Striptease ist perfekt! Im Laufe der Zeit kennen die großen Datensammler den Smartphone-Nutzer besser als der/die (Ehe-)Partner/in, Freund oder Freundin. Die großen Player (Apple, Google, Microsoft, Facebook etc.) haben faktisch den Markt unter sich aufgeteilt. Da, wie oben schon erwähnt, die Firmen keine Wohltätigkeitsvereine sind, sind sie bestrebt, ihre Erkenntnis auch meistbietend zu vermarkten. Damit kann auch ein Arbeitgeber, eine Krankenkasse und wer sonst noch Interesse an den persönlichen Eigenarten des Nutzers hat (Banken, Schufa etc.), durch Kauf wichtige Informationen über ihn gewinnen. Da kommt in Deutschland gern das Thema Datenschutz ins Spiel. Dieser war mal gut aufgestellt, wurde aber in den vergangenen Jahren durch Arglosigkeit und Dummheit der Menschen zum Nutzen der genannten Unternehmen massiv untergraben. Selbst die NSA-Affäre hat zwar zu kräftigen Reaktionen, aber kaum zur Verhaltensänderung der Menschen geführt. Auch auf europäischer Ebene, auf der sich die Anbieter sehr geschickt die Staaten mit dem niedrigsten Datenschutzlevel als Registrierungsland ausgewählt haben, wurde der Datenschutz[11] recht stiefmütterlich behandelt. Ob die neue Verordnung zum allgemeinen Datenschutzrecht (VO-E), deren Entwurf z. Zt. im Europäischen Rat und im Europäischen Parlament beraten wird und voraussichtlich nicht vor 2018 greift, das zu verbessern mag, muss die Zukunft zeigen. Derzeit hat der freimütige Nutzer ziemlich blank gezogen!

[11] Europäische Datenschutzrichtlinie 95/46/EG.

9.4 Welches Betriebssystem ist das Beste?

Haben wir nur die Wahl zwischen Pest und Cholera? Was Geheimdienste und die großen Datenkraken angeht, ja. Das zeigen uns gerade auch die neuesten Veröffentlichungen von Wikileaks aus dem Juli 2015, veröffentlicht in SZ [5]. Wenn es aber darum geht, uns gegen den allgemeinen Hacker zu schützen, muss die Aussage differenzierter ausfallen. Dem Profi kann man es nur schwer machen, an unsere Daten heranzukommen. Gegen die Halbprofis und Amateure können wir schon ganz ordentliche Schutzbarrieren aufbauen. Also, was ist zu tun? Wer aber schützt uns denn besser gegen die Neugier unserer Mitmenschen, Apple oder Google, Microsoft oder RIM?

Auch da gibt es keine einfachen Antworten. Die meisten Leser werden mit Microsoft Windows auf ihrem PC vertraut sein. Dann ist auch bekannt, dass Microsoft ein Lieblingsgegner der Hacker ist, an deren Produkten und Updates sich die Gemeinde immer gern neu versucht. Man ist also solange sicher, wie Datenlecks publiziert und Microsoft mit Updates von Windows bzw. von Windows CE auf mobilen Geräten darauf erfolgreich reagiert.

Anders sieht das in Googles Android-Welt aus. Da Android ein open source Produkt ist, hat die Hackergemeinde eher ein sportliches Interesse, die Schwachstellen aufzudecken, zumeist aber auch einen Hinweise parat, wie diese Schachstellen geschlossen werden können. Auch hier kann der Kunde nur angehalten werden, aufmerksam zu sein und regelmäßige Updates durchzuführen. Für Entwickler von Apps ist das Android-Betriebssystem als offenes System natürlich viel willkommener, als die restriktiven, prioritären Betriebssysteme der anderen Player. Darin liegt aber auch gleich eine Schwachstelle für den Nutzer. Der Kunde muss höllisch aufpassen, dass ihm nichts Unanständiges untergejubelt wird. Es ist leicht, Viren oder Trojaner in solchen, für den Kunden attraktiven Apps zu verstecken und so zum Parallelnutzer zu werden. Dazu gibt es genügend Beispiele und täglich werden es mehr. Anfang 2012 tauchte ein erster Trojaner für Android-Systeme auf: *Trojan-SMS.AndroidOS.FakePlayer*, auf den Kaspersky [6] aufmerksam machte. An dem Kürzel erkennt man schon, dass der Angriff über SMS erfolgte, d. h. eine Lock-SMS enthält eine Information zum Download eines Schadprogramms. Auslöser ist letztendlich der (unvorsichtige) Nutzer selbst. Wie beim ganz normalen PC sind gesundes Misstrauen, Vorsicht und Verzicht auf schnelles Klicken wichtige Verhaltensregeln im Umgang mit Smartphones und Tablets.

Über RIMs Backberry ist nicht viel zu sagen, da es zum einen ebenfalls ein prioritäres Produkt ist, der Markt sehr klein ist und zum anderen die gleichen Verhaltensregeln gelten wie bei Microsoft Windows CE.

Dadurch, dass Apple seine Produkte nur über iTunes vermarktet und diese zuvor intensiv geprüft wurden, könnte man sehr viel beruhigter sein. Das heißt nicht, dass es gar keine Gefahren gibt. Das zuvor angesprochene Beispiel XARA hat gezeigt, dass auch Apple zunehmend in den Focus der Hacker gerät, zum einen aus sportlichen Gründen, zum anderen aber auch, um das Image von Apple in gleicher Weise zu schädigen wie es in der Vergangenheit Microsoft in der PC Welt erfahren musste.

Bevor wir zu weiteren Aspekten kommen, schauen wir uns mal die Liste der TOP-Ten-Risiken an:

9.5 Die Top-Ten Sicherheitsrisiken für Smartphonenutzer

▶ **Risiko** ist definiert als das *Produkt von Eintrittswahrscheinlichkeit eines Ereignisses mal dem erwarteten Schaden bei Eintritt dieses Ereignisses* (für das Unternehmen oder das Individuum).

Tabelle 9.1 entstammt dem Report des European Network and Information Security Agency (ENISA) zur Sicherheit von Smartphones, 2010 [7]. Sie ist das Ergebnis von Beratung von Experten auf europäischer Ebene. Die Risikostufen beschreiben relative Risiken und entsprechen den Risikostufen, wie sie auch vom Bundesamt für Sicherheit in der Informationstechnik (BSI) genutzt und empfohlen werden. Die Studie unterscheidet den Nutzer in drei Kategorien: Verbraucher (customer), Mitarbeiter (employer) und Manager/hoher Beamter (high official). Die nachfolgende Übersicht soll einen ersten Eindruck von den wesentlichen Sicherheitsaspekten und Risiken widergeben. Für eine tiefergehende Auseinandersetzung mit dem Thema lohnt es sich, besagten Report im Detail zu studieren. Hier sollen nur die wesentlichen Merkmale zusammengefasst aufgelistet werden.

9.6 Gegenmaßnahmen und praktische Beispiele

Wie können wir nun diesen TOP-Ten-Risiken entgegentreten? Gehen wir mal Punkt für Punkt vor.

Punkt 1
Grundsätzlich sollten alle Zugangscodes aktiv geschaltet werden, d. h. aktivieren der Codesperre! Auch wenn das Passwort dafür relativ kurz und bisweilen nur aus Ziffern besteht, ist es aber doch eine wesentliche Hürde, die erst einmal überwunden werden muss, zumal einige Hersteller, hier sei Apple hervorgehoben, bei den neuesten Modellen diesen Zugangscode intern AES-verschlüsselt. AES[12] ist ein Verschlüsselungsstandard der NIST [8], ein sogenanntes Public-Key-Verfahren, das heute Gang und Gäbe ist, bei dem zwei Schlüssel, ein privater und ein öffentlicher verwendet werden. Wir wollen an dieser Stelle nicht weiter darauf eingehen, es führt zu weit.

[12] AES – Advanced Encryption Standard.

Tab. 9.1 Top-Ten-Sicherheitsrisiken für Smartphonenutzer. Quelle: Report der European Network and Information Security Agency (ENISA) zu Sicherheit von Smartphones, 2010, [7]

No.	Ereignis	Risiko	Beschreibung
1	Datenleck, resultierend aus Verlust oder Diebstahl des Endgeräts	Hoch	Das Smartphone ist gestohlen oder verloren und sein Speicherinhalt oder die verwendeten Anwendungen sind ungeschützt; sie erlauben so dem Angreifer Zugang zu den gespeicherten Daten.
2	Unbeabsichtigte Offenlegung von Daten	Hoch	Der Smartphonenutzer hat unbeabsichtigt geschützte Daten auf seinem Smartphone/ Display.
3	Angriffe auf ausgesonderte Smartphones	Hoch	Das Smartphone ist ausgesondert worden, die Dateien und Anwendungen sind nicht ordentlich gelöscht. Damit werden dem Angreifer Tür und Tor auf die abgelegten Daten und Anwendungen geöffnet.
4	Phishing Attacken	Medium	Ein Angreifer sammelt Zugangsdaten, -nummern etc. (z. B. Passwörter, Kreditkartennummern etc.) durch manipulierte Apps oder seriös erscheinende Nachrichten via SMS oder Emails.
5	Angriffe mittels Spionagesoftware (Spyware)	Medium	Auf dem Smartphone wurde Spionage-Software installiert. Das kann über Apps oder Emails geschehen. Spyware erlaubt dem Angreifer Zugang zu oder Manipulation von persönlichen Daten. Spyware versteckt ungeschützte persönliche Informationen im Gegensatz zu gezielter Beobachtung oder Überwachung (surveillance).
6	Angriffe durch Netzwerkmanipulation (Spoofing)	Medium	Angreifer installiert einen unseriösen (manipulierten) Netzzugang (z. B. WLAN or GSM [IMSI catcher]) und lockt den Nutzer darauf. Dann klinkt sich der Angreifer wie ein seriöser Teilnehmer in die Verbindung ein und kann jetzt weitere Angriffe durch Phishing o. ä. starten.
7	Überwachungs- oder Beobachtungsangriffe (surveillance)	Medium	Der Angreifer nimmt sich einen ganz speziellen Nutzer vor und beobachtet alle seine Aktionen, all sein Tun auf dem Smartphone der Zielperson.
8	Angriffe durch automatische Anwahlverfahren (dialer software)	Medium	Über Premium-SMS oder Anrufe von Sondernummern wird Schadsoftware (malware) installiert, die automatische Anrufe zu (teuren, überteuerten) Servicenummern (0190/0900-er Nummern) generiert und so Smartphonenutzern das Geld aus der Tasche zieht.

(*Fortsetzung*)

Tab. 9.1 (Fortsetzung)

No.	Ereignis	Risiko	Beschreibung
9	Angriffe über Finanzschadsoftware (financial malware)	Medium	Das Smartphone wird mit einer speziellen Finanzschadsoftware infiziert (Methode w. o.), die so gestaltet ist, dass sie Kreditkartennummern, Zugangsdaten zum Online-Banking oder für elektronische Geschäfte via Mobilfunk (e- und m-commerce) stiehlt.
10	Netzwerküberlastung (network congestion)	Niedrig	Durch vielfachen Einsatz von Smartphones (hohes Datenaufkommen) wird das Netz überlastet und steht dem Endnutzer nicht mehr zur Verfügung (Meldung „kein Internetzugang"). Der Effekt kann auch durch Zustopfen des Netzes (denial of services [DoS]) verursacht werden.

Tab. 9.2 Maximale Lebensdauer von einigen Passwortlängen nach Constance Thanner, Markus Krumm, Passwort 2010, kes 2009/2, S. 6 ff

Passwortzeichenlänge	Höchstlebensdauer	Zeit zum vollständigen Durchsuchen des Passwortraums
4	0 s	42 ms
8	36 s	42 d
10	92 h	1054 a
12	97 a	9714449 a

Dafür wollen wir hier aber Gelegenheit nehmen, ein paar Worte über Passwörter zu verlieren. Constance Thanner und Markus Krumm haben in einem Beitrag zum < kes > –Info-Archiv [9] eine ausführliche Abhandlung zur Sicherheit von Passwörtern, der Wahrscheinlichkeit, es zu knacken, wie auch dem Erwartungswert für die Lebensdauer eines Passworts veröffentlicht.

Tabelle 9.2 ist einem Artikel der beiden Autoren im Heft < kes > 2009'2, Passwort 2010, bzw. einer ausführlicheren Abhandlung zum Thema in [9], in dem die maximale Lebensdauer von Passwörtern und die benötigte Zeit zum vollständigen Durchsuchen eines Passwortraums von 84 Zeichen, d. h. alle Klein- und Großbuchstaben, alle Ziffern sowie die wichtigsten Sonderzeichen unter der Annahme eines Risikos von 1:100.000 bei einer Angreiferleistung von 2 Mrd. Hashes/sec dargestellt sind, entnommen. Schnell erkennt man: kurze Passwörter (vier Zeichen) sind nutzlos! Passwörter sollten mindestens acht Zeichen (alpha-numerisch plus Groß-, Kleinschreibung und Sonderzeichen) lang sein, das Passwort darf kein sinnvolles Wort ergeben, was in einem Wörterbuch nachgeschlagen oder in sogenannten Rainbow-Tabellen errechnet werden könnte, und sollte mindestens alle 90 Tage gewechselt werden.

Einige Hersteller von Smartphones bieten auch eine Zugangssicherung über Fingerabdruck an, Beispiel: Apple ab iPhone 5 s.

Punkte 1–4 und 9

Die nächste Maßnahme, die eine Lösung für die Punkte 1, 2, 3, 4 und 9 darstellt, sind die Einrichtung einer Datenverschlüsselung und einer PIN-Verschlüsselung auf dem Smartphone. Das Programm Keepass gibt es schon lange für PCs, nun auch Keepassdroid für die Android-Welt. Es erlaubt die Anlegung verschlüsselter Datenbanken auf dem Smartphone und ist damit ein Schutz gegen Sicherheitsrisiken zu Punkt 1 und 2. Die Verschlüsselung ist hochwertig und funktioniert mit dem AES-Algorithmus. Prinzipiell gibt es Keepass auch für iPhones, der Import der Datenbank ist aber kompliziert und offensichtlich nach Arnold und Löbering nur bedingt empfehlenswert [10].

Anders verhält es sich da mit dem Programm iPIN, das auf allen Systemen läuft und auch in einer kostenlosen Lite-Version erhältlich ist. Mit einem Sensorcode, der wieder mit AES verschlüsselt ist, kann man sicher bis zu fünf PINs auf seinem Smartphone ablegen. In der Vollversion (aktuell für €2,99) lassen sich auch so Datenbankzugriffe sichern.

Das iPhone selbst bietet ab der Betriebssystemversion iOS 4.0 eine ordentliche Verschlüsselung des Dateisystems, sobald man die Codesperre aktiviert hat. Ab der BS-Version iOS 7.0 werden die Daten AES verschlüsselt. Arnold und Löbering berichten zwar, dass es im Mai 2011 der Sicherheitsfirma Elcomsoft gelungen sei, Daten aus iPhones auch bei aktiver Codesperre zu entschlüsseln. Unbekannt ist, welche Voraussetzungen vorlagen und wie hoch der Aufwand gewesen ist. Fairerweise muss hinzugefügt werden, diese hohe Sicherheit gilt für das Ur-iPhone iPhone 3G und das Ur-iPad nicht! Wegen Hardwaredefizits sind sie auch nicht nachrüstbar.

Eine deutsche Mär bis in die 1990er-Jahre war, Verschlüsselung ist 100 % sicher. Heute wissen wir es besser: es gibt nicht den perfekten Schutz. Es ist die Verantwortung des Nutzers, das Sicherheitsrisiko für sich und seine Firma abzuschätzen und darauf dann den Schutzaufwand abzustimmen. Ökonomisch sinnvoll ist weder ein zu geringer Schutz, das ist heraus geworfenes Geld, noch ein zu hoher Schutz, wenn man mit Kanonen auf Spatzen schießt.

Punkte 4, 5, 6 und 8

Ein Smartphone ist i. P. wie ein Mini-Notebook, also eine Art PC light. Will man damit ins Internet, muss man einen Browser herunterladen (wenn er nicht schon vorinstalliert ist), eine Firewall installieren und ein Virenschutzprogramm einrichten. Da stehen unter Android mehr oder weniger alle bekannten Optionen des Internets bereit. Anders bei Apple: i. P. funktioniert nur ein Browser einwandfrei: Der von Apple entwickelte und vorinstallierte Browser Safari. Verglichen mit anderen Browsern ist er recht komfortabel und sichert einige wichtige Sicherheitsfunktionen wie

- Anti-Phishing und Anti-Malware Filter
- 70 % Phishing-Seiten korrekt erkannt
- Warnhinweise vor dubiosen/gefälschten Webseiten
- Deaktivierung von ActiveX (verantwortlich u. a. für das Laden von JAVA als Programmiersprache)
- schnell und standardkonform, Safari erfüllt den sogenannten Acid3 Browsertest des WorldWideWeb Consortiums (W3C) vollständig bzw. übererfüllt ihn, er unterstützt z. B. auch eine umfangreiche Unterstützung der W3C-Standards HTML5 (HyperText Markup Language) und CSS3 (Computer, Computational & Statistic Science Division),
- regelmäßige Sendung von Diagnose- und Nutzungs-Daten an Apple (abschaltbar)

Man mag über den letzten Punkt die Nase rümpfen, anderseits aber erlaubt man so den Entwicklern bei Apple, Softwarefehler, Fehlfunktionen oder Sicherheitslücken sofort aufzudecken. Dass das nicht perfekt ist, wurde oben am Beispiel XARA gezeigt.

Aber Safari hat auch Mängel, z. B.:

- JavaScript lässt sich nicht vollständig deaktivieren,
  Gefahr: Cross Site Scripting (XSS), d. h. Cookie Diebstahl,
  Lösung:
  - Cookies regelmäßig löschen
  - XSS-Filter z. B. mit AJAX-Technologie (Asynchronous JavaScript and XML)
- Jailbreak, Manipulation des iOS-Betriebssystems, um eigene oder fremde Apps aufzuladen
  Gefahr: Verlassen der sicheren App-Entwicklungsebene von Apple,
  Lösung: Unterlassen jeglicher Manipulation des BS

Schwieriger wird es mit der Installation eines Virenschutzprogramms bei Apple. Im AppStore werden lookout und Avira als Antivirenprogramm für iPhones angeboten. Wenn man aber Tim Aschermann [11] von der Zeitschrift chip glauben darf, dann ist ein Virenschutzprogramm für Apple-Phones unnötig.

Anders sieht es für die anderen Smartphones mit Betriebssystem Android oder Symbian aus. 2011 entdeckte die Software-Sicherheitsfirma Lookout 27 bösartige Apps auf dem Android Markt: Die Anwendungen schädigen die Nutzer, indem sie heimlich teure SMS versenden [12]. Neben Deutschland waren Nutzer in 17 weiteren Ländern betroffen.

Es gibt mittlerweile zahlreiche Antivirenprogramme für Android Systeme, z. B. AVG free oder das Programm Security & Antivirus von der oben schon erwähnten Firma Lookout. Sehr hilfreich dazu ist eine Abhandlung von Thomas Bär und Frank-Michael Schlede [13]. Der Antivirenexperte Kasperski gibt an, eine Lösung für Android zu haben, ebenso F-Secure mit dem Produkt Mobile Security für die Symbian-Welt. Damit ist dieser Bereich aber noch nicht umfassend beschrieben.

Auch wenn die Angriffe auf Smartphones sich noch in Grenzen halten, so erwartet die Mobile Community ein zunehmendes Gefährdungspotential. Diese lauern z. B. in den Zusatzfunktionen zu den Apps, den Werbebannern, mit denen die kostenlosen Apps Großteils finanziert werden (sollen) und in den Cloud-Services. Das gilt für alle Apps auf allen Plattformen. Trotz aller Neugier kann nur zu PC-adäquatem Verhalten geraten werden, d. h. höchste Aufmerksamkeit und Vorsicht.

Punkt 7
Überwachung und Beobachtung: Erste Gegenmaßnahme ist, sich nicht unbeobachtet über die Schulter schauen lassen, wenn PINs und Codes eingeben werden. Viele Menschen haben ein Problem, sich die Fülle der vielen Passwörter und Zugangscodes zu merken. Das Programm iPIN kann helfen, da es wie ein Mastercode wirkt, hinter dem sich mit einiger Sicherheit weitere Passwörter und Codes verbergen lassen. Der Zugangscode ist ein graphischer ist, der sowohl durch Tastendruck als auch durch Darüberstreichen gestartet werden kann. Das Problem dabei ist, alle Passwörter und Codes werden i. P. auf dem Smartphone in einer App gespeichert. Im Allgemeinen wird aus guten Gründen davon abgeraten, Passwörter auf dem Device zu hinterlegen!

Punkt 10
Zu Punkt 10 kann man nicht viel sagen, da das ein Problem der Netzbetreiber oder der Service-Anbieter ist. Wenn der Verkehr auf den Funkwegen zu hoch oder das Anfragevolumen zu stark ist, werden die Netze zugestopft, so dass nichts mehr rein noch raus geht. Dagegen hilft nur weiterer Netzausbau, Übergang zu neuen Technologien (LTE) oder Beschränkung der Downloadkapazität durch den Anbieter. Da sind die Netzbetreiber am Zug. Einige versuchen, diesem Dilemma dadurch zu entgehen, dass sie mit gesonderten Tarifen Prioritäten festzulegen.

Bleibt zu diesem Abschnitt abschließend festzustellen, dass das BSI eine Reihe sehr hilfreicher Dokumente, sogenannte Bausteine, mit Checklisten und Empfehlungen zum Thema Smartphones, Tablets und PDAs, aber auch Mobiltelefonen und Laptops bereithält, die kostenlos auf der Internetseite bsi.bund.de mit aktueller Gefährdungslage abgerufen werden können [14].

9.7 Fazit und Ausblick

Smartphones sind keine simplen Mobilfunkgeräte oder Handies. Smartphones und Tablets sind i. P. nichts anderes als PCs, Laptops und Notebooks, nur mit dem Unterschied, dass man damit auch noch telefonieren kann. Der Nutzer muss deshalb sicherstellen, dass die gleichen Regeln und Sicherheitsvorkehrungen zu treffen und anzuwenden sind, als wenn er mit einem Laptop oder Notebook unterwegs wäre oder zuhause am PC säße. Die genannten Top-Ten-Regeln helfen, erste grobe Schnitzer zu vermeiden. Der nächste Schritt wäre, ein *Sicherheitskonzept* zu erstellen, sei es privat oder geschäftlich. Das allerdings ist eine andere Baustelle, die wir hier nicht aufmachen wollen und deshalb auf die nächsten Kapitel im Buch verweisen. Ebendort werden weitere Beispiele aufgezeigt und die notwendigen Gegenmaßnahmen erläutert.

Literatur

1. Bitkom, 44 Millionen Deutsche nutzen ein Smartphone, 23.03.2015, https://www.bitkom.org/Presse/Presseinformation/ abgerufen am 5.7.2015
2. BSI – Überblickspapier Smartphones, 09.09.2011 https://www.bsi.bund.de/SharedDocs/Downloads/DE/BSI/Grundschutz/Download/Ueberblickspapier_Smartphone_pdf.htm, abgerufen 16.07.2015
3. Eylert, Bernd; Our mobile as an everyday lifestyle object – how has it changed our daily life and what are the challenges for the future?, Presentation at CTR's Open Day, Friday 23rd March 2012, King's College, London
4. Eylert, Bernd; You will shape the Digital Society with Your Knowledge – Make it Happen!, Academic Farewell, 2010, ISBN 978-3-936527-23-0, in: Die Bedeutung der Mathematik im täglichen Leben eines Ingenieurs, p. 176
5. Süddeutsche Zeitung, Welche Nummern der Kanzlerin die NSA abhörte, http://www.sueddeutsche.de/politik/selektorenliste-der-nsa-welche-nummern-der-kanzlerin-die-nsa-abhoerte-1.2557963, vom 09.07.2015, abgerufen am selben Tag
6. Kaspersky Lab Nachrichten, „Virus to Go": Gefahr für Smartphones wächst, Februar 2012
7. Giles Hogben, Marnix Dekker, Smartphones: Information security risks, opportunities and recommendations for users, ENISA, 2010-12-10, https://www.enisa.europa.eu/activities/identity-and-trust/risks-and-data-breaches/smartphones-information-security-risks-opportunities-and-recommendations-for-users, abgerufen und übersetzt am 14.03.2012
8. National Institute of Standards and Technology (NIST), Federal Information Processing Standards Publications (FIPS PUBS), 2001, Publication 197, Advanced Encryption Standard (AES), U.S. Department of Commerce, http://csrc.nist.gov/publications/fips/fips197/fips-197.pdf
9. Constance Thanner, Markus Krumm, Passwort 2010, http://2014.kes.info/archiv/online/09-2-006.htm
10. Arne Arnold, Christian Löbering, *Passwort-Tresor auf dem Smartphone anlegen*, PC-Welt, 04.11.2011
11. Tim Aschermann, Virenschutz fürs iPhone: Sinnvoll oder unnötig?, chip, 24.04.2015, http://praxistipps.chip.de/virenschutz-fuers-iphone-sinnvoll-oder-unnoetig_1668, heruntergeladen am 09.07.2015
12. COMPUTER BILD-Sicherheits-Center, 15.12.2011, http://www.computerbild.de/artikel/cb-Aktuell-Sicherheit-Android, abgerufen 14.03.2012
13. Thomas Bär, Frank-Michael Schlede, Ratgeber Mobile Sicherheit, *Wie Android sicher wird*, vom 29.02.2012, http://www.computerwoche.de/2505808, abgerufen 14.03.2012
14. BSI, Bausteine B 3.404 Mobiltelefon, B 3.405 Smartphones, Tablets und PDAs, B 3.203 Laptops, bsi.bund.de, IT-Grundschutzkataloge, Inhalt, Bausteine, IT-Systeme

10 Sichere Business-Apps unter Android

Julian Schütte, Jörn Eichler, und Dennis Titze

Zusammenfassung

Anwendungen auf mobilen Endgeräten gewinnen auch im Geschäftsumfeld zunehmend an Bedeutung. Sicherheitsaspekte mobiler Anwendungen treten damit stärker in den Vordergrund. Dieses Kapitel erläutert Besonderheiten mobiler Anwendungen aus der Perspektive der Anwendungssicherheit. Am Beispiel des populären Android-Betriebssystems werden Angriffsmöglichkeiten auf mobile (Geschäfts-) Anwendungen aufgezeigt und Gegenmaßnahmen diskutiert. Dabei werden technische Lösungsansätze zur Verhinderung oder Begrenzung von Angriffen sowohl auf dem mobilen Endgerät wie auch in der Entwicklung vorgestellt. Eingebettet werden diese technischen Lösungsansätze in die Betrachtung des gesamten Entwicklungsprozesses mobiler Anwendungen. Es werden Ansätze zur systematischen Berücksichtigung von Sicherheitsaspekten im Entwicklungsprozess eingeführt, um sowohl die Entwicklung sicherer, mobiler Anwendungen zu unterstützen als auch um die Bewertung, Verbesserung und Auswahl von Entwicklungsorganisationen zu erleichtern.

Schlüsselwörter

Anwendungssicherheit • sichere Entwicklungsprozesse • Security Engineering • Android Security

J. Schütte (✉) • J. Eichler • D. Titze
Fraunhofer-Institut für Angewandte und Integrierte Sicherheit AISEC, Garching, Deutschland
E-Mail: julian.schuette@aisec.fraunhofer.de; joern.eichler@aisec.fraunhofer.de; dennis.titze@aisec.fraunhofer.de

T. Barton et al. (Hrsg.), *Mobile Anwendungen in Unternehmen*, Angewandte Wirtschaftsinformatik,
DOI 10.1007/978-3-658-12010-8_10

10.1 Sicherheit mobiler Anwendungen

Sorgen um die Datensicherheit stellen in der Regel das größte Hindernis für die Einführung neuer Technologien im Business-Umfeld dar – seien es Cloud-Infrastruktur, Big Data, oder eben mobile Anwendungen. Die Skepsis ist durchaus berechtigt, birgt doch jede neue Technologie bislang unbekannte Risiken, die zunächst verstanden und eingeschätzt werden müssen.

Im vorigen Kapitel wurde bereits dargelegt, dass Smartphones und mobile Anwendungen nicht einfach als verkleinerte tragbare Computer betrachtet werden dürfen, sondern grundsätzlich neuen Risiken unterliegen.

Einige der Risiken bei der Verarbeitung geschäftskritischer Daten mit mobilen Anwendungen sind offensichtlich: mobile Endgeräte befinden sich nicht immer in mehr oder weniger geschützten Räumlichkeiten des Unternehmens, sondern können praktisch überall verloren gehen oder gestohlen werden. Für Unternehmen ist es daher sehr wichtig, entsprechende Prozesse zum Management der Geräte und Verfahren für den Schadensfall aufsetzen.

Doch auch die Software-Architektur mobiler Anwendungen und ihrer Ausführungsumgebungen bringt Risiken für Unternehmensdaten und -netze mit sich, die weit weniger offensichtlich sind. Diese Risiken und ihre möglichen Folgen zu verstehen, erfordert ein Verständnis der technischen Gegebenheiten mobiler Plattformen.

Die Sicherheit der Daten kann auf verschiedenen Ebenen beeinträchtigt werden. Dabei können die bedrohten Daten in folgende Kategorien eingeordnet werden, die je nach Anwendungsfall unterschiedliche Kritikalität besitzen:

Data at rest
bezeichnet die auf dem Telefon tatsächlich gespeicherten Daten. Dies beinhaltet beispielsweise Kontakte, Emails und persönliche Daten des Besitzers. Diese Daten können unter Umständen von einem Angreifer gestohlen werden, und beispielweise ohne die Zustimmung des Nutzers an Dritte weitergegeben werden.

Data in transit
betrifft zum einen die Daten die nach außen kommuniziert werden, also bspw. per Netzwerk an einen Server geschickt werden. Zudem bezeichnet der Begriff alle Daten die zwischen Apps ausgetauscht werden. Diese Daten können von einem Angreifer z. B. durch eine fehlerhaft implementierte Transportsicherung ausgelesen und weiterverwendet werden.

Data in use
sind zuletzt die Daten die eine App gerade bearbeitet, bzw. die die App bei der Ausführung benutzt. Sobald ein Angreifer diese Daten manipulieren kann, kann die Ausführung der App manipuliert bzw. gestört werden. Ein bekanntes Beispiel hierfür

ist die Android Lücke „Stagefright“[1] mit deren Hilfe ein Angreifer über manipulierte Daten (eine manipulierte MMS) schadhaften Code ausführen konnte.

Dieses Kapitel wirft ein Schlaglicht auf besondere Eigenheiten mobiler Anwendungen und mögliche Angriffsvektoren, sowie auf mögliche Gegenmaßnahmen. Ein Verständnis dieser Angriffsvektoren ist äußerst hilfreich, um in einem schnell wachsenden Markt von Sicherheitslösungen für mobile Endgeräte beurteilen zu können, welche Ansätze tatsächlich wirksamen Schutz bieten. Eine ganze Palette von Sicherheitslösungen ist mittlerweile erhältlich, angefangen von kostenlosen Antivirus-Apps bis hin zu komplexen Infrastrukturen für Mobile Device und Application Management (MDM/MAM) und hochsicheren Smartphone-Plattformen. Hieraus sinnvolle Maßnahmen auszuwählen ist alles andere als trivial und erfordert ein tieferes Verständnis der Technologie, um deren Wirksamkeit und das verbleibende Restrisiko einschätzen zu können.

Insbesondere die Android-Plattform stellt Anwender und Verantwortliche vor Herausforderungen. Einerseits ist Android mit einem Marktanteil von 78 %[2] im Jahr 2015 das mit Abstand populärste mobile Betriebssystem. Andererseits stellt die Offenheit und Heterogenität der Plattform Administratoren und Management vor deutlich größere Herausforderungen als eine Unterstützung von Windows Phone oder Apple iOS. Aus diesem Grund steht Android im Fokus dieses Kapitels.

10.2 Angriffe auf mobile Anwendungen

Ein Großteil der aktuell verfügbaren mobilen Anwendungen weist in der ein oder anderen Form Sicherheitslücken auf. Nicht immer sind diese kritisch oder relevant für geschäftliche Daten. Doch allein die Anzahl der Verwundbarkeiten vermittelt ein Bild von der Qualität der mobilen Anwendungen, die über die offiziellen – und häufig für sicher erachteten – Distributionskanäle bezogen werden können.

In einer Untersuchung des Fraunhofer AISEC [1] wurde gezeigt, dass eine Vielzahl an Apps bereits beim Start der Anwendung mit einem Server im Internet kommuniziert, wobei immerhin fast 5 % der Apps direkt personenbeziehbare Daten versenden. Eine Untersuchung der 10.000 beliebtesten kostenlosen Apps aus dem Google Play Store zeigte, dass 69 % dieser Apps eine gänzlich unverschlüsselte Verbindung verwenden, wodurch Angreifer sehr einfach den Datenverkehr mitlesen und manipulieren können. Eine weitere Auswertung der Apps zeigte, dass 49 % der Apps den Aufenthaltsort des Benutzers bestimmen können, 11 % der Apps die Kontakte auslesen können und 8 % Zugriff auf das Mikrofon des Gerätes haben. Welche Daten von der App geladen, an einen Server versendet werden, oder wann die App auf sensitive Informationen zugreift ist für den Endnutzer nicht ersichtlich.

[1] http://www.androidcentral.com/stagefright.

[2] http://www.idc.com/prodserv/smartphone-os-market-share.jsp.

Um diese Zahlen interpretieren zu können, ist es hilfreich, die Eigenschaften typischer Schwachstellen in mobilen Android Apps zu diskutieren. Einige Schwachstellen betreffen nur die von der jeweiligen App verwalteten Daten und können nur unter bestimmten Bedingungen ausgenutzt werden, während andere Schwachstellen in einer einzigen App das gesamte Gerät und alle darauf befindlichen Daten kompromittieren können.

10.2.1 Zugriff auf geschützte Ressourcen

Im Verhältnis zu Desktop-Anwendungen sind mobile Apps deutlich strikter voneinander isoliert. Sowohl ihre Datenhaltung (data-at-rest), als auch der Prozess- und Speicherkontext (data-in-use) werden in der Regel in einer *Sandbox* gekapselt und damit einerseits vor dem Zugriff durch andere Apps geschützt, andererseits aber auch in ihren Zugriffsmöglichkeiten auf das System beschränkt. Um es Apps dennoch zu ermöglichen, Ressourcen wie etwa die Kamera oder das Telefonbuch zu nutzen, müssen diese explizit freigegeben werden. Hierzu melden Apps entsprechende *Permissions* an, die dem Benutzer in vereinfachter Form bei Installation der App angezeigt werden und die vom Benutzer genehmigt werden müssen. Ab Android M können Benutzer diese Permissions jederzeit individuell konfigurieren, bei allen älteren Versionen hat der Benutzer lediglich die Wahl, alle angeforderten Permissions zuzulassen oder die App nicht zu installieren.

Im Falle von Android gibt eine Permission die Nutzung verschiedener Aufrufe der Programmierschnittstelle (Application Programming Interface, API) frei bzw. erlaubt den Zugriff auf bestimmte Teile des Dateisystems. Ein Beispiel hierfür ist die Permission `WRITE_EXTERNAL_STORAGE`, durch die der Prozess der jeweiligen Anwendung die Gruppen-ID `sdcard_rw` zugeordnet wird, die wiederum Schreibrechte für die SD-Karte unter `/sdcard` hat.

Das Permission-System ist ein sinnvoller Ansatz um kritische Funktionalität abzusichern, bzw. sich diese vom Benutzer erlauben zu lassen. Die Hauptkritikpunkte, die in der Vergangenheit geäußert wurden, betrafen das Fehlen einer Wahlmöglichkeit bei Installation einer App, sowie die zu hohe Granularität, die das Verständnis der Permissions erschwerte [2]. Beides wurde mittlerweile gelöst und oberflächlich hat sich das Permission-System von Android dem allgemein für intuitiv befundenen System von Apple angenähert. Beim Berechtigungssystem von Apple müssen Permissions erst bei ihrer ersten Benutzung bestätigt werden, und können vom Benutzer auch abgelehnt werden.

Intern weist das Permission-System jedoch inhärente Probleme auf, die im Systemdesign begründet liegen und zu verschiedenen Angriffsvektoren führen können.

Die Durchsetzung von Permissions geschieht auf unterschiedlichen Ebenen im Betriebssystem. Durch das Fehlen einer Zentralen Instanz zur Kontrolle und Durchsetzung von Permissions, lässt sich nur schwer garantieren, dass geschützte Ressourcen nicht doch erreichbar sind, obwohl einer App die entsprechende Permission nicht zur Verfügung steht. Um nur ein Beispiel anzuführen, war es in der Vergangenheit möglich, über das öffentlich zugängliche `/proc`-Dateisystem Informationen des Kernels auszulesen, die eigentlich nur über eine geschützte API des Android-Frameworks hätten erreichbar sein sollen. Im Ergebnis konnten Anwendungen Informationen über das aktuell genutzte WLAN in Erfahrung bringen. Hierdurch konnte der Aufenthaltsort des Benutzers bestimmt werden, ohne dass die App über die entsprechende Permission verfügen musste.

Dies ist zwar nur ein Beispiel für die Umgehung von Permissions, doch es zeigt die inhärente Schwachstelle auf, dass Permissions nicht durch eine zentralen Komponente kontrolliert werden. Diese müssen alle nahtlos ineinandergreifen, um einen vollständigen Schutz zu erreichen. Zhou et al. [3] zeigen weitere Möglichkeiten, wie sich aus öffentlichen Informationsquellen in einem Android-System äußerst kritische und persönliche Daten des Benutzer gewinnen lassen, ohne dass hierfür entsprechende Permissions erforderlich sind.

Apps können sich grundsätzlich für beliebige Permissions registrieren – auch solche, die es im Android Betriebssystem nicht gibt [4]. Diese Permission kann die App zunächst nicht erhalten, der Benutzer muss diese also auch nicht bestätigen. Wird das Betriebssystem jedoch aktualisiert und mit der Aktualisierung diese Permission eingeführt, so erhält die App diese automatisch. Dies kann von einer schadhaften App ausgenutzt werden, um unerkannt an Permissions zu gelangen.

So wurde beispielsweise mit Android 4.1 die Permission READ_CALL_LOG eingeführt. Forderte eine App diese auf einem Gerät mit älterem Betriebssystem als Android 4.1 an, so wurde sie dem Benutzer nicht angezeigt und musste nicht bestätigt werden. Mit der Aktualisierung des Betriebssystems erhielt die App diese Permission jedoch automatisch zugewiesen. Der Benutzer konnte dies zwar in den Informationen zur App nachlesen, eine Bestätigung der Permission musste er jedoch nicht leisten. Da der Quelltext des Android-Betriebssystems meist einige Zeit öffentlich verfügbar ist, bevor dieser auf Geräten eingesetzt wird, können solche neu eingeführten Permissions leicht ermittelt werden und Permission-Grabbing einfach ausgenutzt werden.

10.2.2 Ungeschützte Schnittstellen

Obwohl Apps isoliert voneinander jeweils in einer eigenen Sandbox laufen, gibt es durchaus gewollte Interaktionen und Datenaustausch zwischen Anwendungen (data-in-transit). Die sogenannte Inter Component Communication (ICC) stellt einen Mechanismus bereit, über den Apps eigene Daten bereitstellen können, bzw. Informationen von anderen Apps oder dem System abonnieren können. Ein typisches Anwendungsbeispiel hierfür ist eine Kontakte-App, welche anderen Apps Zugriff auf gespeicherte Kontakte erlaubt, oder ein PDF-Reader, der eine Schnittstelle zum Öffnen von PDF-Dateien anbietet. Diese Schnittstellen anzubieten und zu nutzen ist unter Android relativ leicht – es ist jedoch sehr wichtig bei der Entwicklung einer App die Probleme solcher Schnittstellen zu kennen, und Schutzmaßnahmen hierfür zu implementieren

Hervorstechendes Beispiel für das Fehlen solcher Schutzmaßnahmen ist die Kies-Anwendung, die auf Samsung Galaxy S3-Telefonen vorinstalliert war und es jeder App erlaubte, beliebige weitere Anwendungen auf dem Telefon zu installieren, ohne dass der Benutzer Kenntnis davon erlangte.[3] Die Schwachstelle, die dies ermöglichte – eine typische *Capability Leak*-Schwachstelle – kam dadurch zustande, dass eine Komponente der Kies-App bestimmte Systemnachrichten („Intents“) akzeptierte und die darin angegebene Datei ohne weitere Nachfrage auf dem Telefon installierte. Die Kies-App machte somit ihre eigene Permission, beliebige Anwendungen zu installieren, über eine öffentliche Schnittstelle sämtlichen anderen Apps auf dem Telefon zugänglich. Da die Kies-App überdies als sogenannte *System-App* vorinstalliert war, hatten Benutzer nicht einmal die Möglichkeit, sie zu entfernen. Die Schwachstelle wurde von Samsung sehr schnell durch entsprechende Absicherung der Schnittstelle mit einer Permission korrigiert.

Doch die Kies-App auf Samsung-Geräten ist kein Einzelfall. In den Forschungsprojekten rund um App-Sicherheit am Fraunhofer AISEC wurden immer wieder Capability Leaks entdeckt. Ein Beispiel für ein weniger kritisches Capability Leak, befindet sich in der TV Online-App, die es erlaubt, die WiFi-Schnittstelle zu aktivieren ohne die eigentlich benötigte Permission zu besitzen.

Capability Leaks beziehen sich auf den *Kontrollfluss* einer App, d. h. sie ermöglichen den Zugriff auf geschützte Funktionen der Plattform. Das Gegenstück hierzu sind *Data Leaks*, also Schwachstellen, die es ermöglichen sensible Daten über ungeschützte Schnittstellen einer App zu beziehen. Ein klassisches Beispiel hierfür ist die Taschenlampen-App, die den Inhalt des Kontaktbuchs ins Internet versendet. Die Erkennung von Datenlecks kann bereits für den Entwickler einer App sehr kompliziert sein. In vielen Fällen werden Bibliotheken bei der Entwicklung eingesetzt und in die App eingebunden, die dem Entwickler erlauben bestimmte Funktionalität einfach zu benutzen. Werden beispielsweise Bibliotheken zur einfach Einbindung von Werbung mit in die App eingebunden, so ist meist nicht auf einen Blick sichtbar, wie diese mit den Daten der App umgehen. Da eingebundene Bibliotheken über die gleichen Rechte wie die App selbst verfügen, ist eine strikte Trennung zwischen Daten der App und Daten der Bibliothek kaum möglich. Zudem versuchen insbesondere Werbebibliotheken meist so viele Informationen wie möglich über den Benutzer der App zu sammeln und zu verwerten, angefangen beim eindeutigen Identifizieren des Benutzers bis hin zur Bestimmung des Aufenthaltsortes. Für Endnutzer ist dieses Datensammeln und eindeutige Identifizieren in den meisten Fällen komplett intransparent, und kann in den seltensten Fällen deaktiviert werden. Um diese Datenlecks in Apps zu finden ist eine zeit- und resourcenaufwändige Analyse nötig.

Zusammenfassend lässt sich also festhalten, dass es für Entwickler nicht einfach ist, Zugriffe auf sensible Funktionen und Daten zu schützen. Dies ist insbesondere kritisch, da diese Schwachstellen nicht ausschließlich die von der App verwalteten Daten betreffen sondern – wie im Falle der Kies-App von Samsung – die Sicherheit des gesamten Telefons und aller darauf befindlichen Daten kompromittieren können. Es reicht also nicht, beson-

[3] http://sh4ka.fr/android/galaxys3/from_0perm_to_INSTALL_PACKAGES_on_galaxy_S3.html.

ders vertrauenswürdige und gehärtete Apps für Business-Zwecke einzusetzen, wenn daneben beliebige weitere Apps existieren dürfen, die ggf. zwar nicht bösartig sind, aber eben nicht im Hinblick auf Sicherheit entworfen und implementiert wurden.

10.2.3 Dynamisches Laden von Code

Ein weiteres Muster, das sich in über 30 % der 10.000 vom Fraunhofer AISEC [1] untersuchten Android Apps findet und zu schwerwiegenden Sicherheitslücken führen kann, ist das dynamische Nachladen von Code. Android ermöglicht es Anwendungen, Teile ihres Codes zur Laufzeit dynamisch aus beliebigen Quellen nachzuladen und auszuführen – sei es aus dem Internet, aus Dateien auf dem Telefon oder sogar aus Teilen anderer, parallel installierter Apps. Dies allein stellt noch keinen Bruch des Sicherheitsmodells dar, denn der geladene Code wird immer im Prozess- und Sicherheitskontext der ladenden App ausgeführt – gleichgültig aus welcher Quelle er stammt. Genau diese Tatsache kann sich jedoch in eine Sicherheitslücke verkehren, wenn der nachgeladene Code nicht authentisch ist, sondern durch einen Angreifer eingeschleust wird. Ist ein Angreifer in der Lage, den nachgeladenen Code zu manipulieren oder der App anderen Code unterzuschieben, so hat er damit eine Möglichkeit, eigenen Schadcode in die betroffene App einzuschleusen. Auf diese Weise kann er dann auf sämtliche von der App verwalteten Daten zugreifen sowie sich alle Permissions der App zu eigen zu machen.

Tatsächlich ist es derzeit nicht üblich, dass Apps die Authentizität von nachgeladenem Code verifizieren, wodurch entsprechende Angriffsvektoren zum Einschleusen bösartigen Codes eröffnet werden: Ein prominentes Beispiel für dieses Problem ist Adobe AIR, eine Bibliothek, die erlaubt, Apps plattformunabhängig und gegen ein einheitliches Framework zu schreiben und sie anschließend auf verschiedensten Plattformen mit einheitlichem Erscheinungsbild auszuführen. Zur Ausführung einer mit AIR entwickelten App wird nicht nur der vom App-Entwickler erstellte Programmcode, sondern auch die Adobe AIR-Bibliothek benötigt. Diese Bibliothek kann entweder direkt in die Anwendung integriert sein („Captive Runtime") oder als separate App bereitgestellt werden. Im letztgenannten Fall wird die Bibliothek dann parallel zur AIR-basierten App installiert. Wird die App die AIR verwendet anschließend ausgeführt, wird die Bibliothek geladen und im Prozesskontext des Aufrufers ausgeführt. Dabei wird die Bibliothek allerdings lediglich über ihren registrierten Namen (Package Name) identifiziert – eine Authentifizierung findet nicht statt. Dadurch reicht es für einen Angreifer aus, eine schadhafte App mit dem Package Name der AIR-Bibliothek auf dem Smartphone zu platzieren, wobei diese App keinerlei Permissions benötigt. Wird nun eine AIR-basierte App gestartet, so wird die bösartige Bibliothek geladen und kann auf sämtliche Daten der Anwendung zugreifen, sowie sich alle Permissions der App zunutze machen. Um diesem Problem entgegenzuwirken, wurde im Juli 2013 der „Captive Runtime"-Ansatz von Adobe als Standard vorgegeben – ein Einsatz der AIR-Runtime als separate App muss vom Entwickler explizit vorgegeben werden.

10.2.4 Unsichere Datenspeicherung

Eine naheliegende Bedrohung im Kontext von geschäftlichen Anwendungen ist der mangelhafte Schutz von Daten, die auf dem Gerät gespeichert werden (data-at-rest). Grundsätzlich gibt es einerseits die Möglichkeit, den internen Flash-Speicher des Gerätes auf Systemebene vollständig zu verschlüsseln, als auch andererseits Daten auf Anwendungsebene zu verschlüsseln bevor sie z. B. in interne Datenbanken oder auf der SD-Karte geschrieben werden. Beides erfordert jedoch zunächst Aufwand – in ersterem Fall durch den Benutzer, in letzterem durch den App-Entwickler – und weist in vielen Fällen Lücken auf.

Die systemseitige Verschlüsselung des Speichers (Full Disk Encryption, FDE) wurde mit Android 3.0 (Honeycomb) eingeführt und basiert auf dem unter Linux etablierten Kryptographiemodul dm-crypt. FDE bezieht sich allerdings nicht – wie der Name suggeriert – auf den gesamten Speicher des Smartphones, sondern nur auf die unter `/data` gespeicherten Daten der einzelnen Apps. Speichert eine App Daten auf der SD-Karte, so sind diese auch in der aktuellen Android Version 5.1.1 nicht durch FDE geschützt.

Die Verschlüsselung der ersten Implementierung von FDE benutzte zwar mit dem Advanced Encryption Standard (AES) ein etabliertes Verschlüsselungsverfahren mit einer Schlüssellänge von 128 Bit, allerdings war der Schlüssel für die Verschlüsselung nur mit der persönlichen Identifikationsnummer (PIN) des Sperrbildschirms geschützt. Da die PIN in vielen Fällen nur vierstellig gesetzt ist, war der effektive Schlüsselraum nur $10^4 = 10000$ Möglichkeiten groß, maximal jedoch 10^{16} Möglichkeiten. Ein Angreifer, der physischem Zugriff auf das Gerät erlangt, konnte beispielsweise die korrekte 6-stellige PIN in weniger als 10 Sekunden bestimmen.[4] In Android 4.4 wurde FDE deutlich verbessert und das Ermitteln einer PIN deutlich erschwert. Dort dauert die Bestimmung einer 4-stelligen PIN bereits 42 Minuten. Mit einer längeren PIN oder einem komplexen Passwort kann die Sicherheit der Verschlüsselung zudem deutlich erhöht werden. Mit Android 5.0 wurde FDE weiter verbessert, auf Geräten mit entsprechender Hardwareunterstützung ist das Herausfinden der PIN nach aktuellen Wissensstand nicht mehr möglich, da unter Anderem das Ausprobieren vieler PINs nicht mehr zeiteffizient möglich ist.

[4] http://nelenkov.blogspot.de/2014/10/revisiting-android-disk-encryption.html.

10.2.5 Unsichere Kommunikation

Eine weitere Herausforderung für mobile Anwendungen ist die sichere Umsetzung der Kommunikation beispielweise mit einem zentralen Server (data-in-transit). Für mobile Anwendungen sind dafür insbesondere Secure Sockets Layer (SSL) bzw. Transport Layer Security (TLS) zentral. Auch wenn in der Vergangenheit mehrere schwerwiegende Lücken in Implementierungen von SSL publik wurden (z. B. SMACK,[5] BEAST [5], Heartbleed,[6] usw.), gilt TLS immer noch als sicher, sofern Konfiguration und Zertifikats-Handling korrekt umgesetzt sind.

Tatsächlich finden sich jedoch in jeder vierten App im Google Play Store eklatante Mängel in der Implementierung der augenscheinlich gesicherten Kommunikation [1]. Insbesondere prüfen viele Apps die Zertifikate der Serverseite nicht auf Authentizität. Im Resultat wird zwar eine verschlüsselte Verbindung aufgebaut, ein Angreifer kann sich jedoch einfach als Server ausgeben und beispielsweise als „Man in the Middle" die Kommunikation nach Belieben abhören und modifizieren.

Doch nicht nur die Art und Weise der Kommunikation, auch ihr Inhalt ist häufig kritischer als gedacht. Viele Apps binden sogenannte Crash-Reporter ein. Diese dienen dazu, dem Entwickler im Fehlerfall umfangreiche Informationen über die App, das Nutzungsverhalten und die umgebende Plattform zu liefern, um etwaige Fehler verstehen und beheben zu können. Die übertragenen Informationen enthalten jedoch oft umfangreiche persönliche Daten: Abb. 10.1 zeigt die Übertragung der Geräte-ID und Emailadresse im Rahmen eines solchen Trackings.

Req

Source	
Dest	
Header	Ethernet, Ip4, Tcp, Http, Payload
Host	
Method	POST
URL	/mobile/track_active/

HTTP

```
active=yes&device=&deviceid=&version=android_2.8.7&
&api_version=2&client=android-event&email=&api_level=16
```

Additional Payload

Abb. 10.1 Kommunikation mit Trackingserver

[5] https://www.smacktls.com/.

[6] http://heartbleed.com/.

Da diese Informationen oft über ungesicherte HTTP-Kommunikation, bzw. über die zuvor beschriebene unsichere HTTPS-Verbindung an den Server versandt werden sind sie – z. B. in öffentlichen WLAN-Netzen – leicht einsehbar und manipulierbar.

Ein weiteres Problem unsicherer Kommunikation ist in vielen Werbebibliotheken präsent. Diese beinhalten – neben dem bereits für Crash Reporter erwähnten Versenden persönlicher Daten – auch oft Funktionalität zum Nachladen von Code. Geschieht dies über einen unsicheren Kanal, so kann ein Angreifer unter Umständen die Ausführung der App manipulieren, und diese dazu bringen, schadhafte Funktionalität auszuführen. Daher ist es für Anwendungsentwickler besonders wichtig, Nachladen von Code entweder zu vermeiden, oder aber entsprechend abzusichern.

10.2.6 Malware

Malware stellt keine Schwachstelle des Betriebssystems im eigentlichen Sinn dar, ist aber durchaus eine wachsende Bedrohung. Als Malware zählen Apps, die schadhaftes Verhalten auf dem Gerät ausführen können, meist ohne Erlaubnis oder Bestätigung des Benutzers. Eine Malware-App kann meist in eine der folgenden Kategorien eingeordnet werden:

- Banking Trojaner
  versuchen gezielt sensitive Informationen von Banktransaktionen zu stehlen, bspw. mobile TANs.
- Ransomware / Cryptolocker
  blocken im Allgemeinen das komplette Telefon und erlauben dem Besitzer erst nach Zahlen eines „Lösegeldes“ wieder Zugriff auf dessen Telefon.
- Spyware / Information Stealer
  sammeln und versenden gezielt sensitive Informationen wie Telefonbucheinträge oder SMS Inhalte.
- Premium SMS Malware
  versucht Umsatz durch das Versenden von Premium SMS zu generieren.
- Remote Administration Tool
  sind Apps die sich tief im System einnisten, und es dem Angreifer erlauben, dieses fernzusteuern und weitere Angriffe auszuführen.
- Adware
  blendet massiv Werbung in andere Seiten/Apps ein.
- Bitcoin Miner
  nutzen die infizierten Smartphones zum Generieren von Bitcoins.

Für Benutzer ist es oft schwer bis unmöglich, Malware zu erkennen. Aus diesem Grund muss Malware bereits einen Schritt früher – vor der Verteilung an die Benutzer – erkannt werden, beispielsweise im App Markt selbst. So wird im Google Play Store beispielsweise eine Technik namens „Bouncer“ eingesetzt, um solche schadhafte Apps nicht im Play Store aufzunehmen. Dies ist bereits ein guter Schritt in die richtige Richtung, allerdings kann auch mit dieser Technik nicht ausgeschlossen werden, dass schadhafte Software die Erkennung gezielt vermeidet. Deutlich problematischer ist es Apps aus Drittmärkten einzusetzen, die in vielen Fällen keine solche Überprüfung durchführen.

10.2.7 Phishing-Apps und Repackaged Apps

Eine wesentliche Schwachstelle im Sicherheitskonzept von Android ist die Authentifizierung von Apps. Zwar muss jede App vom Entwickler signiert werden, doch können die hierzu verwendeten Signaturschlüssel nach Belieben selbst erzeugt werden und sind nicht wie bei anderen Ökosystemen (Apple, Blackberry, Symbian, Windows) an die konkrete Identität des Entwicklers gebunden. Gleichzeitig ist es äußerst einfach, Android-Apps leicht zu modifizieren und modifizierte Versionen zu publizieren. Die zentralen Gegenmaßnahmen, die derzeit greifen, sind die Eindeutigkeit des Package-Names auf dem Smartphone und im Google Play Store. Daher muss ein Angreifer, der eine bösartig modifizierte App über den offiziellen Store vertreiben will, sie leicht umbenennen. Zudem überwachen viele professionelle App-Hersteller den Play Store, um etwaige Plagiate zu erkennen und entfernen zu lassen.

Für den Benutzer selbst sind beide Maßnahmen jedoch wenig hilfreich – er wird nicht bemerken, wenn auf seinem Smartphone eine leicht modifizierte Version einer legitimen App installiert ist. In der Konsequenz bedeutet dies, dass sämtliche Apps, die geschäftskritische Informationen verarbeiten – auch Apps die PINs verwalten, mobiles Bezahlen ermöglichen, oder einfach nur persönliche Daten verwalten – nicht unmittelbar als vertrauenswürdig erachtet werden dürfen. Für den Einsatz von Apps im geschäftskritischen Einsatz ist es daher wichtig, dass Apps, deren Einsatz für zulässig erachtet wird, mit konkreten Package-Names benannt werden und dafür gesorgt wird, dass Benutzer nur diese zugelassenen Apps verwenden.

10.3 Schutzmaßnahmen

Die oben genannten Schwachstellen werfen ein Schlaglicht auf potentiell existierende Probleme in mobilen Anwendungen. Insbesondere beim Einsatz von Apps im Unternehmensumfeld ist es jedoch wichtig, solche Schwachstellen erkennen zu können, bzw. dafür zu sorgen, dass diese bei Eigenentwicklungen nicht auftreten.

Um dies zu unterstützen, wurden verschiedene Sicherheitsprodukte für mobile Plattformen, insbesondere Android, entwickelt. Einige der Produkte richten sich an Benutzer von Apps und können auf jeder Android-Plattform eingesetzt werden. Andere erfordern tiefergehende Kontrolle über das System und sind bspw. für die Konfektionierung von mobilen Plattformen durch eine IT-Abteilung konzipiert. Schließlich geht schon aus den oben dargestellten Schwachstellen hervor, dass ein Großteil aus Fehlern bei der Programmierung von Apps herrührt. Auch hierfür gibt es Ansätze, Sicherheit schon beim Design und während des Entwicklungsprozesses einfließen zu lassen.

Im Folgenden diskutieren wir typische Schutzmaßnahmen, zum einen für bereits existierende Apps, und zum anderen für in der Entwicklung befindliche Apps.

10.3.1 Schutzmaßnahmen für existierende Apps

Über verschiedene Distributionskanäle wird bereits eine große Anzahl an Apps an Benutzer verteilt. Da man im Allgemeinen keinen Einfluss auf die Programmierung dieser Apps besitzt, ist es wichtig entsprechende Schutzmaßnahmen einzusetzen, um schadhafte Apps zu erkennen. Sind solche Apps erkannt, kann zum einen organisatorisch mit diesen umgegangen werden, ein Einsatz in business-kritischem Umfeld verboten werden. Des Weiteren gibt es Lösungen, die die Trennung zwischen Apps verbessern, und so einen Einsatz von kritischen Apps auch neben privaten Apps sicher ermöglichen.

10.3.1.1 Antiviren-Apps

Im PC-Bereich sind Antiviren Programme bereits weit verbreitet, und auch auf Mobilgeräten gewinnen Antiviren Apps zunehmend an Beliebtheit. Doch können Antiviren Apps viele der im vorherigen Kapitel beleuchteten Probleme nicht lösen. Das primäre Ziel dieser Apps ist es, bekannte Malware zu erkennen und zu blocken. Um den Akku der Smartphones zu schonen werden allerdings im Allgemeinen nur sehr oberflächliche Analysen durchgeführt, im einfachsten Fall wird nur die Signatur einer App gegen bekannte Schädlingssignaturen verglichen. Doch solch schädliche Apps sollten bereits im App Store gefiltert sein, und werden in der Regel nicht auf ein Endgerät ausgeliefert werden. Ein weiteres großes Problem der Antiviren Apps ist, dass auch diese Apps von der App Isolation betroffen sind, die zum Schutze der Apps jede in einer eigenen Sandbox ausführt. Eine Antiviren App hat also nicht die Möglichkeit eine andere App im Detail zu überwachen, und beispielsweise Datenlecks zu erkennen. In vielen Fällen ist es für eine Antiviren App außerdem nicht möglich zu unterscheiden, was gewollte, und was schädliche Funktionalität ist. So ist es von außerhalb der Sandbox nicht möglich zu entscheiden, ob eine App den Aufenthaltsort des Benutzers gerade zur Navigation, oder zum unerlaubten Tracken des Besitzers benutzt.

10.3.1.2 Analyse Tools

Doch auch außerhalb des Gerätes gibt es Tools zur Untersuchung von Apps. Diese gehen im Allgemeinen deutlich über die Möglichkeiten einer Antiviren App hinaus. So können

Tools wie beispielsweise App-Ray,[7] androguard,[8] oder APK Analyzer[9] eingesetzt werden, um sehr detaillierte Informationen über Apps zu erhalten. Diese Werkzeuge müssen sich nicht an die Beschränkungen der Android Sandbox halten, und können beliebige weitere Analysen durchführen, von sehr rechenaufwändigen Code- oder Datenflussanalysen, bis hin zur dynamischen Analyse der Anwendung.

Auch können solche Werkzeuge in vielen Fällen so konfiguriert werden, bestimmte Unternehmensrelevante Sicherheitsprobleme automatisiert aufzudecken, und eignen sich daher sehr gut um bereits im Entwicklungsprozess, oder vor der Verteilung der Apps – beispielsweise in einem eigenen Unternehmens-Appstore – Apps im Detail zu durchleuchten. Apps mit Sicherheitsproblemen können so vorab erkannt, und verbessert werden, bzw. nicht für den Einsatz im Unternehmen freigegeben werden.

10.3.1.3 Sichere Plattformen

Im Android Umfeld existieren zudem Android Erweiterung die die Sicherheit durch den Einsatz von containerbasierten Virtualisierung deutlich erhöhen. Bei diesen Lösungen werden Teile des Betriebssystems komplett voneinander getrennt, Apps aus einem Container können typischerweise nicht auf Apps aus einem anderen zugreifen. So können beispielsweise verschiedene Container zur strikten Trennung von privatem und Unternehmensbereich eingesetzt werden. Ein Einsatz eines solchen Systems ist allerdings mit hohem organisatorischem und finanziellem Aufwand verbunden, im Allgemeinen wird eine solche Lösung daher nur eingesetzt wenn ein erhöhter Schutzbedarf besteht. Schwachstellen einzelner Apps können durch eine Virtualisierung nicht in allen Fällen behoben werden. So kann beispielsweise das dynamische Nachladen von Code auch innerhalb eines Containers zu den dargestellten Problemen führen.

10.3.1.4 Application-Container

Für kritische Anwendungen gibt es die weitere Möglichkeit, diese durch App-Container stärker abzusichern. Bei dieser Technik wird die App so entwickelt, dass sie nicht unerlaubt von außen benutzt werden kann. Alle Daten die von der App auf dem Telefon gespeichert werden, werden beispielsweise vorab verschlüsselt. Daher sind die Daten der App nicht kompromittiert, sobald diese von einer anderen App – am Android Sicherheitsmodell vorbei – ausgelesen werden. Dies ist ein guter und sinnvoller Ansatz, wie stark dieser schützt hängt aber maßgeblich davon ab, wie gut dieser in der App umgesetzt wird.

---

[7] www.app-ray.de.

[8] https://code.google.com/p/androguard/.

[9] https://www.apk-analyzer.net/.

10.3.2 Sichere Entwicklung

Keine der in diesem Kapitel vorgestellten Schutzmaßnahmen kann jedoch eine gewissenhafte und mit Hinblick auf Sicherheit programmierte Anwendung ersetzen. Kritisch für die Sicherheit von Anwendungen ist also die konsequente Berücksichtigung von Sicherheitsaspekten im Entwicklungsprozess. Dabei sind zwei Perspektiven von besonderem Interesse: Zum einen ist die Gestaltung des Entwicklungsprozesses sowie die Bereitstellung von Regeln und Hilfestellungen für die Mitglieder der Entwicklungsorganisation von zentraler Bedeutung für die Sicherheit mobiler Anwendungen. Zum anderen ist die Bewertung von Entwicklungsorganisationen und ihren Prozessen unter Sicherheitsaspekten wichtig, um eine Voraussetzung für die systematische Verbesserung des Entwicklungsprozesses zu schaffen sowie Dritten Auswahl- und Entscheidungskriterien beispielsweise in der Beschaffung bereitzustellen.

10.3.2.1 Maßnahmen während der Entwicklung

Organisatorische und technische Maßnahmen zur Verbesserung der Sicherheit von Anwendungen während der Entwicklung werden in speziellen Vorgehensmodellen zusammengefasst und beschrieben (z. B. [6]). Diese Vorgehensmodelle sind in der Regel nicht technologiespezifisch, verwenden jedoch domänen- und technologiespezifische Prinzipien, Regeln und Werkzeuge. Dabei gruppieren Vorgehensmodelle zur sicheren Entwicklung empfohlene Aktivitäten in Entwicklungsphasen oder Prozessgruppen und ordnen diesen Arbeitsergebnisse und Rollen zu. Sie ergänzen somit klassische Vorgehensmodelle der Softwareentwicklung wie den Rational Unified Process [7] oder agile Ansätze wie SCRUM [8].

Eine der wichtigsten Aktivitäten für die sichere Entwicklung ist die Spezifikation und Priorisierung von Sicherheitsanforderungen. Obgleich dieser Schritt oftmals als Selbstverständlichkeit unterschätzt wird, resultieren zahlreiche Schwachstellen aus unbekannten, unscharfen oder widersprüchlichen Sicherheitsanforderungen. In der Regel werden hierzu die Bedarfe der unterschiedlichen Interessengruppen hinsichtlich der Sicherheit der mobilen Anwendung erfasst, Widersprüche aufgelöst und anschließend konsolidiert zur Nachverfolgung festgehalten (Lastenheft, Scrum Backlog etc.). Interessengruppen umfassen dabei nicht nur die Endanwender oder den Betreiber der Anwendung sondern auch Dienstleister, Auftraggeber und weitere Parteien. Auch regulatorische und gesetzliche Vorgaben beispielsweise hinsichtlich der Verarbeitung personenbezogener oder medizinischer Daten sind dabei als wichtige Quellen für Sicherheitsanforderungen zu nennen. Eine typische Sicherheitsanforderung für Apps ist beispielsweise die vertrauliche Speicherung personenbezogener Daten auf dem Smartphone oder auch das Verbot einer Ablage solcher Daten auf dem Smartphone.

Eine Besonderheit von Vorgehensmodellen zur sicheren Entwicklung ist die systematische Bedrohungs- und Risikoanalyse. Vor dem Hintergrund der konsolidierten Bedarfe der Interessengruppen sowie zentraler Designannahmen werden in dieser Aktivität mögliche Angriffsvektoren auf die mobile Anwendung untersucht und hinsichtlich der

Auswirkungen bewertet. Dabei kommen unterschiedliche Methoden zur Anwendung, die zentral das Vorgehen von Angreifern antizipieren, Angriffsmöglichkeiten anhand er Architektur identifizieren oder zu schützende Werte fokussieren (z. B. [9, 10]). Für eine vertiefte Bedrohungs- und Risikoanalyse sind Kenntnisse der technischen Gegebenheiten der Plattformen sowie deren typische Schwachstellen wie sie in den vorhergehenden Abschnitten eingeführt wurden von zentraler Bedeutung. Die Bedrohungs- und Risikoanalyse stellt zusammen mit den Sicherheitsanforderungen die zentrale Grundlage für den Entwurf eines Sicherheitskonzepts bereit. Dieses beschreibt die benötigten Sicherheitsfunktionen und entsprechenden Sicherheitsmechanismen, die die Anwendung nutzt bzw. implementiert. Ein Element des Sicherheitskonzepts könnte beispielsweise die App-seitige Verschlüsselung personenbezogener Daten vor der Speicherung auf dem Smartphone mit einem Nutzer-individuellen Schlüssel unter Verwendung von AES in einer geeigneten Konfiguration sein, um unberechtigtes Auslesen der Daten aus dem Flash-Speicher zu verhindern.

Für die Implementierung sind insbesondere die Vorgabe und Durchsetzung von Sicherheitsrichtlinien von besonderer Relevanz. Hierzu gehören Richtlinien zur Auswahl, Integration und Pflege von Dritt-Bibliotheken. Auf diese Weise werden ausschließlich sichere Bibliotheken zur Nutzung freigegeben, die sichere Nutzung der Bibliotheken dokumentiert sowie die Authentizität der eingebundenen Quellcode- oder Binärartefakte gewährleistet. Ebenso sind Richtlinien zur Vermeidung unsicherer Programmierpraktiken, der Bannung unsicherer Methoden und zur testbaren Implementierung von Sicherheitsmechanismen zu nennen. Beispielsweise könnte zur Absicherung der Schnittstellen eine Richtlinie die Ausführung dynamisch geladenen Codes verbieten.

Zur Verifikation der Sicherheitsanforderungen und Validierung der mobilen Anwendung sind Test- und Prüfpraktiken erforderlich. Mithilfe statischer Analyse können viele Implementierungsrichtlinien geprüft werden sowie generische Softwareschwachstellen und verwundbare Bibliotheken identifiziert werden. Werkzeuge zur dynamischen Analyse können auch Laufzeiteigenschaften mobiler Anwendungen prüfen, Verstöße gegen Sicherheitsrichtlinien feststellen sowie das Vorhandensein bekannter Schwachstellen anzeigen. Manuelle Architektur-Reviews validieren darüber hinaus das erfolgreiche Zusammenspiel der implementierten Sicherheitsmechanismen. Penetrationstests untersuchen eine mobile Anwendung letztendlich aus der Perspektive eines Angreifers, d. h. unabhängig vom Sicherheitskonzept der Anwendung wird versucht, Sicherheitsanforderungen zu verletzen oder fehlende Sicherheitsanforderungen zu identifizieren.

10.3.2.2 Bewertung von Entwicklungsprozessen

Ein zentrales Instrument zur Bewertung von Entwicklungsprozessen für sichere Anwendungen sind Reifegradmodelle. Reifegradmodelle werden nicht mit nur Bezug auf Softwaresicherheit eingesetzt, sondern allgemein für die Qualitätsbeurteilung von Prozessen herangezogen. Dabei gehen Reifegradansätze davon aus, dass die Qualität eines Entwicklungsproduktes maßgeblich durch die Qualität des zugrundeliegenden Prozesses bestimmt wird. Im einfachsten Fall beschreibt ein Reifegradmodell eine Reihe von Zielen sowie Aktivitäten, um diese Ziele zu erreichen. Aktivitäten sind in der Regel in Themengebieten zusammengefasst, um die Übersichtlichkeit zu erhöhen. Mithilfe von Kriterien zur Ermittlung der Zielerreichung durch den tatsächlichen Entwicklungsprozess wird dann der Reifegrad des Prozesses oder seiner Bestandteile bestimmt.

Am Beispiel des offenen Reifegradmodells Software Assurance Maturity Model (OpenSAMM)[10] soll die Bewertung von Entwicklungsprozessen für mobile Anwendungen unter Sicherheitsgesichtspunkten im Folgenden kurz skizziert werden.

Der Aufbau von OpenSAMM ist sehr schematisiert: die oberste Gliederungsebene bilden vier Themengebiete, welche das Management des Lebenszyklus von Softwareanwendungen adressieren: Steuerung, Konstruktion, Verifikation und Einsatz. Das Themengebiet Steuerung sammelt alle zu untersuchenden Praktiken, die strategische und Querschnittsaspekte der sicheren Entwicklung berühren. Konstruktion vereint alle Praktiken, die von der Anforderungsanalyse bis zur Implementierung reichen. Verifikation adressiert die Prüf- und Testpraktiken im Entwicklungsprozess. Das Themengebiet Einsatz erfasst die Praktiken von der Freigabe bis zur Schwachstellenbehebung im Feld. Unterhalb dieser Themengebiete werden einzelne Praktiken aufgeführt. Für das Themengebiet Konstruktion sind dies beispielsweise die Praktiken Bedrohungsanalyse, Sicherheitsanforderungen und Sicherheitsarchitektur. Für jede Praktik sind dann Ziele für jeden Reifegrad der Praktik sowie konkrete Aktivitäten und Bewertungskriterien angegeben. Für die Bedrohungsanalyse wird so für den Reifegrad 1 (von 0 bis 3+) das Ziel angegeben, die grundlegenden Bedrohungen für eine mobile Anwendung zu identifizieren und zu verstehen. Als Aktivitäten werden dafür die Erstellung und Pflege von anwendungsspezifischen Bedrohungsmodellen sowie die Bereitstellung von Angreiferprofilen abgestimmt auf die Softwarearchitektur verlangt. Insgesamt definiert OpenSAMM in ähnlicher Weise 72 Aktivitäten zur Bewertung des Reifegrads des Entwicklungsprozesses.

Für die Entwicklung sicherer, mobiler Anwendungen bieten sich je nach Organisationstyp unterschiedliche Reifegradmodelle an. OpenSAMM ist als offener Ansatz einfach und kostengünstig auch bei kleinen Unternehmen anzuwenden. Ein kommerzielles Gegenstück findet sich mit dem Build Security In Maturity Model (BSIMM),[11] welches etwas breiter aufgestellt ist und auch einen Vergleich der eigenen Reifegrade mit Durchschnittsgrößen verschiedener Branchen ermöglicht. Konform zum SPICE-Standard[12] richtet sich das System Security Engineering – Capability Maturity Model (SSE-CMM) eher an große Organisationen und ist als ISO/IEC 21827 auch international standardisiert [11]. Die vorgesehene Zertifizierung nach diesem Standard ist allerdings derzeit noch nicht möglich.

Reifegradmodelle wie die in diesem Abschnitt genannten ermöglichen Entwicklungsorganisationen ihre individuellen Stärken und Schwächen bei der Entwicklung sicherer,

[10] http://www.opensamm.org/.

[11] https://www.bsimm.com/.

[12] Software Process Improvement and Capability Determination (ISO/IEC 15504 bzw. 33000).

mobiler Anwendungen systematisch und vergleichbar zu erfassen und gezielt zu verbessern. Insbesondere bei der Beschaffung erhalten Organisationen mit Bewertungen auf Basis von Reifegradmodellen wertvolle Hinweise zur Auswahl geeigneter Produkte und Anbieter.

10.4 Fazit

Mobile Anwendungen weisen spezifische Eigenheiten und Angriffsvektoren auf. Der Einsatz von mobilen Geräten zur Unterstützung von Geschäftsanwendungen erfordert die sorgfältige Berücksichtigung dieser Eigenheiten und Angriffsvektoren, um die Vertraulichkeit, Integrität und Verfügbarkeit der Geschäftsanwendungen und -daten zu gewährleisten.

Sichere, mobile Geschäftsanwendungen benötigen die Integration von Sicherheitsaspekten in den gesamten Lebenszyklus. Insbesondere muss der Entwicklungsprozess diese Sicherheitsaspekte systematisch berücksichtigen. Vorgehensmodelle für die sichere Entwicklung wie sie im vorhergehenden Abschnitt erläutern wurden, geben dabei Anleitung und Orientierung. Die Kenntnis der vorgestellten Angriffsvektoren auf mobile Anwendungen ist dann essentiell für Auswahl, Umsetzung und Prüfung geeigneter Sicherheitsmaßnahmen und -mechanismen. Dadurch kann die Sicherheit mobiler Anwendungen unmittelbar erhöht und die vorgestellten Schwachstellen vermieden werden.

Zusätzlich können Werkzeuge zur Überprüfung der Apps eingesetzt werden um Apps während des Entwicklungsprozesses, oder vor der Installation auf problematische Funktionalitäten zu untersuchen. Nur durch eine solche detaillierte Untersuchung ist es möglich Endnutzer auf dem Gerät ausreichend zu schützen, und für einen gewissen Grad an Sicherheit zu sorgen.

Literatur

1. Fraunhofer AISEC: 10000 Apps und eine Menge Sorgen. http://www.aisec.fraunhofer.de/de/medien-und-presse/pressemitteilungen/2014/20140403_10000_apps.html. Version: 2014
2. Felt, Adrienne P. ; Ha, Elizabeth ; Egelman, Serge ; Haney, Ariel ; Chin, Erika ; Wagner, David: Android Permissions: User Attention, Comprehension, and Behavior. In: Proceedings of the Eighth Symposium on Usable Privacy and Security. New York, NY, USA : ACM, 2012 (SOUPS '12)
3. Zhou, Xiaoyong ; Demetriou, Soteris ; He, Dongjing ; Naveed, Muhammad ; Pan, Xiaorui ; Wang, XiaoFeng ; Gunter, Carl A. ; Nahrstedt, Klara: Identity, location, disease and more: inferring your secrets from android public resources. In: Proceedings of the 2013 ACM SIGSAC conference on Computer & communications security. New York, NY, USA : ACM, 2013 (CCS'13).
4. Sellwood, James ; Crampton, Jason: Sleeping Android: The Danger of Dormant Permissions. In: Proceedings of the Third ACM Workshop on Security and Privacy in Smartphones & Mobile Devices. New York, NY, USA : ACM, 2013 (SPSM '13)

5. Duong, Thai ; Rizz, Juliano: Here Come The xor Ninjas. 2011
6. Howard, Michael ; Lipner, Steve: The security development lifecycle. O'Reilly, 2009
7. Kruchten, Philippe: The rational uni_ed process: an introduction. Addison-Wesley, 2004
8. Schwaber, Ken ; Beedle, Mike: Agile Software Development with Scrum. Pearson, 2001
9. McDermott, J. ; Fox, C.: Using abuse case models for security requirements analysis. In: Proceedings of the 15th Annual Computer Security Applications Conference (ACSAC 1999)
10. Shostack, Adam: Threat Modeling: Designing for Security. Wiley, 2014
11. ISO/IEC: ISO/IEC 21827: Information technology – Security techniques – Systems Security Engineering – Capability Maturity Model® (SSE-CMM®). 2008

11 Security Testing von Apps

Ivan Miklecic und Hartmut Pohl

Zusammenfassung

Security wird oft schon während der Entwicklung aber auch bei der Verwendung mobiler Apps häufig vernachlässigt. Doch gerade mobile Apps stellen für Angreifer ein attraktives Ziel dar, da Entwickler auf die neuartigen Angriffsvektoren nicht ausreichend sensibilisiert und geschult sind. In diesem Kapitel wird erläutert, wie Apps während der Entwicklung und im Betrieb auf Sicherheit geprüft werden können – angefangen von den Sicherheitsanforderungen und Design über die Implementierung mit statischen Tests bis hin zu dynamischen Tests wie Fuzzing und Penetration Testing.

Schlüsselwörter

Security Testing • SQUARE • Threat Modeling • Static Source Code Analysis • Dynamic Analysis Fuzzing • Penetration Testing

11.1 Einleitung – Security Testing Process

Betrachtet man die Entwicklung von Mobiltelefonen, wird deutlich, wie schnell und umfangreich diese fortgeschritten ist. Bestanden die Geräte zu Beginn aus Lautsprecher, Mikrofon, Tastatur, Anzeige und Antenne, sind sie heute besser ausgestattet als manche Desktop Computer mit Touch-Display, GPS Empfänger, Mehr-Kern CPUs, Videokamera, WLAN, Bluetooth, NFC etc. Aber nicht nur bei der Hardware hat sich viel getan auch das Angebot von mobilen Apps steigt stetig, aktuell (Stand Juli 2015) gibt es

I. Miklecic (✉) • H. Pohl
softScheck GmbH, Sankt Augustin, Deutschland
E-Mail: ivan.miklecic@softscheck.com; prof.dr.hartmut.pohl@softscheck.com

T. Barton et al. (Hrsg.), *Mobile Anwendungen in Unternehmen*, Angewandte Wirtschaftsinformatik,
DOI 10.1007/978-3-658-12010-8_11

plattformübergreifend ca. 3,5 Millionen Apps mit geschätzten 180 Milliarden Downloads. Es ist also kein Wunder, dass die mobilen Devices aus unserem Alltag nicht wegzudenken sind.

Demzufolge ist es auch nur verständlich, dass Apps in Geschäftsprozesse integriert werden. Laut einer Umfrage (2013, Dimensional Research und Checkpoint) erlauben 95 % der Unternehmen den Gebrauch von mobiler Endgeräten, wovon 74 % eine Mixkultur zwischen privaten und unternehmenseigenen Geräten erlauben. Die International Data Corporation (IDC) [16] prognostiziert sogar, dass bis zum Jahr 2017 weltweit eine Milliarde mobiler Devices in Unternehmen integriert sind.

Jedoch dürfen wir hierbei nicht die negativen Aspekte dieser Entwicklung außer Acht lassen, je mehr Mobile Devices in einem Unternehmensnetzwerk integriert werden desto unübersichtlicher und umfangreicher wird die Pflege der gesamten IT-Infrastruktur und damit die Gewährleistung der IT-Sicherheit für die Unternehmen. Neben Desktop Systemen und Servern sind Apps aufgrund ihrer weiten Verbreitung schon lange Ziel von Angriffen. Hier gelten analoge Bedrohungen:

- diese reichen von der Manipulationen der Kommunikation durch Man-in-the-Middle-Angriffen oder
- Code Injections diverser Arten,
- Spoofing-Angriffen bei denen ganze Identitäten übernommen werden,
- Information Disclosures wo sensitive Informationen (Geschäftsdaten, Anwenderdaten, Konfigurationen) ausgespäht werden
- bis hin zu Denial of Service-Angriffen auf die Backend-Server von App-Anbietern.

Der Mehrheit der Unternehmen sind die Risiken entweder nicht bekannt oder werden nicht richtig bewertet.

Hersteller mobiler Betriebssysteme und Apps versuchen die Palette an Bedrohungen möglichst einzugrenzen, indem sie Sicherheitsmaßnahmen wie Verschlüsselung oder Authentifizierung über Zertifikate implementieren. Auch mit Lösungen für Unternehmensnetzwerke wie Mobile Device Management Systemen oder die Einführung unternehmensweiter Richtlinien zur Verwendung mobiler Devices, wird eine Erhöhung des Sicherheitsniveaus angestrebt.

Dennoch gelingen Angreifern immer wieder erfolgreiche Angriffe auf Apps und somit z. B. der Diebstahl kritischer Geschäftsdaten, persönlicher Daten und privater/geheimer Schlüssel. Ursachen sind oftmals schlecht oder falsch implementierte Verschlüsselungsverfahren, Sicherheitslücken oder gar Backdoors.

Doch wieso gibt es überhaupt Sicherheitslücken?

Zunächst müssen wir uns ins Bewusstsein rufen, dass die Software durch Menschen entwickelt wird. Keiner kann von sich behaupten, dass er fehlerfrei ist. Wieso sollte dann ausgerechnet die Software die er entwickelt, fehlerfrei sein?

Sicherheitsmaßnahmen bleiben bei der App – Entwicklung häufig unberücksichtigt, wie z. B. die Prüfung auf gültige Zertifikate (2015, Golem.de[13]). Derzeit angepriesene

Prüfungen und Zertifizierungen für Apps zielen auf die Prüfung der Benutzerfreundlichkeit, Funktionalität und Einhaltung von Datenschutzrichtlinien. Neben den funktionalen Aspekten müssen Sicherheitsmaßnahmen, wie implementierte Verschlüsselungsverfahren, Rechte und Benutzerkontrollen, Authentifizierungskontrollen oder implementierte Dritt-Bibliotheken, ebenso einer Prüfung unterzogen werden, da diese gleichermaßen Sicherheitslücken aufweisen können. Sich einfach nur darauf verlassen, dass diese sicher sind, ist ein fataler Trugschluss.

Notwendig ist ein Management-Prozess der bei der Entwicklung sicherer Apps unterstützt; dazu sind Kontrollen erforderlich, ob den definierten Security Requirements angemäßene Sicherheitsmaßnahmen entsprechen. Denn nur wenn ausreichend kontrolliert wird, kann eine sichere App entwickelt werden. In Abb. 11.1 wird dargestellt, wie solche Kontrollen aussehen können:

- Requirements – SQUARE (Security QUAlity Requirements Engineering): Methodische und Tool-gestützte Entwicklung und Analyse exakter Sicherheitsanforderungen
- Design – Threat Modeling: Überprüfung des Designs auf Sicherheitslücken mit dem Ergebnis eines sicheren Designs
- Implementation – Static Source Code Analysis: Semi-automatisierte Prüfmethode des Source Codes auf Sicherheitslücken
- Verification – Fuzzing: Senden invalider Eingabedaten an eine Zielanwendung mit dem Ziel der Herbeiführung einer Anomalie und Identifizierung von Sicherheitslücken
- Deployment – Penetration Testing: Simulierte Angriffe auf die Zielanwendung in einer vollständig aufgesetzten Testumgebung

Bei näherer Betrachtung des Prozesses fällt auf, dass dieser in den gesamten Entwicklungsprozess integriert werden muss (siehe Abb. 11.1). So werden bereits die funktionalen Anforderungen im Lastenheft mit Sicherheitsanforderungen angereichert, anschließend die Architektur unter Sicherheitsaspekten untersucht mit dem Ergebnis einer sicheren Architektur und bei der Implementierung wird der Quellcode Tool-gestützt auf

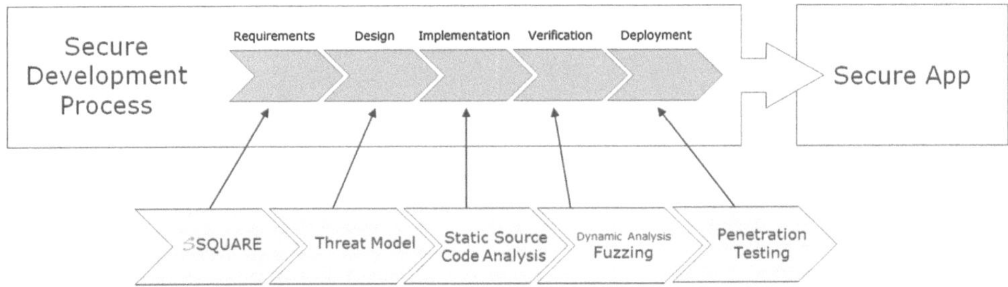

Abb. 11.1 Integration von Security Testing Methoden in einen Entwicklungsprozess

Sicherheitslücken gescannt. Es gibt durchaus auch Gegenargumente, dass die App und der Backend-Server ja lediglich nach dem Deployment getestet werden können. Allerdings: je früher eine Sicherheitslücke identifiziert wird, desto kostengünstiger kann sie behoben werden, denn nachträgliches Patchen insbesondere von designspezifischen Sicherheitslücken ist sehr aufwendig und häufig nicht mehr ohne weiteres möglich, z. B. wenn implementierte Frameworks keine Authentifizierung bereitstellen. Dazu kommt, dass in der Deployment-Phase alleine nicht alle Sicherheitslücken effizient identifiziert werden können. Erst nach der Integration aller Prüfungen in der jeweiligen Entwicklungsphase kann von einer sicheren App mit einem entsprechenden Sicherheitsniveau ausgegangen werden.

Beispiel: Android Banking App

Die nachfolgenden Kapitel beziehen sich auf das Beispiel einer fiktiven Android-basierten Banking App wie in Abb. 11.2 zu sehen.

Die Banking App und Updates bekommt man über den Google Play Store. Der User ist ein registrierter Nutzer. Der Registration Server dient zur Authentifizierung und Registrierung des Nutzers. Der Banking-Server ist die wichtigste Komponente, die kritischen Daten, wie Kontostand, Transaktionen anzeigt und Zahlungsaufträge auch aktiv vornimmt.

In den nachfolgenden Kapiteln werden die einzelnen Methoden kurz vorgestellt.

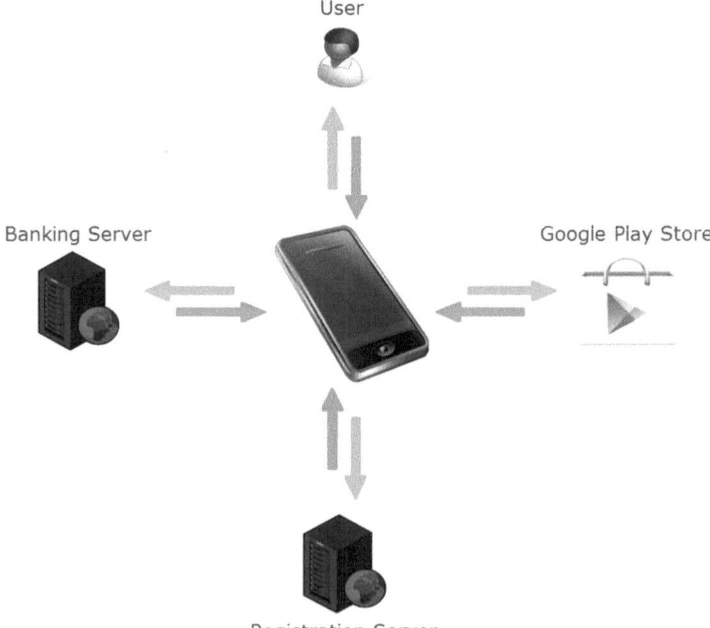

Abb. 11.2 Beispiel: Android Banking App

11.2 Security Requirements Engineering mit SQUARE

Sicherheitsanforderungen, im Folgenden Security Requirements genannt, sind nichtfunktionale Anforderungen, wie Vertraulichkeit und Integrität. Diese werden ausformuliert in das Lastenheft integriert und später ebenso detailliert in das Pflichtenheft übernommen. In der Phase der Anforderungsanalyse wird für gewöhnlich nicht genügend Zeit für die Erstellung von Security Requirements einer App eingeplant, somit werden diese überhaupt nicht oder unvollständig erstellt. Doch Security Requirements sind ein essentieller Bestandteil um ein bestimmtes Sicherheitsniveau zu erreichen, denn nur bei einer erfolgreichen Analyse können aufwendige und kostspielige Updates im Nachhinein verhindert werden. Die Identifizierung und Analyse von Security Requirements sollte in den Entwicklungsprozess integriert werden, da sie die Basis für die Erstellung eines Security Designs und damit auch einer sicheren App sind.

Eine Methode zur Identifizierung neuer sowie die Analyse vorhandener Security Requirements stellt die Methode **S**ecurity **QUA**lity **R**equirements **E**ngineering (**SQUARE**) dar. Als ein 9-stufiger Prozess (siehe Abb. 11.3) wurde SQUARE vom Software Engineering Institute of Carnegie Mellon University entwickelt[15], um finale; auslieferbare, kategorisierte und priorisierte Security Requirements zu generieren.

Für die Erstellung von Security Requirements wird eine Zusammenarbeit von einem Requirements Engineering Team und Stakeholdern vorausgesetzt. Die Stakeholder geben dabei die Richtung vor und das Requirements Engineering Team unterstützt und berät die Stakeholder mit dem Ziel exakt ausformulierte und mit angemessener Detailtiefe Security Requirements zu erstellen. Im Folgenden die 9 Schritte zur methodischen Erstellung von Sicherheitsanforderungen:

Abb. 11.3 9-Stufiger SQUARE-Prozess

1 Agree on Definitions
2 Identify Assets and Security Goals
3 Develop Artifacts
4 Perform Risk Assessment
5 Select Elicitation Techniques
6 Elicit Security Requirements
7 Categorize Requirements
8 Prioritize Requirements
9 Inspect Requirements

1. Um Missverständnissen bei der Verwendung von Begriffen entgegen zu wirken, wird im ersten Schritt eine Begriffsdefinition durchgeführt.
2. Anschließend werden übergeordnete Sicherheitsziele und Assets definiert, wie z. B.: Personendaten müssen vertraulich behandelt werden.
3. Die Grundlage für die nächsten Prozessschritte ist die Entwicklung von Artefakten, hierzu zählen: Architektur-Diagramme, Usecases, Misusecases, Attack Trees, standardisierte Templates, etc.
4. Um Security Requirements und Gegenmaßnahmen nicht aus dem Bauchgefühl heraus zu implementieren, bedarf es einer Wirtschaftlichkeitsbetrachtung in Form einer Risikoanalyse. Dabei werden die Eintrittswahrscheinlichkeit und Schadenshöhe berücksichtigt.
5. Es werden mehrere Erhebungsmethoden, wie strukturierte/unstrukturierte Interviews, Usecases, Misusecases etc. zur Identifizierung von Security Requirements ausgewählt.
6. Mit Hilfe der ausgewählten Methoden, folgt im 6. Schritt, die Identifizierung der Security Requirements.
7. Schließlich müssen die Security Requirements z. B. nach Bedeutung, System Level, Software Level, architekturbedingte Anforderungen etc. kategorisiert werden.
8. Nicht immer können alle Security Requirements implementiert werden, daher ist eine Priorisierung wichtig. Somit kann bestimmt werden auf welcher Grundlage die Security Requirements implementiert wurden.
9. Abgeschlossen wird der SQUARE Prozess mit dem Prozessschritt 9 Requirements Inspection. Es dürfen keine vagen oder mehrdeutigen Security Requirements existieren, damit eine Überprüfung nach der Implementierung sehr einfach durchgeführt werden kann. Die Prüfung sollte von unabhängiger Stelle, wie externen Beratern, durchgeführt werden.

Security Requirements lassen sich in die folgenden vier Kategorien einteilen:

- **Secure Functional Requirements:** Diese Klasse beschreibt die in funktionalen Anforderungen integrierte Sicherheit. Die Funktionen, die das System bereitstellt, müssen sicher und so wie vorgesehen funktionieren, d. h. es dürfen keine unerwünschten Nebenwirkung möglich sein (keine Covert Functions und keine Covert Channels). Typische Sicherheitslücke dieser Art ist z. B. eine Cross-Site-Scripting-Sicherheitslücke in einem Suchfeld als Funktion. Die Sicherheitsanforderung dieser Klasse könnte in diesem Fall lauten: Input-Validation für das Suchfeld mit den Zeichen </script >...
- **Functional Security Requirements:** Die Klasse der funktionalen Sicherheit behandelt notwendige Funktionen, die in erster Linie zu Zwecken der Sicherheit entwickelt wurden. Hierzu gehörten beispielsweise die Login- und die Logoutfunktionen, sämtliche Berechtigungssysteme usw. Neben diesen Authentisierungs- und Authorisierungsfunktionen gehören auch Verschlüsselungsfunktionen in die Klasse Functional Security Requirements.

- **Non-functional Security Requirements:** Nichtfunktionale Sicherheitsanforderungen behandeln die Aspekte der Anforderungen, die für die Stabilität und Robustheit der Systeme verantwortlich sind. Typische Angriffe für diese Sicherheitsanforderungen sind z. B. DDoS-Angriffe.
- **Secure Development Requirements:** Diese Sicherheitsanforderungen beziehen sich nicht auf das Zielsystem selbst sondern auf die Entwicklung des Systems. Hier kann zum Beispiel gefordert werden, welche Coding Guidelines verwendet werden müssen, welche Testmethoden hinzugenommen werden.

Diese Klassen sind nicht anwendungsspezifisch, sondern dienen dazu, Anforderungen vollständig für alle 4 Ebenen zu definieren. Es ist ratsam unternehmensweite Anforderungskataloge mit konkreten Anforderungen für den verschiedenen Anwendungstypen zu erstellen.

Eine weitere Klassifizierung sieht wie folgt aus:

- **Applikationsebene**: Anforderungen, die eine Software erfüllen muss und insbesondere für Softwareentwickler interessant sind. Der Security Requirements Analysis Prozess lässt sich in den Softwareentwicklungsprozess Requirements Engineering integrieren. Zum Beispiel betreffen Anforderungen auf dieser Ebene die Apps und die Applikation auf dem Backend-Server
- **System- und Netzwerkebene**: Anforderungen, an das Deployment der Applikation. Zum Beispiel fallen hier Anforderungen an verwendete Sicherheitslösungen, wie Firewalls, IDS/IPS, Web Application Firewalls (WAFs), V-LANs, Patchlevel, Malware-Detection, Backup, Redundanzen, Loadbalancing, Application-Firewalls (Layer-7)
- **Physikalische Ebene**: Physische Maßnahmen, um die Sicherheit der IT zu erhöhen. Z. B. Zutrittsberechtigungen, Sicherheitstüren, Safes
- **Organisatorische Ebene**: Organisatorische Anforderungen, die durch das Management festgelegt werden müssen, z. B. Schulungen, Durchführung von Penetration Tests, Krisenreaktionsmaßnahmen, Verantwortlichkeiten für IT-Sicherheit (z. B. Datenschutzbeauftragter, Sicherheitsbeauftragter), Implementierung von sicherheitsspezifischen Managementprozessen und Standards wie ISO 27001, ISO 27034

Beispiel: Android Banking App

In unserem sicherheitskritischen Beispiel benötigen wir selbstverständlich exakt formulierte Sicherheitsanforderungen. Beispielhafte Vorgehensweise mit der Methode SQUARE:

1. Agree of Defnitions:
   - Verfügbarkeit: Die Verfügbarkeit ist ein Qualitätskriterium bei Systemen. Sie bestimmt die Wahrscheinlichkeit, dass das System bestimmte Anforderungen innerhalb vereinbarter Zeitrahmen erfüllt.

- Vertraulichkeit: Ist die Eigenschaft das Informationen nur von authentifizierten Personen, Prozesse usw. gelesen werden dürfen.
- Integrität: Beschreibt ein Qualitätskriterium, dass Daten nicht manipuliert werden können.
- Backdoor: Eine absichtlich eingebaute Sicherheitslücke.

2. Identify Assets and Security Goals:
   - Assets: Registrierungs-SMS, TAN, Login-Daten, Updates...
   - Security Goals: Nur Autorisierte Lese- und Schreibzugriffe auf die Assets. Der Banking-Server muss stets verfügbar sein.
3. Develop Artifacts:
   - UseCase1: Der Nutzer loggt sich ein und schaut sich seinen Kontostand für die letzten 30 Tage an; MisUseCase1: Der Angreifer kann durch einen Man-in-the-Middle-Angriff die Kontodaten auslesen
   - UseCase2: Der Nutzer tätigt eine Überweisung mit dem mTAN-Verfahren; MisUseCase2: Der Angreifer kann mit einem IMSI-Catcher (Abhörvorrichtung für das GSM-Netz) die SMS abgreifen und eine Überweisung tätigen.
4. Perform Risk Assessment: Beispielhaft mit einer einfachen Wahrscheinlichkeit-Schadenshöhe-Matrix (Tab. 11.1).
5. Select Elicitation Technique: Auswahl der Methode ARM (Brainstorming-Technik)
6. Elicit Security Requirements:
   - SR1: Verschlüsselung aller Kommunikationsverbindungen der App
   - SR2: mTAN-Verfahren durch ein Internet-basiertes Verfahren ersetzen, dass das UMTS-Netz verwendet/voraussetzt.
7. Categorize Requirements: Eingliederung der SRs in selbstdefinierte sinnvolle Kategorien, z. B.
   - Applikationsebene (Einsatz des Verschlüsselungsverfahren TLS1.2 mit aktueller Bibliothek von OpenSSL)

Tab. 11.1 Wahrscheinlichkeit-Schadenshöhe-Matrix

Likelihood	High		MisUseCase1	
	Medium			MisUseCase2
	Low			
		Low	Medium	High
		Consequence		

- System- und Netzwerkeben (z. B. Betrieb nur in neuester Android-Version ohne bekannten Sicherheitslücken möglich).

8. Prioritize Requierments: Priorisierung nach Aufwand und Risikohöhe, z. B.
   - SR1
   - SR2
9. Requirements Inspection: z. B. Anwendung der Checkliste:
   - Sind alle Requirements einheitlich und angemessen beschrieben?
   - Sind sämtliche Requirements kategorisiert?
   - Sind sämtliche Requirements priorisiert?
   - Gibt es doppelte Requirements?
   - Passen alle Requirements auf das angegebene Produkt?

11.3 Threat Modeling

Viele Sicherheitslücken lassen sich auf klassische Designfehler zurückführen. Nachträgliches Beheben dieser Sicherheitslücken ist mit hohen Kosten und Aufwand verbunden. Einen Lösungsansatz für dieses Defizit bietet die in der Designphase eingesetzte Methode Threat Modeling, mit welcher die Entry Points und die daraus resultierenden Bedrohungen (Threats) aus Sicht eines Angreifers auf das Systemdesign dargestellt werden. So wird die Erstellung eines sicheren System- oder Architekturdesigns mit einem angemessenem Sicherheitsniveau gewährleistet, welches dazu beiträgt, die Angriffspunkte zu minimieren.

Der Threat Model Prozess [5] ist in Abb. 11.4 dargestellt.

11.3.1 Modeling

Um den aktuellen Stand der Entwicklung zu erfassen, werden alle verfügbaren Dokumente wie Lastenheft, Pflichtenheft, Programmierdokumentation, Testdokumentation, Source Code und Programmablaufpläne der Zielanwendung, in unserem Fall der App, ausgewertet. Unter Berücksichtigung der gesammelten Informationen wird zuerst festgelegt ob das Threat Model über ein Kontextdiagramm hinaus geht und wie viele Ebenen es umfassen soll. Es kann von einzelnen technischen Komponenten bis hin zu Funktionsaufrufen durchgeführt werden. Ein Datenflussdiagramm erstellt man mit den folgenden vier Komponenten:

Data Flow
Data Store
External Entity
Process

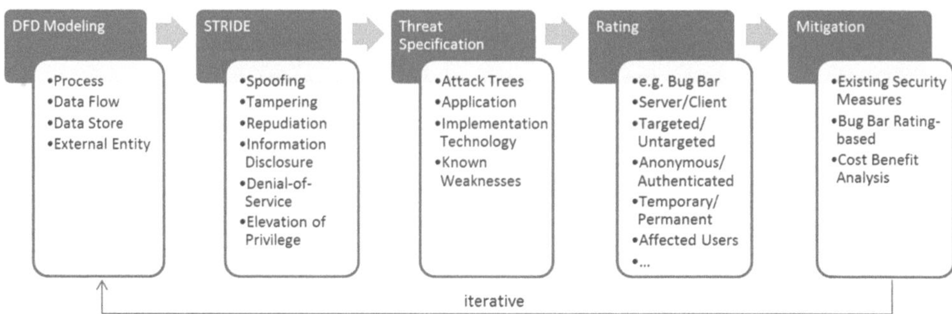

Abb. 11.4 Threat Modeling Prozess

Anschließend werden Usecases erstellt um die Funktionsweise der App besser zu verstehen und die Interaktion mit externen Entitäten abzubilden. Hierbei ist die Analyse der Trust Level, die den externen Entitäten Zugriffe erteilen, besonders wichtig. Dieses differenzieren der App dient zur Identifizierung potenzieller Angriffe und davon betroffener Assets. Zudem werden mit der Erstellung von Data Flow Diagrams (DFDs) die Zugriffsgrenzen der App verdeutlicht.

Beispiel Android Banking App

In Abb. 11.5 ist ein Kontextdiagram (Level 0) unserer Banking App dargestellt. Wir haben in der Banking App einen Prozess, der unsere gesamte Banking App abbildet. Dazu haben wir die 4 Externen Entitäten, eine SQLite Datenbank als Data Store und alle zugehörigen Datenflüsse, die über das Internet gesendet werden. Datenflüssen, die innerhalb der App stattfindet würden in darunterliegenden DFD-Diagrammen (Level 1, 2 etc.) angesiedelt sein.

11.3.2 STRIDE

Aus den gesammelten Informationen und den erstellen DFDs werden die Threats nach STRIDE identifiziert und klassifiziert:

- Spoofing Identity (Identitätsfälschung): Der Angreifer gibt sich als vertrauenswürdige Person oder Programm aus, um Zugriff auf das System zu erhalten.
- Tampering with Data (Datenmanipulation): Ein nicht autorisierter Angreifer kann Daten manipulieren.
- Repudiation (Nicht-Zuordenbarkeit von Ereignissen): Ein Angreifer verschleiert seine Aktionen.
- Information Disclosure (unberechtigte Weitergabe von Daten): Ein Angreifer erlangt Einblick in Daten, für die er keine Leseberechtigung besitzt.

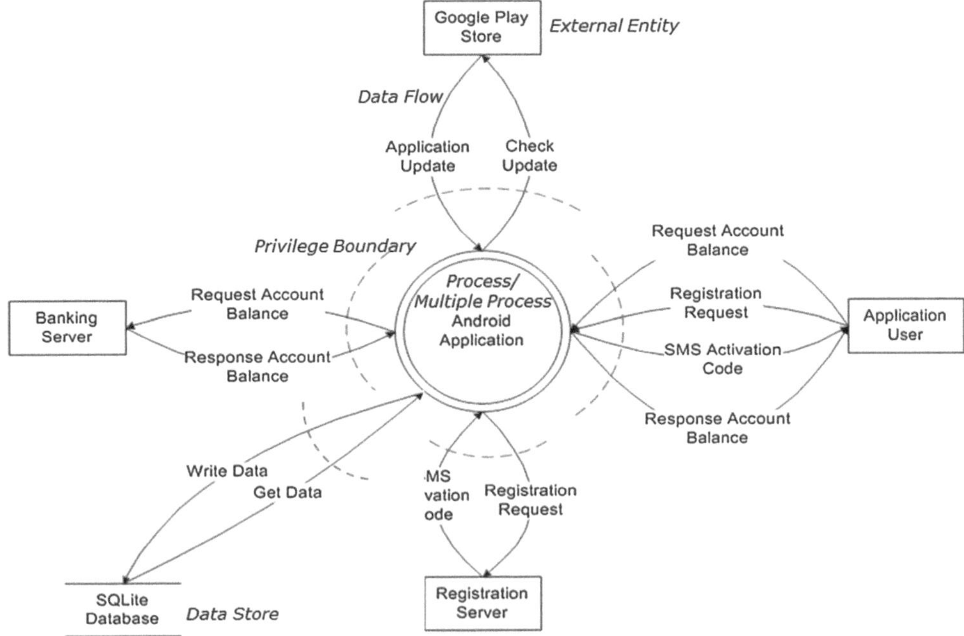

Abb. 11.5 Kontextdiagram – Level 0 einer Banking App

Element	S	T	R	I	D	E
Data Flow				X	X	
Data Store		X	?	X	X	
External Entity	X		X			
Process	X	X	X	X	X	X

Abb. 11.6 Mapping-Matrix Elementtyp zu STRIDE-Kategorie

- Denial of Service (Einschränkung der Verfügbarkeit): Ein Angreifer schränkt die Verfügbarkeit eines laufenden Prozesses ein.
- Elevation of Privilege (Erweitern von Berechtigungen): Ein Angreifer übernimmt einen Account eines bestehenden Benutzers mit limitierten Berechtigungen und versucht höherwertige Berechtigungen zu erlangen.

Auf jeden Elementtyp des DFDs wirken unterschiedlich Bedrohungen nach STRIDE. Im Folgenden eine Mapping-Matrix Elementtyp zu STRIDE-Kategorie (Abb. 11.6):

Beispiel: Android Banking App
Nimmt man aus unserem Kontextdiagramm das DFD-Element User als Externe Entität, so ergeben sich die 2 folgenden Threats, die auf dieses Element wirken:

Spoofing: Ein Angreifer gibt sich als User aus
Repudiation: Ein Angreifer verschleiert seine Aktivitäten

11.3.3 Threat Specification

Nach der Klassifizierung mit STRIDE werden die allgemein gehaltenen Bedrohungen spezifiziert. Dazu werden Attack Trees erstellt, die Zusammenhänge zwischen den identifizierten Threats und den konkreten Angriffen zeigen.

Beispiel: Android Banking App
In der Abb. 11.7 ist ein Attack Tree dargestellt, der die Bedrohung behandelt, bei der der Angreifer den registrierten Nutzer der Bankig App spooft, also sich als dieser ausgibt. Dies ist möglich, wenn der Angreifer durch Session-Hijacking (Abgriff eines Session-Cookie durch eine Cross-Site-Scripting (XSS) Sicherheitslücke) die Sitzung eines registrierten Benutzers übernimmt. Diese Bedrohung kann gemindert (mitigiert) werden, wenn z. B. Page-Token (ein separates Authentifizierungs-Token für jeden einzelnen Aufruf) eingesetzt werden. Befindet sich der Angreifer bereits im Netz des Opfers so kann er sich als der Nutzer durch einen Man-in-the-Middle Angriff ausgeben. Ein weiterer Angriff wäre das Ausprobieren von Passwörtern, wogegen starke Passwörter schützen.

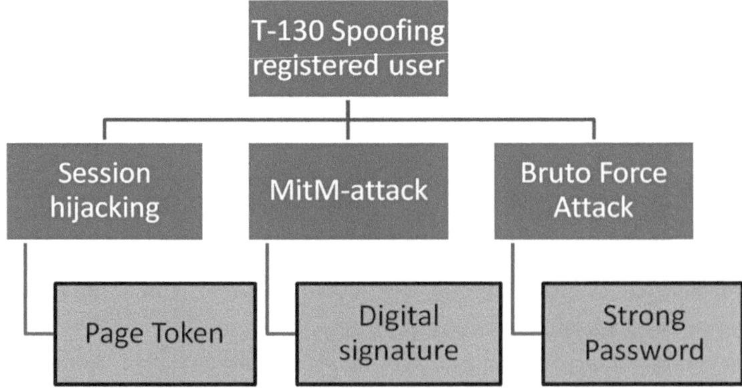

Abb. 11.7 Beispiel Attack Tree

11.3.4 Rating

Die am häufigsten eingesetzte Bewertungsmethode ist die Standard Informationssicherheit Risikoformel:

Risiko = Wahrscheinlichkeit * Schadenshöhe

Diese Methode ist sehr effizient und für die meisten Fälle ausreichend genau. Nichtsdestotrotz sollen en die zwei weiteren bekannten Bewertungsmodelle DREAD und Security BugBar erwähnt werden.

Die wohl bekannteste Methode für die Risikobewertung von Threats ist die von Microsoft eingeführte Methode DREAD. Dabei wird die Risikobewertung mit den 5 Faktoren ermittelt:

1. Damage Potential: Wie hoch ist der Schaden?
2. Reproducibility: Lässt sich der Angriff leicht reproduzieren oder funktioniert dieser nur unter „Laborbedingungen"?
3. Exploitability: Wie aufwendig ist diese Sicherheitslücke zu identifizieren?
4. Affected User: Wie viele Benutzer sind betroffen? (z. B. 1 Benutzer, Teil der Benutzer, alle Benutzer)?
5. Discoverability: Wie aufwendig ist diese Sicherheitslücke zu identifizieren?

Jeder Faktor erhält eine vorab festzulegende Skala. Erfahrungen aus der Praxis zeigen, dass eine möglichst einfache Skala (z. B. 1–3) effizient von allen Projektbeteiligten eingesetzt werden kann. Die Summe der 5 Faktoren stellt die Risikobewertung von Threats nach DREAD dar.

Beispiel: Android Banking App (Bewertung mit DREAD)
Nehmen wir das Beispiel Tampering am Datenfluss „Response Account Balance" also die Antwort mit dem Kontostand vom Banking-Server, nachdem dieser eine Anfrage erhalten hat. Der Kontostand wird bei diesem Threat über einen Man-in-the-Middle-Angriff temporär (solange der Angreifer den MitM-Angriff durchführt) manipuliert.

1. Damage Potenzial: 2 (da „nur" unberechtigtes Auslesen des Kontostands)
2. Reproducibility: 2 (MitM-Angriff nur im bestimmten Angriffskontext möglich)
3. Exploitability: 3 (Angriffstechniken sind weitverbreitet und Tools/Exploits sind öffentlich verfügbar)
4. Affected User: 3 (Aller Benutzer sind betroffen)
5. Discoverability: 3 (Da es eine weitverbreitete Sicherheitslücke darstellt)

Zusammen gezählt sind es 13 von 15 möglichen Punkten, was einem hohen Risiko entspricht.

Mit DREAD wird eine subjektive Bewertung durchgeführt, wodurch je nach Person, die diese Bewertung vornimmt, andere Ergebnisse (Ratings) resultieren können. Des Weiteren hat sich DREAD in manchen Fällen als ungenau oder nicht anwendbar herausgestellt. Wird einem Threat aufgrund dieser subjektiven Bewertung ein zu schwaches Rating zugeordnet, kann es vorkommen, dass aus Kostengründen keine Behebungsmaßnahmen implementiert werden und somit eine Sicherheitslücke nicht geschlossen wird. Microsoft selbst verzichtet seit 2010 auf die Bewertung mit DREAD.

Voraussetzung für ein Bewertungsverfahren ist, dass die Bewertung objektiv und immer nach dem gleichen Muster durchgeführt wird, es dürfen keine „Bauchentscheidungen" getroffen werden. Auf dieser Grundlage hat Microsoft das „Bug Bar" Bewertungsverfahren entworfen.

Hierbei wird zwischen vier Schweregraden unterschieden:

- Critical: Schwerwiegender Schaden
- Important: Maßgeblicher Schaden
- Moderate: Mäßiger Schaden
- Low: Niedriger Schaden

Das Verfahren greift zudem auf die STRIDE Klassifizierung und den folgenden Faktoren zurück:

- Server und Client Systeme
- Gezielte oder ungezielte Angriffe
- Betroffene Anzahl von Usern, Wichtigkeit von Systemen
- Anonym oder nach Authentifizierung ausführbar
- Ausgangspunkt des Angriffes
- Andauernden Angriffe auch nach Neustart

Microsoft hat in einer Beispiel-Tabelle den Aufbau einer möglichen Bewertungsmaske veröffentlicht, ein Auszug dieser Tabelle am Beispiel von Tampering/Repudiation ist hier zu sehen.

In diesem Beispiel (Abb. 11.8) für die Bedrohungsklasse Tampering (das unberechtigte Manipulieren von Daten) sehen wir zunächst eine Unterscheidung der Bedrohung in Abhängigkeit vom Typ des Zielsystems. Ist das ein Client-System, so wird der Schweregrad (Severity) bei einer persistenten Modifikation auf „Important" gesetzt. Ist die Modifikation nur temporär, wird z. B. nach einem Neustart wieder zurückgesetzt, so ist die Schadenshöhe nur „Low". Bei einem Server-System kann auch die temporäre Modifikation schon als „Moderate" eingestuft werden, da z. B. die Laufzeit, bis die Modifikation wieder zurückgesetzt wird, weitaus höher ist.

Diese Priorisierung der Threats ist entscheidend für deren Behebung, welche für die Entwicklung eines sicheren und robusten Designs genutzt werden und welche z. B. aus Kostengründen nicht behoben werden. Die Bug Bar kann zwar als Basis direkt von

Value	Client/ Server	Scope	Severity
Tampering	Client	Permanent modification of any user data or data used to make trust decisions in a common or default scenario that persists after restarting the OS/application.	Important
		Temporary modification of any data that does not persist after restarting the OS/application.	Low
	Server	Permanent modification of any user data or data used to make trust decisions in a common or default scenario that persists after restarting the OS/application.	Important
		Permanent modification of any user data or data used to make trust decisions in a specific scenario that persists after restarting the OS/application.	Moderate
		Temporary modification of data in a common or default sce-nario that does not persist after restarting the OS/application.	Moderate
		Temporary modification of data in a specific scenario that does not persist after restarting the OS/application.	Low

Abb. 11.8 Bug Bar am Beispiel Tampering

Microsoft übernommen werden, allerdings muss es nicht auf jedes Zielsystem passen, daher sollte eine Anpassung vorgenommen werden.

Beispiel: Android Banking App (Bewertung mit Microsoft's Bewertungsmaske Bug Bar)
Nehmen wir das Beispiel Tampering am Datenfluss „Response Account Balance" also die Antwort mit dem Kontostand vom Banking-Server, nachdem dieser eine Anfrage erhalten hat. Der Kontostand wird bei diesem Threat über einen Man-in-the-Middle-Angriff temporär (solange der Angreifer den MitM-Angriff durchführt) manipuliert. Nach Microsoft's Bug Bar ist die App ein Client, sodass im nächsten Schritt unterschieden werden muss, ob die Manipulation temporär oder persistent ist. Da die Manipulation bei diesem Threat nur während eines MitM-Angriffs möglich ist, bekommt dieser Threat die **Severity Low**.

11.3.5 Mitigation

Sind alle Threats identifiziert und priorisiert, werden die Behebungsmaßnahmen für die einzelnen Threats ausgearbeitet. Ein Threat hat einen Mitigationssstatus:

- Mitigiert: Die Maßnahmen des aktuellen Entwicklungsstandes mitigieren den Threat.
- Teilweise mitigiert: Die Gegenmaßnahmen des aktuellen Entwicklungsstandes reichen nicht aus, um den Threat vollständig zu mitigieren.
- Nicht mitigiert: Ein Threat ist mit den derzeit verfügbaren Maßnahmen nicht mitigiert.
- Nicht zutreffend: Der Threat trifft gar nicht zu

Beispiel: Android Banking App
Nun gilt es für alle identifizierten und in der aktuellen Architektur nicht mitigierten Threats Behebungsvorschläge zu erarbeiten wie z. B.:

1. Spoofing: Ein Angreifer gibt sich als User aus
   ⇒Mitigation: 2-Faktor-Authentifizierung
2. Repudiation: Ein Angreifer verschleiert seine Aktivitäten
   ⇒Manipulationssicheres Logging aller Aktivitäten des registrierten Users

11.4 Static Source Code Analysis

In der Implementierungsphase wird dieser Einsatz der Methode empfohlen. Dieses White-Box Verfahren analysiert semi-automatisch den Quellcode der App auf Fehlermuster. Um False Positives auszuschließen, müssen die Ergebnisse manuell überprüft und entsprechende Behebungsmaßnahmen ausgearbeitet werden. Dies können aktuell verfügbare Tools nicht vollständig leisten. Die Qualität und Quantität der Ergebnisse ist maßgebend für die Auswahl geeigneter Tools und geschultem Fachpersonal.

Bei der Static Source Code Analysis wird zwischen verschiedenen Methoden unterschieden.

- Style Checking: Der Quellcode wird bezüglich der Einhaltung syntaktischer Programmier-Richtlinien verifiziert. Dabei werden keine Programmfehler identifiziert.
- Semantic Analysis: Dem Syntaxbaum des Compilers werden semantische Informationen hinzugefügt. Mit Hilfe umfassender Regeln in den Tools können statisch feststellbare Fehler wie Datentyp-Probleme, nicht initialisierte Variablen oder ungenutzte Methoden verifiziert werden.
- Deep Flow: Die effektivste Methode ergänzt die semantische Analyse um eine „controlflow graph"-Generierung und eine Data Flow Analyse. Komplexe Fehler die auf Race Conditions, Deadlocks oder falscher Pointerverwendung basieren, können mit dieser Methode identifiziert werden.

Ein Beispiel des systematischen Ablaufs verdeutlicht die Abb. 11.9.
Erläuterung der Abb. 11.9 :

1. Define Targets: Auswahl der Analyseziele (Bufferoverflow, Code Smells, Bad functions etc.)
2. Run Tools: Tools werden auf den Ziel-Quellcode angewendet
3. Review Code: Ergebnisse werden überprüft, Code-Stellen werden manuell begutachtet, um False-Positives auszuschließen

Für eine erfolgreiche Überprüfung des Quellcodes sind die Programmiersprache und die Tiefe der Untersuchung entscheidend. Android Apps z. B. sind in Java programmiert,

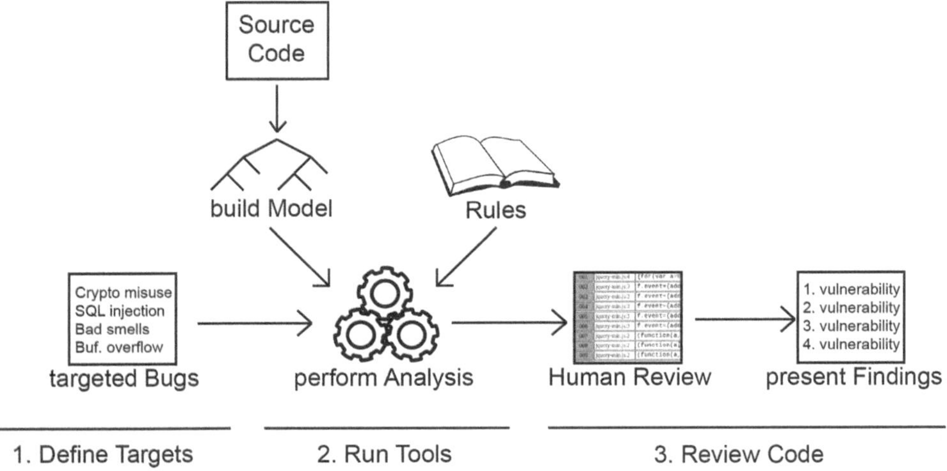

Abb. 11.9 Static Source Code Analysis Prozess. (Quelle: Thomas Bötner – softScheck)

welche ein Static Source Code Analysis Tool, das Java versteht, voraussetzen. Für die Durchführung der statischen Source Code Analyse wird ein Untersuchungsmodell mit bestimmten Regeln, wie nicht-initialisierte Variablen aufdecken, erstellt und darauf die Analyse durchgeführt. Nach Abschluss der Analyse muss eine manuelle Verifizierung der Ergebnisse erfolgen, um False Positives von den True Positives zu trennen und schließlich die tatsächlichen Sicherheitslücken hervor zu heben.

Beispiel: Android Banking App
Die Android Banking App ist nur eine fiktive App, daher ist kein Quellcode vorhanden. Unter dem folgenden Link finden Sie einige Static Source Code Analysis Tools für Android-Apps: https://android-arsenal.com/tag/94.

11.5 Dynamic Analysis-Fuzzing

Dies ist die methodische Generierung und Eingabe von Daten in ein zu untersuchendes Zielprogramm und die Analyse evtl. anomalen Verhaltens des Zielprogramms. Das (zu untersuchende) anomale Verhalten kann auf eine Sicherheitslücke hinweisen. Im Gegensatz zu der statischen Source Code Analyse, die den Quelltext der App untersucht, wird in der Verifikationsphase mit einer dynamischen Analyse, Fuzzing, der ausführbare Code auf Sicherheitslücken wie unberechtigte Speicherzugriffe oder nicht validierte Eingaben untersucht. Diese Phase dient zur Überprüfung der festgelegten Sicherheitsmaßnahmen. Mit dieser Methode werden nicht gepatchte Sicherheitslücken und insbesondere noch nicht erkannte Sicherheitslücken (Zero-Day-Vulnerabilities) identifiziert.

Fuzzing kann in folgenden Prozessschritten beschrieben werden:

Identifizierung des Ziels und dessen Eingabeschnittstellen: Die Eingabeschnittstellen, zu denen z. B. Netzwerkprotokolle, Datei Formate oder auch Webanwendungen zählen, sollten aus der technischen Dokumentation hervorgehen und sind immer dann vorhanden wenn eine Mensch-Maschine oder Maschine-Maschinen Interaktion stattfindet.

Generierung und Ausführung der Fuzz-Daten: Nach der Auswahl der Eingabeschnittstellen werden die Fuzz-Daten generiert. Die Durchführungsart von Fuzzing unterscheidet zwei Hauptgruppen: „mutation-based Fuzzing", bei denen vorhandene Daten manipuliert werden und „generation-based Fuzzing", bei denen anwendungsspezifischen Daten neu erstellt werden. Wenn eine Auswahl der Fuzz-Daten und Testfälle getroffen wurde, wird der Fuzzing Prozess durchgeführt.

Monitoring und Ausnutzbarkeit identifizierter Anomalien: Neben der Auswahl erfolgreicher Fuzz-Daten ist die Überwachung des Fehlverhaltens der Software maßgeblich. Die Fehlerursache muss eindeutig und reproduzierbar sein. Abschließend wird mit der Entwicklung eines Exploits die Sicherheitslücke und Ausnutzbarkeit verifiziert. Der abschließende Report enthält die nach Schweregrad priorisierten Sicherheitslücken und Gegenmaßnahmen zur Behebung.

In Abb. 11.10 sind die weiteren, nützlichen Komponenten des Fuzzing-Prozesses dargestellt:

- Sind die Eingabeschnittstellen des Zielprogramms nicht bekannt, werden sie identifiziert.
- Ist ein Fuzzer – proprietär oder open source – nicht verfügbar, wird einer erstellt.

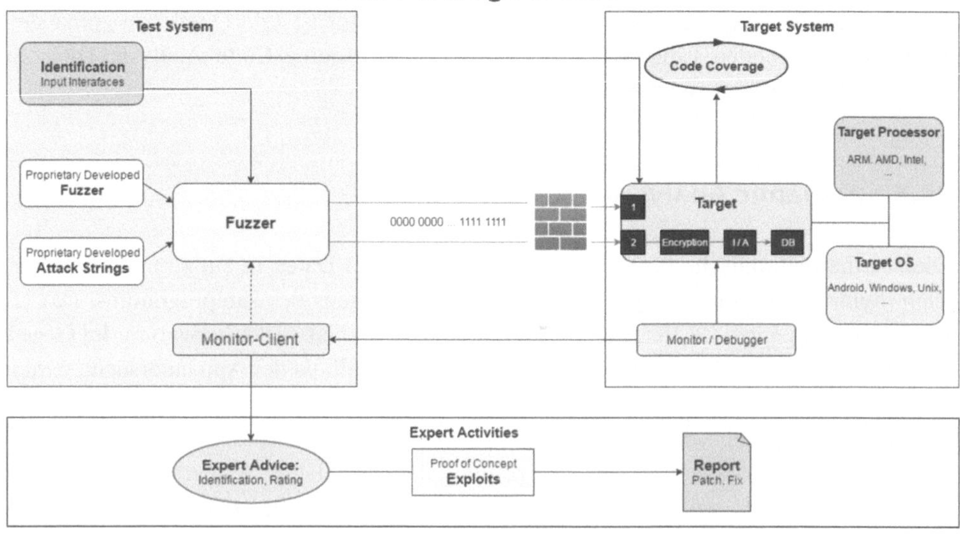

Abb. 11.10 Fuzzing-Prozess

- Ein Monitor beobachtet das Verhalten des Zielprogramms und stellt im Fall des Auftretens einer Anomalie dem untersuchenden Experten relevante Speicherauszüge und unsbesondere den Befehlszähler zur Untersuchung zur Verfügung.
- mit einem Code Coverage Tool wird der Anteil des untersuchen Codes gemessen.

Mit der Methode Fuzzing können z. B. folgende Sicherheitslücken identifiziert werden:

- Denial of Service
- Metadata Injection Vulnerabilities
- File-System-Related Problems
- Memory-Related Vulnerabilites

Beispiel: Android Banking App
Unsere Banking App hat viele Eingabeschnittstellen, die gefuzzt werden können, wie z. B.:

- HTTP
- SMS
- Intents
- User Interface
- Push-Nachrichten (GCM – Google Cloud Messaging)
- Socket.IO

Am Beispiel http-Fuzzing generiert der Fuzzer (z. B. Burb Suite[3]) auf Basis von validen http-requests (z. B. Login-Request) eine große Anzahl korrupter http-Requests (z. B. für das Passworteingabefeld eine mögliche SQL-Injection, wie etwa OR 1=1) und sendet diese an den Backend-Server mit dem die App kommuniziert.

Natürlich macht eine SQL-Injection nur Sinn, wenn ein SQL-Server im Backend eingesetzt wird, daher müssen die invaliden Eingabedaten (Fuzzing-Daten) gezielt ausgewählt oder generiert werden.

Das Ziel von Fuzzing ist es, durch invalide Eingabedaten Anomalien herbeizuführen und somit Sicherheitslücken zu identifizieren. Um Festzustellen, ob eine Anomalie aufgetreten ist, schauen wir uns beim Fuzzing die http-Responses an. Weicht diese vom „Original"-Response ab, so schauen wir uns dieses invalide http-Request genauer an.

11.6 Penetration Testing

In der Deployment Phase der App Entwicklung werden Angriffe mit Penetration Testing auf die App und die Backend Server simuliert, diese Angriffe sollten von unabhängigen Dritten durchgeführt werden. Das Ziel dieser Überprüfung ist die Identifizierung von Sicherheitslücken oder Konfigurationsfehlern und die Erhöhung der Sicherheit, auch Härtung der Systeme genannt. Die Angriffe werden genau dokumentiert und eine Beschreibung der identifizierten Sicherheitslücken und angemessen Gegenmaßnahmen erstellt.

Bevor mit einem Penetration Test begonnen werden kann, sollte zwischen folgenden Kriterien eine Auswahl getroffen werden, um die Vorgehensweise zu bestimmen.

1. Informationsbasis: Soll der Penetration Test mit möglichst vielen Informationen über das Zielsystem (White-Box-Verfahren) oder ohne jegliche Informationen (Black-Box-Verfahren) durchgeführt werden. Eine Mischung aus beiden Verfahren wird Gray-Box-Verfahren genannt.
2. Aggressivität: Bestimmt wie „aggressiv" ein simulierter Angriff durchgeführt werden darf. Die Identifizierten Sicherheitslücken dürfen nicht ausgenutzt (validiert) werden, dann ist es nur ein passiver Scan.
3. Umfang: Bestimmt wie viele und welche Systeme überprüft werden sollen, der Fokus des Penetration Tests wird festgesetzt.
4. Vorgehensweise: Bestimmt die Erkennbarkeit der Angriffe.
5. Technik: Bestimmt welcher Systemzugang für die Angriffe ausgenutzt werden soll. Wird z. B. über das Netzwerk angegriffen oder gar zu Social-Engineering Methoden zurückgegriffen.
6. Ausgangspunkt: Bestimmt ob die Angriffe von außen, dem Internet, oder von innen, internem Netz, ausgeführt werden.

Neben den oben genannten Kriterien müssen auch rechtliche Vorschriften wie z. B. Daten schutz-Kriterien bei einem Penetration Test berücksichtigt werden.

Beispiel Android Banking App
Beim Penetration Testing unserer Banking App wird die Sicherheit der App im gesamten Deployment-Kontext getestet. Wir haben also

- eine oder mehrere spezifische Android-Versionen, die auf bekannte Sicherheitslücken untersucht werden müssen,
- einen Backend-Server, der selbst im Rahmen von Penetration Testing untersucht werden muss,
- möglicherweise viele Drittanbieter-Bibliotheken, die ebenfalls bekannte Sicherheitslücken enthalten,
- einen unsicheren Registration-Server ...

Insgesamt wird die App demnach beim Penetration Testing in einem realistischen (zukünftigen) Deployment-Szenario auf Sicherheit getestet. Es können auch mehrere Deployment-Szenarien getestet werden, z. B. wird der eigene Backend-Server in eine

Cloud ausgelagert oder die App nutzt Webservices. Es sollte jedes in Betracht kommende Szenario mit Penetration Testing untersucht werden.

Literatur

1. Checkpoint, Dimensional Research (2013) THE IMPACT OF MOBILE DEVICES ONINFORMATION SECURITY: A SURVEY OF IT PROFESSIONALS https://www.checkpoint.com/downloads/products/check-point-mobile-security-survey-report2013.pdf Stand: 19.06.2015
2. Android Arsenal (2015) Android developer portal with tools, libraries, and apps, https://android-arsenal.com/tag/94 Stand: 19.06.2015
3. PortSwigger Ltd. (2015) Burb Suite https://portswigger.net/burp/ Stand: 23.06.2015
4. OWASP (2015) Application Threat Modeling, https://www.owasp.org/index.php/Application_Threat_Modeling Stand: 23.06.2015
5. Russ McRee (2014) Microsoft Threat Modeling Tool 2014: Identify & Mitigate http://holisticinfosec.org/toolsmith/pdf/may2014.pdf Stand: 22.06.2015
6. Bryan Sullivan (2010) Security Briefs – Add a Security Bug Bar to Microsoft Team Foundation Server 2010 https://msdn.microsoft.com/en-us/library/ee336031.aspx Stand: 22.06.2015
7. Frank Swiderski, Window Snyder (2004) Threat Modeling (Microsoft Professional) Paperback. Microsoft
8. Hengshu Zhu, Hui Xiong, Yong Ge, Enhong Chen (2014) Mobile app recommendations with security and privacy awareness. New Yourk.
9. Michael Sutton, Adam Greene, Pedram Amini (2012) Fuzzing – Brute Force Vulnerability Discovery. Crawfordsville
10. Adam Shostack (2014) Threat Modeling – designing for security. Indianapolis
11. BSI/ISACA (2014) Leitfaden – Cyber-Sicherheits-Check (2012) https://www.bsi.bund.de/SharedDocs/Downloads/DE/BSI/Publikationen/Broschueren/Leitfaden-Cyber-Sicherheits-Check.pdf Stand: 28.06.2015
12. BSI (2003) Durchführungskonzept für Penetrationstests https://www.bsi.bund.de/SharedDocs/Downloads/DE/BSI/Publikationen/Studien/Penetrationstest/penetrationstest_pdf.pdf Stand: 25.06.2015
13. BSI/ISACA (2014) Muster-Beurteilungsbericht zum Cyber-SicherheitsCheck der Beispiel GmbH, https://www.allianz-fuer-cybersicherheit.de/ACS/DE/_downloads/materialien/schulung/muster.pdf?__blob=publicationFile Stand: 12.07.2015
14. Jörg Thoma (2015) Tausende Apps akzeptieren gefälschte Zertifikate http://www.golem.de/news/android-tausende-apps-akzeptieren-gefaelschte-zertifikate-1504-113785.html Stand: 17.08.2015
15. Nancy R. Mead, Eric D. Hough Theodore R. Stehney II (2005) Security Quality Requirements Engineering (SQUARE) Methodology https://resources.sei.cmu.edu/asset_files/TechnicalReport/2005_005_001_14594.pdf Stand: 22.06.2015
16. 5 Critcal Steps to Securely Manage Mobile Apps and Devices http://www.informationweek.com/whitepaper/Mobility/Wireless-Security/5-critical-steps-to-securely-manage-mobile-apps-an-wp1423498827/354073?gset=yes&cid=smartbox_techweb_whitepaper_14.500000723 Stand 19.06.2015

12 Biometrische Authentifizierung bei mobilen Anwendungen

Peter Scholz und Tobias Kohlhuber

Zusammenfassung

Die Tatsache, dass mobile Bezahlverfahren (Mobile Payment) in Deutschland noch relativ geringe Akzeptanz haben, ist größtenteils der subjektiv gefühlten Unsicherheit potenzieller Nutzer geschuldet. Deshalb muss bei der Konzeption dem Thema Sicherheit ein hoher Stellenwert eingeräumt werden. Die gebräuchlichen Authentifizierungsmethoden erweisen sich hier als ungeeignet, da sie für den Benutzer wenig komfortabel sind. Wir schlagen daher die Nutzung kombinierter biometrischer Authentifizierungsverfahren für Mobile Payment vor. Sie erlauben eine sichere und teilweise nebenläufige Bedienung und eignen sich somit besonders gut für den Einsatz in mobilen Szenarien. Es wird gezeigt, dass die Integration von Herzrhythmusanalyse und Gangerkennung in Verbindung mit anderen biometrischen Verfahren ein ausreichendes Maß an Sicherheit bereitstellen kann – wobei gleichzeitig die Bedienung intuitiv ist und auf die Ansprüche des Benutzers angepasst werden kann. Dem Anspruch der Skalierbarkeit wird die Applikation durch eine integrierte Kategorisierungsmöglichkeit gerecht. Das Einteilen einzelner Apps in Gruppen mit unterschiedlichen Freigabeleveln gehört dabei zum Kernprinzip. Die dafür benötigten Bauteile, wie Sensoren, Microchips und Endgeräte sind größtenteils vorhanden. Auch die Realisierung auf Softwareebene ist möglich, bedarf aber in der Praxis großer finanzieller Mittel und entsprechender Partnerschaften.

Schlüsselwörter

Mobile Payment • Authentifizierung • Biometrie

P. Scholz (✉) • T. Kohlhuber
Hochschule für Angewandte Wissenschaften Landshut, Landshut, Deutschland
E-Mail: Peter.Scholz@haw-landshut.de; Kohlhuber@eikoon.de

T. Barton et al. (Hrsg.), *Mobile Anwendungen in Unternehmen*, Angewandte Wirtschaftsinformatik,
DOI 10.1007/978-3-658-12010-8_12

12.1 Einführung in die Biometrie

Als biometrische Charakteristik kann jede physiologische und/oder verhaltensbedingte Charakteristik genutzt werden, sofern sie gewisse Anforderungen erfüllt.

Das Merkmal sollte Allgemeingültigkeit besitzen, das bedeutet, es sollte bei jeder Person vorkommen. Ein weiteres Kriterium ist die Einzigartigkeit der betrachteten Charakteristik. Sie sollte bei jedem Individuum eine spezifische und einzigartige Ausprägung haben, die klar zu identifizieren ist. Ein weiterer wichtiger Punkt ist die Beständigkeit des Merkmals. Unabhängig von Alter, gesundheitlicher Verfassung oder der aktuellen körperlichen Konstitution muss die Erkennung zuverlässig möglich sein. Zu guter Letzt muss sichergestellt werden, dass das Merkmal eine Messbarkeit besitzt, man es also mit quantitativen Methoden messen kann. Diese vier Eigenschaften beschreiben die Anforderungen an personenbezogene Merkmale. Hinzu kommen noch drei weitere Faktoren, die nicht direkt von der Charakteristik abhängen. Bei einem praxistauglichen System muss auf die Performance geachtet werden. Das Merkmal muss in entsprechender Zeit bearbeitbar sein und dabei die nötige Genauigkeit liefern. Zudem ist es zwingend notwendig, auch die Akzeptanz beim Benutzer mit einzubeziehen. Einer der wichtigsten Punkte in Bezug auf die Verwendung in sicherheitskritischen Bereichen ist die Überlistbarkeit des Merkmals. Ein Merkmal sollte im Optimalfall schwer künstlich imitierbar sein [1].

12.2 Biometrische Authentifizierung

Ein praxistaugliches biometrisches Authentifizierungsverfahren sollte die geplante Erkennungsgenauigkeit, Verarbeitungsgeschwindigkeit und Ressourcenausnutzung erreichen. Es sollte zudem ohne Nachteil für den Benutzer bedienbar sein, von der Zielgruppe akzeptiert werden und einen ausreichend sicheren Schutz gegenüber den verschiedensten betrügerischen Methoden und Attacken gegen das System bieten. Ein biometrisches Erkennungsverfahren basiert grundsätzlich auf dem Prinzip der Mustererkennung. Dafür wird in vielen Fällen im ersten Schritt ein Abbild des Merkmals eines Individuums erstellt, beispielsweise der 2D-Scan eines Fingerabdrucks. Aus diesem Abbild wird eine Sammlung von unterschiedlich vielen Merkmalsausprägungen entnommen, abhängig vom gewünschten Sicherheitslevel und den vorher definierten Anforderungen an das System. Dieser Datensatz wird mit dem in der Datenbank hinterlegten Referenzdatensatz abgeglichen. Bei Übereinstimmung wird eine entsprechende Aktion ausgelöst [2]. Jain, Ross und Prabhakar unterscheiden in ihrer Arbeit noch zwei Funktionsmodi eines biometrischen Systems. Es kann im Verifikations-Modus arbeiten, indem es den Datensatz einer Person mit einem speziellen Referenzdatensatz abgleicht und die Identität der Person durch die Übereinstimmung bestätigt. Die zweite Alternative ist der Identifikations-Modus. Hierbei macht das System mit dem Datensatz eine Suchanfrage in einer Datenbank, um zu ermitteln, ob es einen bestehenden Satz an Daten gibt, der mit den eingelesenen übereinstimmt. Auf den Identifikations-Modus möchten wir in unserer

Arbeit nicht näher eingehen, er sei der Vollständigkeit halber trotzdem erwähnt [1]. Da an dieser Stelle nur der Verifikations-Modus behandelt und verwendet wird, beziehe wir uns im Folgenden immer auf selbigen. Eine biometrische Systemumgebung, die im Verifikations-Modus arbeitet, kann zwei Arten von Fehlern erzeugen. Auf der einen Seite besteht die Möglichkeit, dass das System eine Person abweist bzw. ihr den Zugang verwehrt, obwohl die Person die Rechte dazu hätte. Die Häufigkeit, in der ein solcher Fehler auftritt, nennt man Falschrückweisungsrate (kurz FRR). Auf der anderen Seite ist es möglich, dass eine Person fälschlicherweise als berechtigt eingestuft wird, obwohl sie die erforderliche Berechtigung nicht besitzt. Diese Fehlerhäufigkeit wird als Falschakzeptanzrate (kurz FAR) bezeichnet. In Verbindung mit einem passend gewählten Threshold, einer Art Ausgleichswert, der umwelt- und konstitutionell bedingte Schwankungen im Abbild normalisieren soll, ergibt sich eine Übersicht über die Genauigkeit eines biometrischen Verifikationssystems. Ein vorgeschaltetes Matching-System, das das erzeugte Abbild mit den hinterlegten Referenzdatensätzen abgleicht, liefert als Ergebnis einen Zahlenwert. Je größer dieser Wert ist, desto wahrscheinlicher ist eine positive Verifikation des Benutzers. Der errechnete Wert wird mit dem Threshold verglichen. Ist er größer oder gleich dem festgelegten Schwellenwert, gewährt das System den Zugriff, ist er kleiner, wird er verweigert. Aus diesem Verhältnis lässt sich die DET Kurve (Decision Error Trade-off) ableiten [3]. Angelehnt an das von Davrondzhon Gafurov beschriebene DET Konzept, soll jetzt noch einmal die Einordnung auf einem abgeleiteten DET Diagramm für verschiedene Systemszenarien verdeutlicht werden. Die folgende Skizze soll zur Veranschaulichung dienen. Wie in Abb. 12.1 zu sehen ist, bildet die Falschakzeptanzrate in diesem Diagramm die Abszisse, die Falschrückweisungsrate die Ordinate. An der eingezeichneten Kurve lassen sich die typischen Anwendungsbereiche ablesen. Im Hochsicherheitsbereich, bei Zugangskontrollen für sensible Bereiche oder Daten, kann die Falschrückweisungsrate (FRR) nahezu vernachlässigt werden. In einem solchen Anwendungsszenario liegt die höchste Priorität darin, die Falschakzeptanzrate (kurz FAR) so gering wie möglich zu halten. Die Anforderungen an diese Art von Hochsicherheitszugangssystemen liegen sehr hoch. Das Vernachlässigen der FAR gründet in der Tatsache, dass die Abweisung eines Zutritt Berechtigten zwar sicher zeitintensiv und lästig für den Betroffen ist, jedoch nicht zu einem Sicherheitsproblem werden kann. Hingegen kann eine falsch verifizierte Person in einem Sicherheitsbereich durchaus zu einem kritischen Problem werden. Anhand dieses Beispiels wird klar, wie hoch die Anforderungen an ein Hochsicherheitssystem sein müssen. Bei einem einstufigen Zugangskontrollsystem müsste die FAR gegen Null gehen, da jede einzelne Fehlverifikation großen Schaden verursachen kann.

Bei allen Anwendungen und Systemen, die zum Zwecke der Identifikation genutzt werden, verhält sich die Kurve exakt punktsymetrisch. Bei der Entwicklung forensischer Systeme wie beispielsweise der Interpol-Datenbank, wird der Anforderung an eine möglichst geringe FRR hohe Priorität zugeschrieben. In der Praxis heißt das nichts anderes, als dass bei einem Abgleich von Fingerabdrücken mit der Datenbank auf gar keinen Fall ein Datensatz, der dem Eingegebenen entspricht, ausgeblendet bzw. nicht angezeigt wird. Das

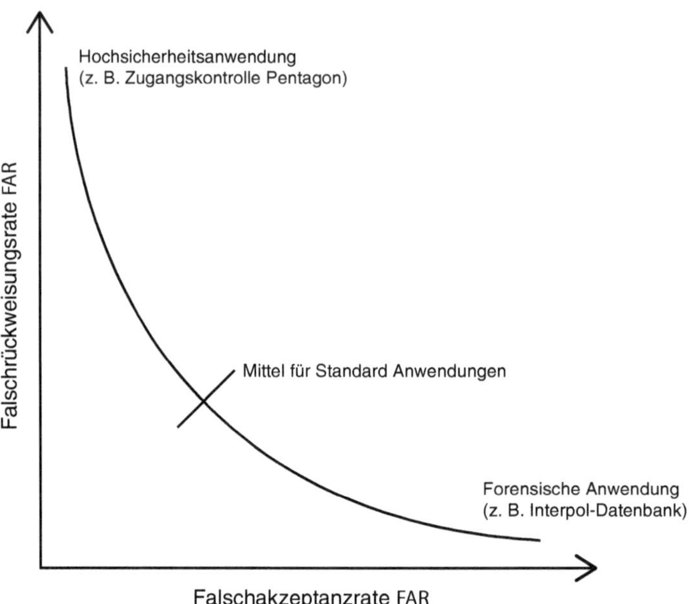

Abb. 12.1 DET-Diagramm

würde nämlich heißen, ein Krimineller wäre von den Behörden nicht als solcher identifizierbar. Im Gegensatz dazu spielt bei einem Identifikationssystem die FAR keine große Rolle. Im oben beschriebenen Szenario würde das heißen, im Ergebnis würden Personen angezeigt, die ebenfalls in Frage kommen würden. Das bedeutet zwar einen Mehraufwand bei der Überprüfung, jedoch fällt der gesuchte Datensatz nicht durch das Raster.

Um die Nutzerakzeptanz eines Standard-Anwendungssystems nicht zu strapazieren, sollte bei der Konzeption Wert auf eine ausgewogene Mischung von FAR und FRR gelegt werden. In einer Studie zu den Kriterien für die Nutzung von Mobile Payment gaben 61 % der Befragten an, Benutzerfreundlichkeit wäre für sie unentbehrlich [4]. Dieses Ergebnis zur Bewertung von Benutzerfreundlichkeit deckt sich mit den Zahlen von EuPD Research, die in Ihrer Studie zu einem ähnlichen Resultat kommen. In der 2009 erschienen Umfrage gaben 94,4 % der befragten Kunden an, dass ihnen bei E-Commerce die Benutzerfreundlichkeit und Navigation wichtig sei [5]. Diese beiden Ergebnisse lassen den Schluss zu, dass die Benutzerfreundlichkeit ein wichtiger Akzeptanzfaktor für E-Commerce und E-Payment ist. Verstärkend hinzu kommt, dass auch die internationale Norm ISO/IEC 25000 für Software Engineering und Qualität als eine Anforderung an Software die Benutzbarkeit definiert. Eine hohe FRR erzeugt unnötige Warte- bzw. Leerlaufzeiten bei Ressourcen und erhöht damit die Ablehnungsbereitschaft gegenüber dem System. Bei einer zu hohen FAR verliert das Verifikationssystem an Vertrauen beim Benutzer, denn es erfüllt nicht die Anforderung, nur Berechtigten Zugang/Zugriff zu gewähren. Folglich wird von Benutzern die Notwendigkeit eines nicht zweckmäßig funktionierenden Systems infrage gestellt. Dies äußert sich ebenfalls in Ablehnung gegenüber dem System. Um ein Anwendungssystem erfolgreich entwickeln und später einführen zu können, bedarf es der Akzeptanz der Zielgruppe. Diese wird durch eine ausgewogene Mischung aus FRR und FAR begünstigt.

Das Prinzip der Messbarkeit von biometrischen Anwendungen in Abhängigkeit von FAR und FRR lässt sich auf jede Art von oben definierter physiologisch und/oder verhaltensbedingter Charakteristik übertragen. Das Merkmal Fingerabdruck wurde aus Gründen der Vertrautheit bei der Anwendung dieses Verfahrens gewählt. Im weiteren Verlauf werden drei weitere biometrische Merkmale auf ihre Eignung für ein Verifikationssystem untersucht. Um ein System oder ein Gerät vor unautorisiertem Zugriff zu schützen, gibt es verschiedenste Verfahren. Man kann den Authentifizierungsprozesse in drei Kategorien einteilen: Wissens-, objekt- und Biometrie basierte Methoden. Wissensbasierte Verfahren beruhen auf dem Prinzip der Geheimhaltung einer Kombination von Zeichen, Figuren und/oder Informationen. Die klassische PIN bei der Bankkarte ist ein markantes Beispiel für dieses Verfahren. Das Geld ist solang vor unautorisiertem Zugriff sicher, bis das Geheimnis, in diesem Fall die PIN, einem Dritten bekannt wird. Bei der objektbasierten Authentifizierung werden bestimmte Hilfsmittel, beispielsweise sogenannte Tokens eingesetzt, um die Identität des Benutzers sicherzustellen. Der Vorteil dabei ist die theoretisch beliebige Skalierbarkeit des Sicherheitslevels auf die Verschlüsselungsebene. Man ist nicht vom „begrenzten" Speicher des menschlichen Gehirns abhängig, sondern kann sehr lange Verschlüsselungen verwenden. Der große Nachteil bei objektbasierenden Methoden ist die Abhängigkeit vom Objekt selbst. Sofern das Zugriffssystem allein auf objektbasierte Authentifizierung ausgelegt ist, besteht bei Verlust im Optimalfall keinerlei Zugriff mehr. Objekte können leicht verloren gehen oder entwendet werden. Dieses Systeme eignet sich daher nicht für die alleinige Zugriffskontrolle eines Mobile Payment Systems, da die Gefahr zu groß wäre, dass das Authentifizierungsobjekt abhandenkommt. Eine Kombination mit anderen Mechanismen, beispielsweise der Fernsperrung oder zusätzlichen wissensbasierten Abfragen, ist notwendig. Die dritte Kategorie der Authentifizierungsmethoden ist die Biometrie basierte. Auf sie wird im folgenden Abschnitt näher eingegangen.

12.2.1 Gangerkennung

Die Biometrie basierte Authentifizierungsmethode benutzt biometrische Charakteristiken des menschlichen Individuums, wie sie weiter oben beschrieben sind. Grundlegend ergeben sich daraus einige Vorteile. Der Vorteil dieser Merkmale ist, dass sie untrennbar mit einer Person verbunden sind. Man kann sie auch nicht vergessen, wie beispielsweise ein Passwort oder eine PIN. Der in unseren Augen größte Vorteil daran ist allerdings die nebenläufige Abfragbarkeit. Bei den beiden anderen Verfahren ist ein explizites Handeln des Benutzers erforderlich, um eine Authentifizierung durchführen zu können, meist sogar eine gewisse Leistungserbringung. Bei biometrischen Verfahren ist der Vorgang zumeist intuitiv oder gar nebenläufig. Das Verifikationssystem kann durch Spracherkennung, während eines Telefonats, im Hintergrund die Stimme analysieren und Abgleiche durchführen, ohne vom Benutzer zusätzliche Interaktionen zu benötigen. Eine noch nicht weitverbreitete Art der biometrischen Authentifizierung ist die Gangerkennung. Sie beruht auf der Analyse des menschlichen Gangstils und hat vom zugrunde liegenden Prinzip viel mit der bereits bewährten Fingerabdruck-Analyse gemeinsam [3].

Schon 1960 entdeckte M.P. Murray, dass der Gang ein Wiedererkennungsmerkmal ist und untersuchte dies in einer medizinischen Studie hinsichtlich Alter, Geschlecht und Größe [6].

Davrondzhon Gafurov ist 47 Jahre später in seinem Vortrag zu dem Entschluss gekommen, dass eine Einteilung nach Art der Sensorik bei der Gangerkennung eine sinnvolle Erweiterung des bestehenden Konzeptes von Murray ist. Er unterscheidet die Klassen in: maschinelle Bildverarbeitung, Bodensensorik und Wearablesensorik (deut. tragbare Sensoren) [3]. Für diese Arbeit sind nur die Wearablesensoren von Interesse, da sie die einzige Klasse darstellen, die in heutigen Smartphones realisiert ist. Die beiden anderen werde ich der Vollständigkeit halber kurz zusammenfassen. Bei der Gangerkennung durch maschinelle Bildverarbeitung wird ein Bewegtbild verzögert oder in Echtzeit analysiert und bewertet. Dabei wird sehr oft die Silhouette als Grundlage genutzt. Darauf basierend, werden Maße und im Speziellen Verhältnisse zwischen einzelnen Teilen des Körpers oder die Transformation der Silhouette über die Dauer der Aufnahme für die Berechnung genutzt. Dieses Prinzip eignet sich besonders gut für eine Identifikation, wenn direkter Kontakt nicht erwünscht oder möglich ist [7]. Zu der zweiten Klassen gehören die sogenannten Bodensensoren. Diese Art der Gangerkennung nutzt für die Aufnahme druckempfindliche Bodenplatten. Mit ihnen ist es möglich, Merkmale wie die Auftrittskraft oder die genau Länge eines Schrittes zu ermitteln. Diese Art der Zugangskontrolle kommt vor Gebäudeeingängen, allein oder im multimodalen Verbund zum Einsatz.

Die dritte von Gafurov beschriebene Variante ist die Wearablesensorik. Noch vor einiger Zeit benötigte man für die Aufzeichnung von Beschleunigungsdaten einen speziellen Sensor, heute werden diese sogenannten Accelerometer oder Beschleunigungssensoren in fast jedes Tablet und Smartphone eingebaut [8, 9]. Anfänglich dienten sie nur der Anpassung der Displayausrichtung für den Benutzer. Sie registrieren, wenn das Gerät gedreht wird und passen das Bild dementsprechend an. Danach erschienen erste Spiele, die sich diese Art der Steuerung zunutze machten. Eines der wohl bekanntesten Spiele aus dieser Sparte ist sicher '„doodle-jump“. Bei diesem kultigen Minispiel geht es darum, durch Navigieren mit dem Gerät nach links und rechts, vergleichbar dem Lenken beim Autofahren, möglichst hohe Sprünge zu vollführen [10]. Das Gerät direkt als Controller zu nutzen, macht erst der Beschleunigungssensor möglich. Er übersetzt die Bewegungen aus drei Achsen in weiterverwendbare Messwerte. Abbildung 12.2 und 12.3 zeigen solche Messreihen. Die Daten werden als getrennte Zahlen in einer Tabelle gespeichert. Gemessen wurden X, Y und Z-Achse. Für die Messung wurde ein Samsung Galaxy Note

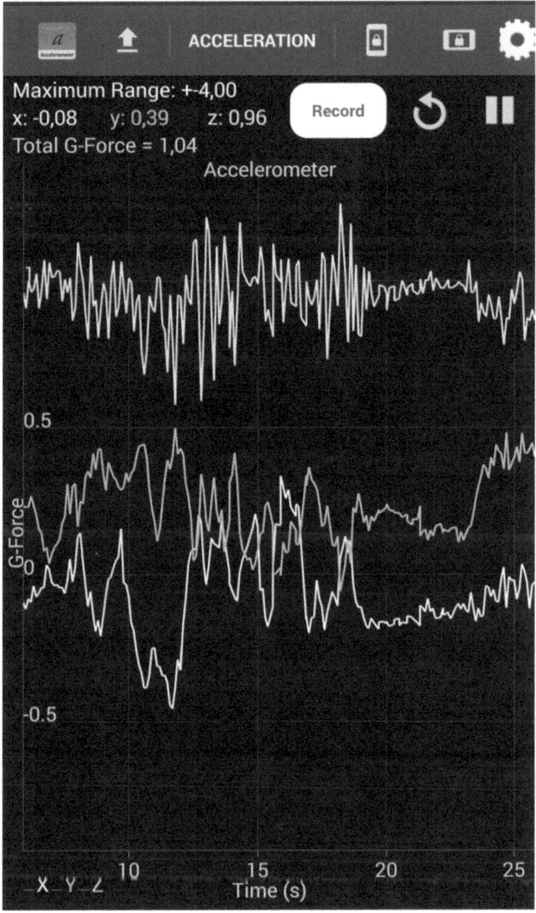

Abb. 12.2 Messreihe 1 – hastiger Gang, zackig

4 mit Android Version 4.4.4 verwendet. Die eingesetzte Software war Physics Toolbox Accelerometer der Firma Vieyra Software [11]. Die Software ermöglicht es, Daten vom Beschleunigungssensor in eine grafische zeitorientierte Kurve umzuwandeln. Dabei besteht die Möglichkeit, sowohl X, Y und Z-Achse darstellen zu lassen, als auch zusätzlich noch die G-Kraft. Bei diesem Versuch wurde zwecks Übersichtlichkeit die G-Kraft Kurve ausgeblendet. Die Genauigkeit der Messreihen ist für ein nicht im wissenschaftlichen Rahmen eingesetztes Gerät erstaunlich hoch.

> „The method uses acceleration signals produced by sensors embedded in the portable device. When the user carries the device, the accelaration signal is compared with the stored template signal. The method consists of finding individual steps, normalizing and averaging them, aligning them with the template and computing cross-correlation, which is used as a measure of similarity." [12], S. 7

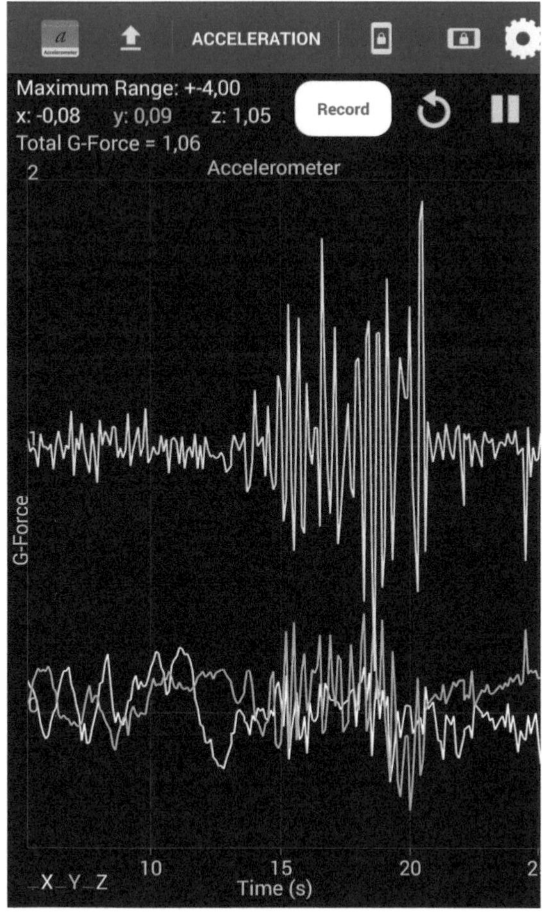

Abb. 12.3 Messreihe 2 – Wendeltreppe

Zusammenfassend kann man sagen, dass die Methode zur Gangerkennung bei Authentifizierungssystemen die Signale eines im Gerät verbauten Beschleunigungsensors verarbeitet. Während der Benutzer das Gerät mit sich herum trägt, werden die gemessenen Daten mit den in der Datenbank gespeicherten Mustern abgeglichen. Die Methode basiert auf der Normalisierung und Angleichung der Messdaten und der Abgleichung mit dem Referenzdatensatz. Diese Methode wird als

Messverfahren für Gleichartigkeit verwendet. Ailisto H. et al. kommen in ihrer Untersuchung zu dem Ergebnis, dass biometrische, auf Beschleunigungssensorik basierende Gangerkennung mindestens genauso gute Resultate erzielen kann, wie die videobasierte Alternative [12].

12.2.2 Herzrhythmus

Jeder Mensch ist einzigartig. Diese Aussage ist nicht nur für die Sozial- und Geisteswissenschaften interessant. Für die Entwicklung von biometrischen Authentifizierungssystemen ist die Tatsache, dass jeder Mensch individuelle Merkmale hat, Voraussetzung. Ein menschlicher Benutzer lässt sich auch an Hand seines individuellen Herzrhythmus verifizieren. Um diesen überhaupt erst quantifizieren und qualifizieren zu können, benötigt man eine Messmethode, die die von den Herzmuskeln erzeugten elektrischen Signale messen und aufzeichnen kann. Willem Einthoven verfeinerte Anfang des 20. Jahrhunderts die Methoden zur Herzrhythmusmessung, die August D. Waller einige Jahre zuvor in seinem Artikel „A Demonstration on Man of Electromotive Changes accompanying the Heart's Beat" beschreibt vgl. [13, 14]. Einthoven erweitert die von Waller verwendeten zwei Messelektroden um weitere und entwickelt die in der heutigen Medizin weit verbreitete Methode der drei Ableitungen. Hierbei werden Elektroden an den Füßen und an den Hände genutzt, um drei unterschiedliche Kreisläufe zu bilden. Zudem ist die Person geerdet. Um Daten vom Herz zu erhalten, werden unter anderem der rechte und der linke Arm verbunden und gemessen. Eine weitere Ableitung stellt die Verbindung von rechtem Arm und linkem Bein dar. Zusammen mit der dritten Ableitung, die den linken Arm mit dem linken Bein verbindet, ergeben sich daraus drei unterschiedliche Messergebnisse zum korrespondierenden Herzabschnitt. Hoekema et al. kam in seiner Arbeit zu dem Ergebnis, dass geometrische und physiologische Faktoren des Herzens bei Menschen unterschiedlich ausgeprägt sind. Bedingt durch diese Unterschiede bzw. die große Vielfalt der Merkmale, lässt es die Idee aufkommen, den Herzrhythmus als einzigartiges Wiedererkennungsmerkmal zu verwenden [15]. Auch Yongjin Wang beschäftigte sich 2008 im Rahmen seiner Studie „Analysis of Human Elctrocardiogram for Biometric Recognition" mit der Möglichkeit, den Herzrhythmus als biometrisches Authentifizierungsverfahren einzusetzen. Er kommt zu dem Schluss, dass:

> „Analysis of electrocardiogram (ECG) as a tool for clinical diagnosis has been an active research area in the past two decades. Recently, a few proposals suggested the possibility of using ECG as a new biometrics modality for human identity recognition. The validity of using ECG for biometric recognition is supported by the fact that the physiological and geometrical differences of the heart in different individuals display certain uniqueness in their ECG signals.
>
> Human individuals present different patterns in their ECG regarding wave shape, amplitude, PT interval [sic], due to the difference in the physical conditions of the heart." [16], S. 1

Zusammenfassend kann man sagen, dass der Mensch unterschiedliche Merkmalsausprägungen in seinem EKG Diagramm aufweist. Zu diesen zählen unter anderem die Form der Wellen, die Amplitude, das PR Intervall und auch die physische Verfassung des Herzens. Das Merkmal erfüllt mal das Kriterium der einzigartigen Ausprägung. Auch die Allgemeingültigkeit, also das Vorkommen bei jedem Individuum ist gegeben. Die quantitative Messbarkeit der Merkmalsdaten wurde durch Einthoven hinreichend belegt. Verstärkend kommt noch hinzu, dass der menschliche Herzrhythmus sehr schwer zu kopieren ist. Viele bekannte Überlistungsversuche basieren auf nicht lebendigen Abbildern des Originals. Einfache Fingerabdruckscanner, wie sie beispielsweise im iPhone 5 s verbaut werden, lassen sich mit einem Fingerabdruckbild aus Holzleim überlisten [17]. Mit einer Lebendigkeitsprüfung ist es möglich, solche Attacken zu vereiteln, jedoch sind nicht alle Methoden gleich effektiv. Bei einigen Scannern reicht es aus, das erstellte Fingerabdruckbild mit Flüssigkeit zu benetzen, um eine positive Authentifizierung zu erreichen. Oftmals wird ein Fingerpulsmesser eingesetzt, um die Lebendigkeit des vorgelegten Musters zu verifizieren. Dies erhöht die Sicherheit enorm. Beim Herzrhythmusverfahren ist dieser extra Schritt nicht notwendig, da die EKG-Werte an sich schon ein Indikator für Lebendigkeit sind. Theoretisch ist es möglich, anhand von vorliegenden EKG-Daten einen Impuls zu generieren, der den abgebildeten Rhythmus imitiert. Dieses Verfahren scheint in Anbetracht der Tatsache, dass das Vorhandensein des Referenzmusters zwingend notwendig ist, nicht besonders geeignet für Überlistungsversuche gegen ein EKG-basierendes Authentifizierungssystem. Auch Wang kommt in seiner Arbeit zu dem Ergebnis, dass sich der Herzrhythmus als biometrisches Merkmal für die Verifizierung eignet [16].

Literatur

1. Jain AK, Ross A, Prabhakar S (2004) An Introduction to Biometric Recognition. doi:10.1109/TCSVT.2003.818349
2. Maltoni D (2003) A Tutorial on Fingerprint Recognition. Biometric Systems Laboratory DIES. University of Bologna. http://www.cedar.buffalo.edu/~govind/CSE666/fall2007/FP_Tutorial.pdf. Zugriff: 12. Februar 2015
3. Gafurov D (2007) A Survey of Biometric Gait Recognition: Approaches, Security and Challenges. Gjøvik University College. http://www.nik.no/2007/14-Gafurov. Zugriff: 13. Februar 2015
4. Innofact AG (2011) Wie wichtig sind für Sie folgende Kriterien für die Nutzung von Mobile Payment?. Statista. http://bibaccess.fh-landshut.de:2066/statistik/daten/studie/200972/umfrage/wichtigkeit-verschiedener-kriterien-fuer-die-nutzung-von-mobile-payment/}. Zugriff: 12. Februar 2015
5. EuPD ~ Research (2009) Erfolgsfaktoren im E-Commerce aus Händler- und Kundensicht im Jahr 2009. Statista. Erfolgsfaktoren im E-Commerce aus H{\"a}ndler- und Kundensicht im Jahr 2009}, http://bibaccess.fh-landshut.de:2066/statistik/daten/studie/71914/umfrage/erfolgsfaktoren-im-e-commerce-aus-haendler--und-kundensicht-2009/. Zugriff: 12. Februar 2015
6. Zhang Z, Hu M, Wang Y (2011) A Survey of Advances in Biometric Gait Recognition. Laboratory of Intelligent Recognition and Image Processing, Beijing Key Laboratory of Digital Media, School of Computer Science and Engineering. Beihang University, Beijing, China. http://www.cosy.sbg.ac.at/~uhl/gait2.pdf. Zugriff 13. Februar 2015
7. Liu Z, Sarkar S (2004) Simplest Representation Yet for Gait Recognition: Averaged Silhouette. Computer Science and Engineering. University of South Florida. http://marathon.csee.usf.edu/~sarkar/PDFs/ZongyiAveragedICPR.pdf. Zugriff: 13. Februar 2015
8. Apple Inc. (2014) Beschleunigungsensor iPad Air 2. http://store.apple.com/de/buy-ipad/ipad-air-2. Zugriff: 14. Februar 2015
9. Insidehandy.de (2014) Samsung Galaxy Note 4 Datenblatt. http://www.inside-handy.de/handys/samsung-galaxy-note-4/daten. Zugriff: 14. Februar 2015

10. Lima Sky LLC (2009) Doodle Jump. https://itunes.apple.com/de/app/doodle-jump-achtung-hochste/id307727765?mt=8. Zugriff: 14. Februar 2015
11. Vieyra Software (2015) Physics Toolbox Apps. http://www.vieyrasoftware.net. Zugriff: 14. Februar 2015
12. Ailisto H (2005) Biometric technology for human identification II. SPIE. http://www.researchgate.net/profile/Heikki_Ailisto/publication/241529587_Identifying_people_from_gait_pattern_with_accelerometers/links/53e070600cf2a768e49f6434.pdf. Zugriff: 18. Februar 2015
13. Einthoven W (1906) Ueber die Form des menschlichen Electrocardiogramms. doi:10.1007/BF01662582
14. Waller A (1887) A Demonstration on Man of Electromotive Changes accompanying the Heart's Beat. doi: 10.1113/jphysiol.1887.sp000257
15. Hoekema R, Uijen G, van Oosterom A. (2001) Geometrical aspects of the interindividual variability of multilead ECG recordings. doi: 10.1109/10.918594
16. Wang Y, Agrafioti F, Hatzinakos D, Plataniotis K (2008) Analysis of Human Electrocardiogram for Biometric Recognition. doi:10.1155/2008/148658
17. Chaos Computer Club (2013) Chaos Computer Club hackt Apple TouchID. http://ccc.de/de/updates/2013/ccc-breaks-apple-touchid. Zugriff: 18. Februar 2015

Teil V
Anwendungsszenarien mobiler Apps

In diesem Kapitel werden verschiedene Anwendungen vorgestellt. Dies reicht von der Integration von Augmented Reality Funktionalitäten in mobile Anwendungen über die Entwicklung einer Food-App bis hin zu einer Campus-App als ständiger Begleiter für den Alltag an einer Technischen Hochschule.

Modellgetriebene Entwicklung mobiler Anwendungen mit Augmented Reality Funktionalität

13

René Gerlach, Michael Guckert, Cornelius Malerczyk, Hans Christian Arlt, Steffen Vaupel, Gabriele Taentzer und Michael Fatum

Zusammenfassung

Mobile Anwendungen spielen sowohl im privaten als auch im industriellen Gebrauch eine immer wichtigere Rolle. Die Softwarelösungen für Smartphones reichen von bereits selbstverständlichen Dingen wie einem – stets greifbaren – digitalen Kalender bis hin zu Anwendungen zur Umsetzung von Cyberphysischen Systemen im industriellen Umfeld. Dank der rasanten Entwicklung der mobilen Endgeräte hinsichtlich Rechenleistung sowie zusätzlich verbauter Hardware wie Gyrosensoren, GPS, Kamera, WLAN etc. scheinen den möglichen Anwendungen immer weniger Grenzen gesetzt. Durch die zur Verfügung stehenden Hardware-Komponenten ist es möglich, dass Konzept der erweiterten Realität (Augmented Reality) in mobile Anwendungen zu integrieren. Somit besteht z. B. die Möglichkeit, einen Anwender bei der Produktion von komplexen Bauteilen zu unterstützen, indem er mit der Kamera ein Bauteil erfassen kann und umgehend wichtige Informationen im Display eingeblendet bekommt. Betrachtet man jedoch den Markt der aktuellen Smartphone-Landschaft, so zeigt sich, dass mehrere Betriebssysteme am Markt etabliert sind. Die bestehenden mobilen Anwendungen auf den unterschiedlichen Plattformen unterscheiden sich

R. Gerlach (✉) • M. Guckert • C. Malerczyk • H.C. Arlt
Technische Hochschule Mittelhessen, Friedberg, Deutschland
E-Mail: rene.gerlach@mnd.thm.de; michael.guckert@mnd.thm.de; cornelius.malerczyk@mnd.thm.de; hans.c.arlt@mnd.thm.de

S. Vaupel • G. Taentzer
Philipps-Universität Marburg Marburg, Deutschland
E-Mail: svaupel@mathematik.uni-marburg.de; taentzer@mathematik.uni-marburg.de

M. Fatum
advenco Consulting GmbH, Gießen, Deutschland
E-Mail: michael.fatum@advenco.de

T. Barton et al. (Hrsg.), *Mobile Anwendungen in Unternehmen*, Angewandte Wirtschaftsinformatik, DOI 10.1007/978-3-658-12010-8_13

hierbei gänzlich. Dies führt dazu, dass die Anwendungen je nach Bedarf mehrfach für die einzelnen Zielplattformen entwickelt werden müssen. An dieser Stelle kommt die modellgetriebene Softwareentwicklung ins Spiel. Mit dieser ist es möglich, Anwendungen auf einer höheren – plattformunabhängigen – Abstraktionsebene zu definieren und mit entsprechenden Generatoren plattformspezifisch zu generieren.

Schlüsselwörter
Modellgetriebene Softwareentwicklung • Mobile Anwendungen • Android • iOS • Augmented Reality

13.1 Einleitung

Der Einsatz mobiler Geräte durchdringt die Abläufe des täglichen Lebens in immer stärkerem Maß. Während die Nutzung eines Smartphones im privaten Alltag längst eine Selbstverständlichkeit darstellt, gilt dies zunehmend auch für viele Bereiche des Arbeitslebens. Die Art des Umgangs mit sogenannten Apps geht dabei weit über Anwendungen mit klassischer Mensch-Maschine-Interaktion (Tastatur- oder Mauseingaben) hinaus: die automatische Lokalisierung des Nutzers oder Bild- und Tonerkennung eröffnen neue Möglichkeiten wie etwa eine mithilfe von Techniken aus dem Bereich der AR realisierte automatische Objekterkennung. Mobile Anwendungen besitzen damit ein hohes Potenzial für die Optimierung von Geschäftsprozessen in vielen Aspekten [17]. Im industriellen Umfeld kann eine derartige App zum Beispiel für die Definition von Wartungsrundgängen eingesetzt werden. Augmented Reality-Funktionalität ermöglicht dabei das automatische Erkennen von Maschinen und erleichtert dem Anwender die Orientierung. Prozesse, die im Rahmen der Wartung notwendig werden, können in einer solchen App definiert und dann direkt beim Wartungsrundgang ausgeführt und im System verbucht werden. Dieses Beispiel zeigt das Potenzial für innovative Informationssysteme und neuartige Prozessabläufe. Die in diesem Kapitel beschriebenen Konzepte stammen zum Teil aus dem unter der Projektnummer 355/12-45 von der Hessen-Agentur geförderten Projekt PIMAR.

Die aktuelle Smartphone-Landschaft wird von den Betriebssystemen iOS (Apple) und Android (Google) geprägt und stellt insgesamt einen sehr heterogenen Markt dar [34]. Noch immer wird Software meist spezifisch für die einzelnen Zielplattformen der mobilen Endgeräte entwickelt und dann ggf. portiert oder aufwendig parallel entwickelt. Zwar gibt es Produkte, wie die Frameworks PhoneGap [35] und Tabris [37], die mithilfe von HTML5 bzw. serverbasierten Techniken Multiplattformfähigkeit erreichen. Diese Ansätze führen aber zu Einschränkungen in der Universalität der Programmierung wie etwa bei der Nutzung gerätespezifischer Komponenten.

In diesem Kapitel zeigen wir einen Weg auf, der Parallelentwicklung vermeidet und die Entwicklung von mobilen Apps plattformunabhängig macht. Mithilfe von domänenspezifischen Modellierungssprachen wird eine mobile App zunächst unabhängig von einer Plattform, auf einer höheren Abstraktionsebene spezifiziert. Anschließend werden aus diesem Modell lauffähige Apps für die Plattformen Android und iOS automatisch generiert. Diese modellgetriebene Entwicklung kann die App-Entwicklung erheblich verkürzen und trotzdem eine hohe Softwarequalität gewährleisten. Für den Einsatz von modellgetriebener Softwareentwicklung wird eine domänenspezifische Infrastruktur benötigt, die zumindest einen Editor für domänenspezifische Modelle und einen Codegenerator bereitstellt. Eine solche Infrastruktur muss in einem separaten Projekt entwickelt werden.

Im PIMAR-Projekt haben wir eine domänenspezifische Infrastruktur für mobile Anwendungen mit Augmented Reality-Funktionalität entwickelt. Anhand von Referenzanwendungen, die der Industriepartner advenco bereitgestellt hat, haben wir den vorhandenen Code analysiert und eine Infrastruktur, die die Modellierung und Generierung von mobilen Anwendungen auf der Basis von Android und iOS ermöglicht, realisiert.

Das Kapitel ist, wie folgt, strukturiert: Im nächsten Abschnitt wird der Einsatz von mobilen Anwendungen in der Produktion diskutiert. Abschn. 13.3 führt in die Grundideen von Augmented Reality ein und diskutiert ihre Verwendung in mobilen Anwendungen. In Abschn. 13.4 wird eine Infrastruktur für die modellgetriebene Entwicklung von datengetriebenen, AR-unterstützen Applikationen vorgestellt, die den Entwicklungsaufwand reduziert und Mehrfachentwicklungen für mehrere Zielplattformen obsolet machen kann [19] und [10]. Die Einbindung der Augmented Reality-Funktionalität in die Modellierungssprache erlaubt die Realisierung innovativer Interaktion mit dem Benutzer. Anschließend wird in Abschn. 13.5 eine konkrete Beispielanwendung präsentiert. Zum Schluss ziehen wir ein kurzes Fazit und diskutieren das Potenzial von modellgetriebener Entwicklung von mobilen Anwendungen mit AR für Cyberphysische Systemen (CPS).

13.2 Mobile Geräte in der Produktion

Apps finden ihre Anwendung in Unternehmen bisher in Bereichen wie der internen Kommunikation, als weiterer Kanal zum Kunden oder als zusätzliches mobiles Frontend zu Prozessen und Abläufen im Unternehmen. Besonders interessant wird die Umsetzung mobiler betrieblicher Anwendungen im Hinblick auf den aktuellen Megatrend „Industrie 4.0", der auf der Hannover Messe 2011 geprägten wurde [29]. Vielfach wird hierbei auch von der vierten industriellen Revolution gesprochen. Hier kommen CPS zum Einsatz, die wesentlichen Bausteine des „Internet der Dinge". Genauer bezeichnen CPS den Verbund von mechanisch-elektronischen Geräten mit intelligenten Software-Komponenten, die meist vernetzt über das Internet kommunizieren können. Damit wird sowohl die Bereitstellung von einfach zu handhabenden softwarebasierenden Bedienelementen (z. B. Smartphone-Applikationen) als auch die Anbindung an Informationsdienste aus dem Internet (z. B. Webservices) möglich. Sie werden typischerweise in der Logistik (z. B. zur Verkehrssteuerung), als Assistenzsysteme (speziell altersgerechte Assistenzsysteme) oder aber als Überwachungssysteme für die Produktion (speziell Anlagenüberwachung) eingesetzt [7].

Ziel dieser CPS in der Produktion ist die „Smart Factory", in welcher die Benutzer nahtlos auf verschiedene Geräte und Systeme zugreifen bzw. diese auch selbstständig Informationen anfordern bzw. bereitstellen können. Industrie 4.0 bzw. der konsequente Einsatz von CPS begründet eine tief greifende Veränderung der industriellen Fertigung. Ein Ziel ist die individualisierte Massenproduktion, die viel zitierte „Losgröße 1" [30]. In der Smart Factory wird die steigende Komplexität des gesamten Produktionsprozesses durch vernetzte, intelligente Komponenten realisiert. Die eigentlichen Komponenten sind typischerweise einfach. Mobile Anwendungen sind für die Interaktion mit diesen allgegenwärtig verbauten, intelligenten Komponenten mit dem Anwender prädestiniert. Der Mensch wird in die Kommunikation über mobile Endgeräte eingebunden und steht für kritische Entscheidungen zur Verfügung, die nicht automatisch ausgeführt werden können [24]. Nicht zuletzt wirtschaftliche Gründe sprechen dafür, die Technologien (Hardware und Software) aus dem Konsumentenbereich in das industrielle Umfeld zu übernehmen. Zum einen besitzen die mobilen Plattformen (Android, iOS und Windows Mobile) einen hohen Reifegrad und zum anderen sind die Anwender im Umgang damit erfahren [22].

Industrie 4.0-Projekte sind meist sehr umfangreich und kostenintensiv, wodurch sie oft finanzstarken Global Playern vorbehalten bleiben. Gesamte Anwendungssysteme werden dabei auf vernetzte Rohstoffe, Maschinen und Produkte umgestellt, die direkt mit den Informationssystemen über die Lieferkette beteiligten Unternehmen kommunizieren. Durch die Entwicklung von kostengünstigen Platinenrechnern, wie etwa dem Raspberry Pi oder den auf industrielle Anwendungen ausgelegten CAPA Systemen können zunehmend aber auch Nischenanwendungen ökonomisch sinnvoll realisiert werden. Im Sinne des Long Tail-Effekts besteht damit die Möglichkeit, neuartige Lösungen und Dienstleistungen auch in speziellen Bereichen mit wirtschaftlichem Erfolg zu entwickeln [1]. Die Idee des Long Tail wurde bereits von Anderson aus dem digital-virtuellen Bereich auf die Welt physischer Systeme erweitert [2]. Allerdings stellt die Heterogenität der mechanisch-elektronischen Komponententechnologie einerseits sowie der angebotenen Softwaretechnologien andererseits eine große Hürde für die schnelle Erstellung von qualitativ hochwertigen Lösungen dar.

Ein Szenario für die Anwendung eines solchen Verbundes ist die prädiktive Wartung von Maschinen und Anlagen. Ziel ist die Reduktion von Maschinenausfällen durch eine bedarfsgerechte Steuerung von Wartungsintervallen. Für diese Art der Wartung ist ein konsequentes Monitoring der Produktionsanlagen notwendig, um dadurch die tatsächliche Nutzungsdauer der Maschinen zu ermitteln. Die durch ein CPS realisierte angebundene Sensorik an der Maschine dient zur Messung von kritischen Parametern (Temperatur, Druck oder Schwingungen), die aufgezeichnet und für eine Archivierung aufbereitet werden. Daraus gewonnene Zeitreihen liefern die Datenbasis für eine dynamische Ermittlung des Anlagenzustands und können für die Erkennung von Abweichungen vom Soll herangezogen werden. Durch ein intelligentes Konzept kann mithilfe externer Dienste erkannt werden, ob Ersatzteile beschafft werden müssen und welche Lieferzeiten bzw. Preise hier zu erwarten sind. Derartige Informationen (wie z. B. Preise und Lieferzeiten für Ersatzteile) können über diese externen Dienste aus dem Internet gelesen werden. Wartungszyklen werden also nicht mehr zeitabhängig nach dem Kalender festgelegt, sondern ausschließlich abhängig vor den tatsächlichen Laufzeiten und dem aktuellen Zustand der Anlagen ermittelt. Hier können bestimmte, stark von Verschleiß beeinflusste Teile der Anlage in besonderem Maße überwacht werden.

In einem solchen Szenario können viele verschiedene Komponenten zum Einsatz kommen, die alle konfiguriert, programmiert und gewartet werden müssen. Diese Heterogenität schafft eine Komplexität, die nur mit geeigneten Vorgehensmodellen der Softwaretechnik beherrscht werden kann [5]. Der modellgetriebene Softwareentwicklungsansatz kann hier sinnvoll eingesetzt werden. Mit diesem Ansatz ist es möglich, Software auf einer geeigneten Abstraktionsebene zu modellieren und aus diesen Softwaremodellen lauffähigen Code zu generieren. Zur modellgetriebenen Softwareentwicklung braucht man eine Infrastruktur mit komfortablen visuellen oder textuellen Modelleditoren sowie Codegeneratoren für alle unterstützen Plattformen. Die Einbindung der AR-Funktionalität in die Modellierungssprache erlaubt die Realisierung innovativer Interaktion mit dem Benutzer. Die Integration des Menschen in die Abläufe der Industrie 4.0 über intuitive Schnittstellen besitzt eine essenzielle Bedeutung. Daten aus den Komponenten können auf mobilen Endgeräten visualisiert und augmentiert werden und diese Information kann unmittelbar für die Endscheidungsfindung ausgewertet werden (siehe auch: [13]).

Die modellgetriebene Entwicklung von mobilen Apps mit AR-Funktionalität ist für die Beherrschung der komplexen, heterogenen Systeme der Industrie 4.0 vielversprechend, da der Entwicklungsprozess von innovativen CPSs erheblich verkürzt sowie eine hohe Softwarequalität gewährleistet werden kann.

13.3 Mobile Geräte mit Augmented Reality

Erweiterte Realität (engl. *Augmented Reality*, kurz AR) beschreibt die Überlagerung von realen Bildern mit künstlich erzeugten Objekten. Dabei spielt es zunächst keine Rolle, ob die verwendeten Realbilder als einzelne Fotografien oder als bewegter Bildstrom von einer Videokamera kommen. Und auch die Art der Überlagerung kann zunächst als einfaches, eingeblendetes Bild oder als Text oder aber als aufwendiges, dreidimensional modelliertes Objekt verwendet werden, das passgenau in den realen Bildinhalt integriert wird und sich entsprechend mit einer Bewegung der Kamera verändert. Unter AR versteht man also einfache Informationseinblendungen, wie wir sie aus Sportveranstaltungen in Fernsehübertragungen kennen, beispielsweise sog. Bauchbinden mit Informationen über Spielstand oder einzelne Spielerinformationen. Aber auch fotorealistische Renderings von nur geplanten aber noch nicht realisierten Bauwerken, die aber scheinbar bereits bewohnt sind, fallen unter den hier verwendeten Begriff der AR.

Zwei Stellen des AR-Workflow sind damit rechenintensiv. Zum einen kann die finale Darstellung, das Rendering von aufwendig und detailgetreu modellierten Objekten die Hardware-Ressourcen stark beanspruchen. Zum anderen bleibt die Aufgabe aus dem

Bereich der *Computer Vision*, mit der das Realbild analysiert und Informationen über Bildinhalte ermittelt und Kameraparameter geschätzt werden. Denn erst damit wird die geforderte passgenaue Überlagerung möglich. Die heutige Technik mobiler Geräte, wie die eines Smartphones, bietet mit der eingebauten Kamera und verschiedenen Sensorik-Bauteilen eine gute Grundlage, um einfache AR-Anwendungen auf diesen Geräten auszuführen. Hier kann AR entweder über reine Sensorik, optisches Tracking mittels Kamera oder die Kombination aus beidem realisiert werden. über die GPS-Position und den Orientierungssensor können ortsgebundene Informationen ohne große Bildverarbeitung dem Benutzer angezeigt werden. Die optischen AR-Trackingmethoden können grob in zwei Arten unterteilt werden:

- Markerbasiert (z. B. QR-Code, Bildmarken etc.)
- Markerlos (2D-bildbasiert, 3D-punktwolken- oder 3D-kantenbasiert)

Bei den sensorbasierten oder den 2D-markerbasierten AR-Verfahren wird nur wenig Leistung beansprucht. Jedoch kommen die heutigen mobilen Telefone im Gegensatz zu einer Workstation mit begrenzter Prozessorleistung und Arbeitsspeicher an ihre Grenzen, wenn es darum geht, eine Vielzahl von aufwendigen und großen markerlosen AR-Trackingdaten mit dem aktuellen Kamerabild in Echtzeit zu vergleichen. Somit gehören die marklosen Verfahren zu den anspruchsvolleren beim AR-Tracking. Hier werden zum Tracking Bilder oder Ausschnitte eines Bildes (2D-markerlos) oder reale Objekte (3D-markerlos) verwendet. Hierbei spielt die natürliche Struktur des Bildes oder die Beschaffenheit sowie die Form des Objektes eine große Rolle [38]. Beim 3D-markerlosen Verfahren werden Punktwolken mit Tiefeninformationen benutzt, um Objekte oder auch Räumlichkeiten zu erkennen und zu verfolgen (siehe Abb. 13.1).

Diese Punktwolken bestehen aus einer Vielzahl von markanten Bildregionen, die zur Bestimmung der Position und Ausrichtung der Kamera (Kalibrierung) verwendet werden.

Abb. 13.1 Markerloses 3D-Tracking: Punktwolken (links), Tracking und Anzeige eines virtuellen Objektes (rechts)

Über sogenannte Merkmalsdetektoren werden solche Features im 2D-Bildstrom über die Zeit verfolgt. Dabei macht man sich beispielweise zunutze, dass sich näher an der Kamera befindlichere Objekte bei einer Kamerabewegung, schneller im Bild bewegen als weiter entfernte. Die Grundfunktionalitäten im Bereich von AR, wie Kamerakalibrierung, Merkmalserkennung und -verfolgung und die Darstellung von Zusatzinformationen sind in etlichen kommerziellen und freien Softwarebibliotheken bereits implementiert und getestet. Als wichtige Beispiele seien hier nur exemplarisch das Vuforia-SDK [36] des amerikanischen Mobilfunkunternehmens Qualcomm und die gerade von Apple übernommenen Münchner Firma metaio [32] genannt.

Insbesondere auch in Hinblick auf die notwendigen aber auf mobilen Geräten begrenzten Rechenkapazitäten haben sich zwei verschiedene technische Ansätze im Bereich AR auf mobilen Endgeräten durchgesetzt. Die reine *Online*-Verarbeitung verwendet das mobile Endgerät nur, um mit der integrierte Sensorik Daten wie auch Bilder der Kamera aufzunehmen und zur Verarbeitung per WLAN oder mobilem Datentransfer auf einen Server zu übertragen, der dann alle weiteren Berechnungen extern durchführt und erst das finale Ergebnisbild auf gleichem Übertragungsweg wieder zurückschickt. Mit den immer leistungsstärker werdenden Smartphones bietet sich heute aber auch der zweite Lösungsweg an, bei dem die vollständige Kette der Verarbeitung *offline*, also auf dem Endgerät selber durchgeführt wird. Fehler, die durch ein Abbrechen der Übertragungswege entstehen können, werden hier zwar vollständig vermieden, jedoch ist der Implementierungsaufwand offensichtlich durch unterschiedliche Betriebssysteme, Versionen, Geräte und Sensoren erheblich höher und begünstigt auch im Bereich AR eine modellgetriebene Softwareentwicklung.

13.4 Modellgetriebene Softwareentwicklung mobiler Anwendungen

Die modellgetriebene Entwicklung von Softwaresystemen stellt eine vielversprechende und akzeptierte Entwicklungsmethode dar, die es Softwareentwicklern erlaubt, Softwaresysteme in hoher Qualität, verkürzten Entwicklungszyklen und für eine Vielzahl von möglichen Zielplattformen zu erstellen. Statt der üblichen Programmierung wird eine Anwendung in einer domänenspezifischen Sprache modelliert und aus diesem Modell automatisch Code generiert. Da zur Erstellung der Softwaremodelle zwar viel Domänenwissen, aber meist weniger technisches Detailwissen nötig ist, können häufig auch technisch versierte Domänenexperten auf diese Weise Software entwickeln.

Die Erstellung von domänenspezifischen Modellen wird meist von Modelleditoren unterstützt, die dem Benutzer auch komplexe Editier- oder Analysefunktionen für Modelle zur Verfügung stellen und deren syntaktische Korrektheit sowie Wohlgeformtheit sicherstellen. Die erstellten plattformunabhängigen Modelle (engl. *PIM – Platform Independent Model*) werden dann entweder semi-automatisch in ein plattformspezifisches Modell (engl. *PSM – Platform Specific Model*) oder direkt in den Programmcode der

Zielplattform überführt. Die letztgenannte Modell-zu-Code Transformation wird von einem sogenannten Codegenerator vorgenommen. Er transformiert das PIM oder PSM in eine lauffähige Anwendung. Dabei werden alle notwendigen technischen Eigenschaften und Artefakte (z. B. auch Datenbankschemata, Konfigurationsdateien, Oberflächenlayouts usw.) der Zielplattform automatisch erzeugt. Der grundlegende technische – meist schematisch wiederkehrende – Programmcode (z. B. Initialisierungsroutinen, usw.) wird dabei automatisch ergänzt, ohne dass er separat durch den Anwender auf der Ebene der Modellierung spezifiziert wurde.

Die domänenspezifische Modellsprache, ein entsprechender visueller oder textueller Modelleditor und der transformierende Codegenerator werden in einer Infrastruktur zur modellgetriebenen Entwicklung bereitgestellt. Eine Referenzarchitektur dieser Infrastrukturen zur modellgetriebenen Entwicklung von Softwaresystemen wurde erstmals mit dem MDA-Standard (Model Driven Architecture) [33] (siehe auch [8, 9, 11, 15, 16, 18]) der Object Management Group (OMG) beschrieben.

Die modellgetriebene Entwicklung wird hauptsächlich in zwei Bereichen eingesetzt: Im Umfeld der *eingebetteten Systeme* (Simulink [6], AUTOSAR [4]) erlaubt die modellbasierte Beschreibung und Entwicklung von Anwendungen die formale Analyse (Model Checking) und Simulation der Modelle bezüglich relevanter Sicherheitseigenschaften. In dem Umfeld von *Geschäftsanwendungen*, die in der Regel als Webanwendungen konzipiert werden, wird üblicherweise der Code für die Datenhaltung und die Oberflächen generiert. Für die Dienste, die die Geschäftslogik realisieren, werden entweder nur Coderahmen erzeugt, die anschließend per Hand programmiert werden, oder spezielle Modellierungssprachen eingesetzt. Domänenspezifische Modellierungssprachen wie BPEL (Business Process Execution Language) [25], BPMN (Business Process Model and Notation) [26] und eEPK (erweiterte Ereignisgesteuerte Prozessketten) finden hier ihre Anwendung und erlauben die Formulierung der fachlichen Prozesse, von der technischen Anforderungen der jeweiligen Zielplattform abstrahiert. Die modellgetriebene Entwicklung von Softwaresystemen kann als eine Art Programmierung auf höherer Abstraktionsebene verstanden werden, die weniger technisches Detailwissen erfordert als in der klassischen Softwareentwicklung.

Zur Realisierung von mobilen Anwendungen mit Augmented Reality-Funktionalität ist eine passende Infrastruktur zur modellgetriebenen Entwicklung, die auch als Entwicklungsumgebung bezeichnet wird, notwendig. Diese besteht aus einer generellen oder domänenspezifischen Modellierungssprache in textueller oder visueller Notation, einem entsprechenden Modelleditor und einem oder mehreren Codegeneratoren. Die Anwendungsentwickler erstellen innerhalb der Entwicklungsumgebung zunächst ein plattformunabhängiges Modell der App, ein sogenanntes *App Model* (siehe Abb. 13.2), welches dann mittels Codegeneratoren für verschiedene mobile Plattformen in lauffähige (native) Anwendungen überführt wird. Die Erzeugung von nativem Programmcode bzw. Anwendungen, statt der Erzeugung von hybriden oder webbasierten Anwendungen, ist u. A. durch die Leistungsanforderungen der Augmented Reality-Funktionalität empfehlenswert.

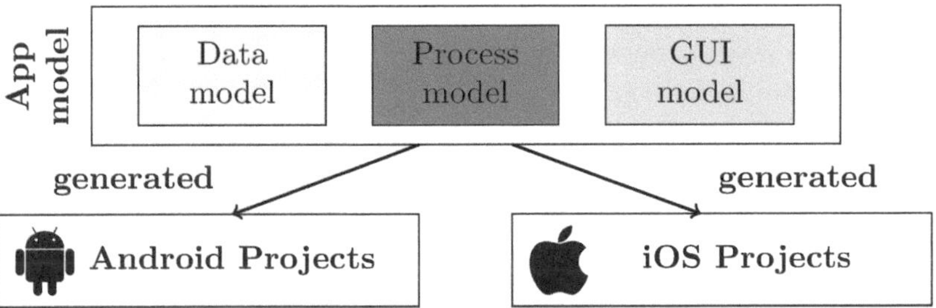

Abb. 13.2 Ansatz der plattformunabhängigen Modellierung

Im Folgenden wird der Aufbau einer domänenspezifischen Modellierungssprache für Apps mit AR-Funktionalität, die Verwendung des Modelleditors und die abschließende Codegenerierung anhand eines Beispiels näher beschrieben.

13.4.1 Modellierungssprache

Zugunsten einer erhöhten Verständlichkeit [21] ist die entwickelte domänenspezifische Modellierungssprache in verschiedene Teilmodelle unterteilt (siehe Abb. 13.2).

Zum einen kann so die vorhandene Modellierungssprache Ecore [27] für die Datenmodellierung (*Data model*) wiederverwendet werden, zum anderen können Aspekte wie die Prozessmodellierung (*Process model*) und die Modellierung der grafischen Benutzerschnittstelle (*GUI model*) gut voneinander getrennt werden.

Die wesentlichen Konzepte der Teilmodelle sind:

- Datenmodell (*Data model*): objektorientierte Strukturen mit Paketen, Klassen, Attributen, Assoziationen und Vererbungsbeziehungen.
- Prozessmodell (*Process model*): Prozesse, Tasks (Prozessschritte), (Rückgabe- und Parameter-) Variablen, Kontrollkonstrukte (If, Else, While), Zuweisungen, Methoden- und Prozessaufrufe (*InvokeOperation Task*, *InvokeProcess Task*), Auslösung von Benutzerinteraktion (*InvokeGUI Task*), CRUD (Create, Read, Update, Delete)-Tasks/ Prozesse, Berechtigungen etc.
- Modell der grafischen Benutzerschnittelle (*GUI model*): Vorgefertigte Seitentypen (Pages) wie z. B. Listenauswahl, Listenansicht, Lese- und Schreibansichten, Kartenansicht, Medienansichten, Seiten zur Augmentierung des Kamerabildes, Medienaufnahme (z. B. Fotografieren), E-Learning\-formate usw.; Gestaltungs- und Formatierungselemente z. B. Seitenformatierung, Listenformatierung, Menüformatierung, etc.

Eine umfassende Beschreibung der Modellierungssprache kann [23] entnommen werden. Zusätzliche Wohlgeformtheitsregeln stellen die Konformität der verschiedenen

Teilmodelle sicher. So wird beispielsweise geprüft, ob der Argumenttyp eines Seitenaufrufes (aus dem *Process model*) mit dem Argumenttyp einer Listenauswahl (aus dem *GUI model*) übereinstimmt. Diese Überprüfung vermeidet Fehler, welche später bei der Codegenerierung bzw. der Codecompilierung auftreten würden.

13.4.2 Beispiel: Eine minimale mobile App mit AR

Das folgende Beispiel demonstriert ein minimales Modell einer mobilen AR-Anwendung zur Augmentierung von Objekten mittels des markerlosen und bildbasierten 2D-Verfahrens. Die resultierende Anwendung verfügt über zwei Anwendungsfälle: Der erste Anwendungsfall (CreateObject) erlaubt die Erstellung eines Objektes, der zweite Anwendungsfall (ScanObject) ermöglicht die Anwendung der AR-Funktionalität auf diesem Objekt.

Die Modellierung einer mobilen Anwendung beginnt in der Regel mit der Modellierung des Datenmodells. Das Datenmodell (siehe Abb. 13.3) erlaubt es, Objekte und Bilder zu verwalten. Objekten wird ein hochauflösendes Bild (objectImage), ein niedrig aufgelöstes Bild (sensorImage) und ein zu augmentierendes Bild (augmentedImage) zugeordnet. Objekte und Bilder befinden sich in einer Container-Klasse.

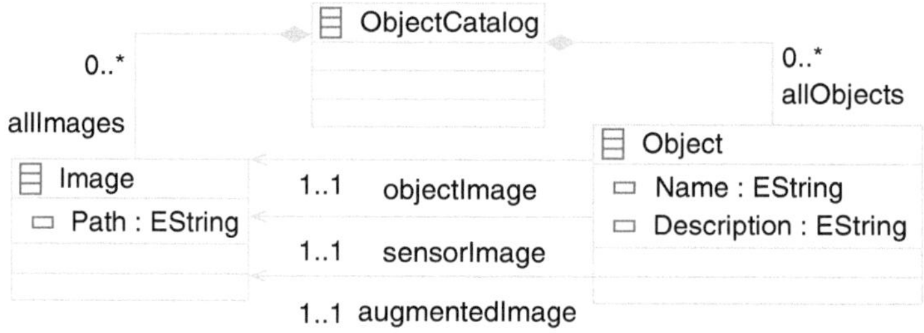

Abb. 13.3 Datenmodell zur Verwaltung von AR-Objekten und Bildern

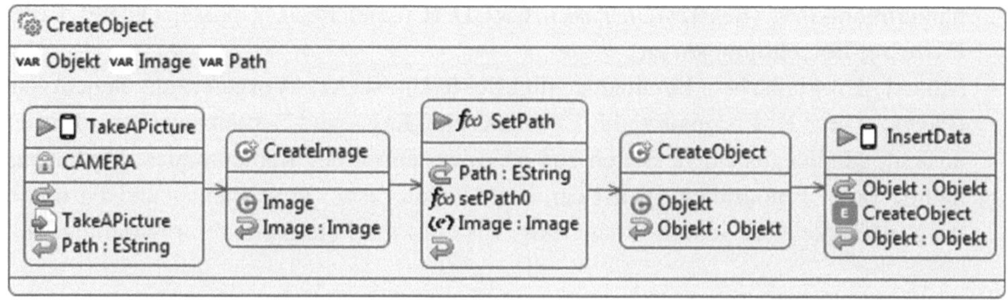

Abb. 13.4 Der Anwendungsfall CreateObject

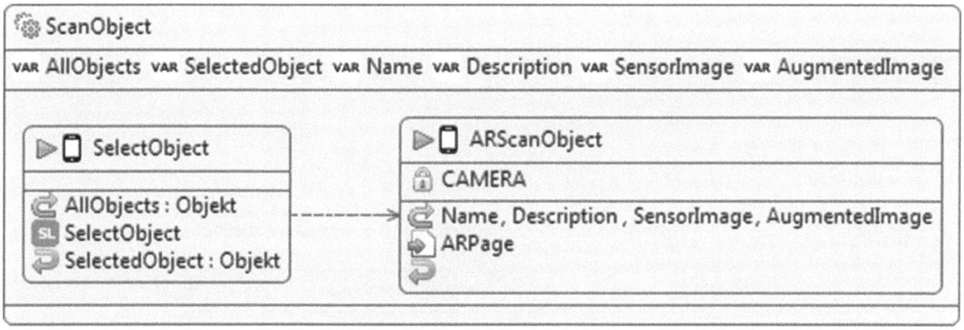

Abb. 13.5 Der Anwendungsfall ScanObject (Auszug)

Abbildung 13.4 zeigt den ersten Anwendungsfall, realisiert durch den Prozess „CreateObject“. Der erste Prozessschritt (TakeAPicture) nimmt ein Sensorbild des zu augmentierenden Objektes auf. Hierzu ist die Berechtigung „CAMERA“ notwendig. Anschließend wird ein Bild-Objekt erzeugt und der Pfad des Bildobjektes mit dem Pfadwert des zuvor aufgenommenen Sensorbildes gesetzt. Danach wird ein Object-Objekt erzeugt, dessen Werte (Name, Beschreibung) innerhalb der abschließend aufgerufenen Eingabeseite durch den Benutzer bearbeitet werden können. Nach Ausführung des Prozesses ist ein Objekt mit entsprechenden Bilddateien vorhanden.

Abbildung 13.5 zeigt auszugsweise den zweiten Anwendungsfall, realisiert durch den Prozess „ScanObject“. Der Benutzer wählt hier aus einer Liste von ggf. zuvor erstellten Objekten (z. B. Maschinen) ein Objekt aus. Anschließend wird das aktuelle Kamerabild des mobilen Gerätes innerhalb des Tasks „ARScanObjekt“ mit dem hinterlegten Sensorbild verglichen. Bei einer Übereinstimmung wird das hinterlegte Bild bzw. der Name und die Beschreibung in das Live-Bild augmentiert.

Abschließend ist noch das in Abb. 13.6 zu sehende Modell der grafischen Benutzerschnittstelle notwendig. Diese enthält die im Prozessmodell referenzierten Seiten (Pages). Seitentypen wie die „EditPage“ erlauben eine Eingabe, wohingegen eine „ViewPage“ nur einen lesenden Zugriff ermöglicht. Für die Nutzung von AR-Funktionalität sind im Wesentlichen die Seitentypen „TakePicturePage“ und „ARPage“ notwendig. Sie abstrahieren von der technischen Umsetzung. Darüber hinaus kann der Modellierer das Erscheinungsbild der verschiedenen Seiten durch entsprechende Formatierungsinformationen (StyleSettings) beeinflussen.

13.4.3 Codegenerator

Nachdem ein plattformunabhängiges Modell vorliegt, kann dieses nun in eine lauffähige mobile Anwendung für eine oder mehrere Zielplattformen übersetzt werden. Dies wird als Modell-zu-Code (M2T) Transformation bezeichnet. Vorab führt der Codegenerator

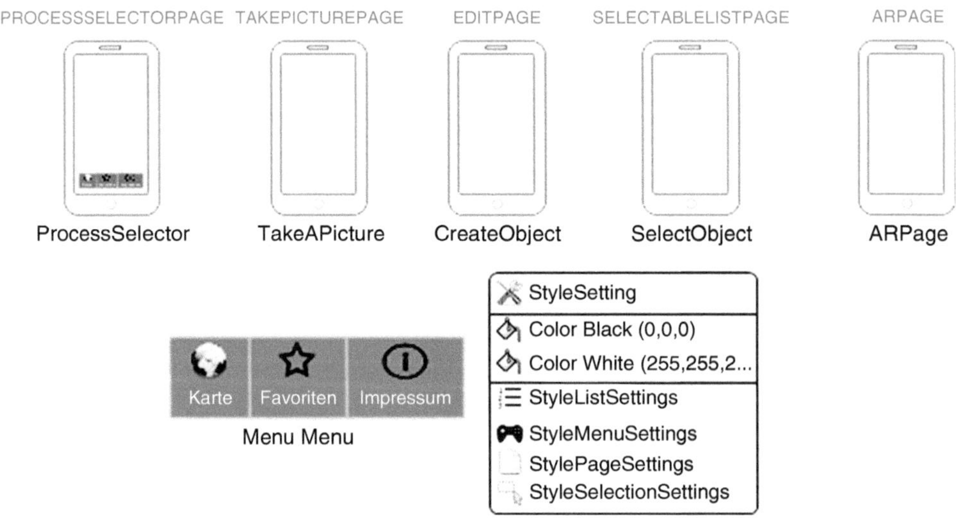

Abb. 13.6 Das Modell der grafischen Benutzerschnittstelle

jedoch einen erneuten Validierungsschritt aus, um sicherzustellen, dass das Eingabemodell eine korrekte Instanz des Metamodells darstellt. Danach beginnt der Codegenerator die Teilmodelle des *App Model* bzw. dessen Modellelemente in entsprechenden, plattformspezifischen Programmcode zu überführen. Dabei stellt die Überführung des objektorientierten Datenmodells jedoch noch keine plattformspezifische Abbildung dar, da die verschiedenen Technologien zur Speicherung von Daten in der Regel plattformübergreifend (z. B. durch plattformunabhängige relationale Datenbankmanagementsysteme) verfügbar sind.

Tabelle 13.1 zeigt die Modellelemente des Prozessmodells, welche für jede Plattform individuellen Konstrukten zugeordnet werden. Für das Teilmodell der grafischen Benutzerschnittelle kann eine derartige Zuordnung nicht erfolgen. Dies liegt daran, dass die Formatierungsinformationen und Seitentypen Auswirkungen auf die in Tab. 13.1 gezeigten plattformspezifischen Konstrukte haben und damit deren Ausgestaltung bestimmen, jedoch selbst nicht auf eigene plattformspezifischen Konstrukte abgebildet werden. Zum Beispiel bestimmen Seitentypen wie *EditPage* oder *ViewPage* den Aufbau der Android Activities (z. B. durch die Verwendung *EditViews* oder *TextViews*).

Codegenerierung für Android: Der Codegenerierungsprozess startet automatisch, nachdem ein Modell im Modelleditor geändert und gespeichert wird (Autogenerierung). Um die Verarbeitung unvollständiger Modelle während der Modellierung zu verhindern, kann der Modellierer den Codegenerierungsprozess zeitweise deaktivieren, bis alle Änderungen vollzogen sind. Der Codegenerator erzeugt mindesten zwei Projekte (siehe Abb. 13.7): Ein Android-Projekt *<Projekt>.Android* (z. B. *HelloAR.Android*), welches die eigentlich Android-Anwendung enthält, und ein Android-Bibliotheksprojekt *<Projekt>.Lib* (z. B. *HelloAR.Lib*), welche keinen spezifischen

Tab. 13.1 Abbildung der Modellelemente des Prozessmodells auf die plattformspezifischen Konstrukte

Modellelement	Android	iOS
Prozess	android.app.Service	Service (NSObject)
InvokeGUI Task	android.app.Activity/ FragmentActivity	NSObject, UIResponder. UIViewController
Create-, Delete-, Read-Task	java.lang.Class	NSObject
Variable	Deklaration eines Feldes	Deklaration eines Feldes
InvokeOperation Task	Aufruf einer Methode	Aufruf einer Methode
InvokeProcess Task	android.content.Intent	Aufruf eines Services

Android-Programmcode enthält. Das Android-Bibliotheksprojekt ist aus zwei Gründen notwendig: (i) Es stellt Entitäts-Klassen des Datenmodells zur Verwendung in der Android-Anwendung, insbesondere den Android-Aktivitäten bereit. So können Objekte einfacher zwischen Aktivitäten ausgetauscht werden, anstatt Parameterlisten der Attribute zu nutzen. (ii) Der zweite Grund für das Android-Bibliotheksprojekt ist die dauerhafte Speicherung der Daten. Zu diesem Zweck nutzt das Android-Bibliotheksprojekt weitere Bibliotheken um Daten zu (de)serialisieren. Da das Android-Bibliotheksprojekt direkt durch die Wiederbenutzung des vorhandenen EMF-Codegenerators [27] erstellt wird, wird automatisch Programmcode generiert der diese Aufgaben über die EMF-Laufzeitbibliothek erfüllen kann. Der EMF-Generator ist dadurch ein Teilgenerator des gesamten Codegenerators und verarbeitet das Datenmodell (*Ecore Model*) separat. Das *Prozess-* und das *GUI Model* werden durch individuelle Codegeneratoren übersetzt, welche in Xtend [3] erstellt wurden.

Das Android-Projekt folgt der *Model-View-Controller* [12, 14] Architektur von Android-Anwendungen. Die *View* Konstrukte werden als Anwendungsressourcen generiert. Die *Controller* enthalten die Anwendungslogik und treten in der Form von Android-Activities (*gui, gui.dialog*), Fragments (*gui.* <...>), Adaptern (*adapter*), Services (*gui*), asynchronen Tasks (*asynctask*) und einfachen Java-Klassen (*crud*) auf. Während die Entitätsklassen über den *Controller*-Klassen verteilt auftreten, wird auf die Daten nur über das Paket *model* zugegriffen. Das Paket *model* arbeitet als Datenzugriffsschicht, sodass Android-Activities niemals direkt auf die Daten zugreifen können. Aus diesem Grund kann die Anwendungsarchitektur auch mit wenig Aufwand an andere Technologien (z. B. relationale Datenbankmanagementsysteme, Web-Dienste, etc.) zur Speicherung und Anforderung von Daten angepasst werden. Hierzu wäre nur diese Datenzugriffsschicht zu ändern.

Für AR-Anwendungen wird das Projekt *MetaioSDK.Lib* [32] mit eingebunden. Es enthält die notwendigen Bibliotheken die z. B. durch die modellierte *ARPage* und den resultierenden Programmcode referenziert werden. Gleichermaßen verhält es sich mit dem Projekt *google-play-services.Lib* [28]. Es wird eingebunden, wenn Google-Dienste in

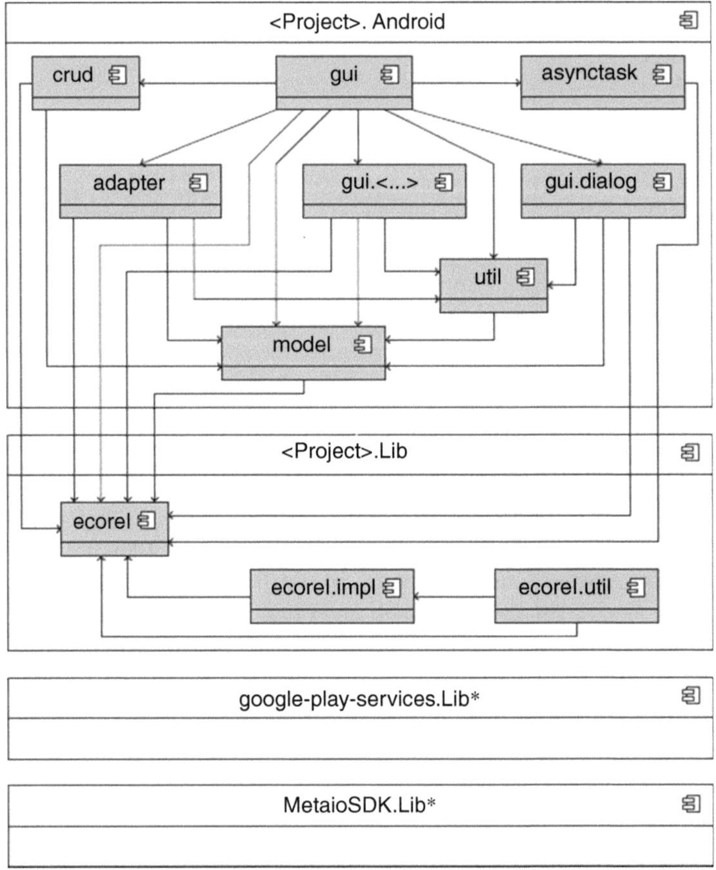

Abb. 13.7 Anwendungsarchitektur der generierten Anwendung (Android)

Anspruch genommen werden. Wenn z. B. eine *MapPage* im Modell vorhanden ist, werden die Kartendienste aufgerufen.

Codegenerierung für iOS: Die Codegenerierung für iOS erfolgt größtenteils analog zu Android, wobei die Übersetzung der in Tab. 13.1 gezeigten Zuordnung folgt. Die einzige Ausnahme bildet die Speicherung der Anwendungsdaten. Dies erfolgt durch eine *SQLite* Datenbank, da die vorhandene EMF-Laufzeitumgebung auf dieser Plattform nicht verfügbar ist.

13.5 Beispielanwendung

Mögliche Anwendungsgebiete für komplexe AR-Szenarien sind industrielle Anwendungen, die zur Wartung, Kontrolle oder Reparatur von Maschinen Hilfestellungen geben. Hier wird die Maschine oder der für die einzelne Aktion notwendige Bereich von dem

Abb. 13.8 Objekterkennung Pi-Kreis

Gerät erkannt und Hilfestellungen sowie Arbeitsanweisungen im Kamerabild situationsbedingt dargestellt.

Eine ähnliche AR-Funktionalität wird auch in anderen Anwendungsgebieten, wie z. B. im Bereich von Museen und Galerien, um Kunstwerke zu erkennen und individuelle Informationen oder Erweiterungen am Kunstwerk in der Anwendung anzuzeigen. Eine solche App wurde für das *Mathematikum* [31], einem interaktiven Mitmachmuseum in Gießen, das eine Vielzahl von mathematischen Experimenten anbietet, entwickelt. Das Mathematikum will spielerisch einen neuen Zugang zur Mathematik schaffen. Die App folgt dieser Philosophie und bietet eine intuitive, hochgradig interaktive Benutzerschnittstelle, um die Besucher an den einzelnen Exponaten mit Augmentierungen zu unterstützen.

Ein Beispiel in der App mit implementierter Augmentierung ist das Exponat *„Pi mit den Füßen"*. Hier ist auf dem Fußboden des Museums ein Kreismuster aufgemalt, dessen Rand und Diagonale der Besucher „ablaufen" und so die Approximation der Zahl *Pi* selbst erfahren kann. Je mehr Schritte er dabei macht, desto genauer wird das Ergebnis. Um diese Idee mittels AR zu visualisieren, wird das Kamerabild mit einer Animation eine Avatars überlagert und die Näherung von *Pi* angezeigt (siehe Abb. 13.8). Eine Maus, die sehr viel mehr Schritte benötigt, verdeutlicht dem Besucher das genauere Ergebnis bei größeren Zahlen im Verhältnis zwischen Umfang und Durchmesser.

Ein zweites Beispiel für die AR-Unterstützung in der Mathematikums-App ist mit dem Exponat *„Die Deutschlandtour"* die interaktive Lösung eines *Traveling Salesman Problems* (kurz: TSP) [20]. Hier muss auf einer Deutschlandkarte aus Holz die kürzeste Route zwischen 17 Städten gefunden werden. Die Städte sind durch Stifte in der Karte vorgegeben, die mittels einer Schnur verbunden werden sollen. Die Länge der Schnur reicht nur bei richtiger Lösung des Problems aus. Sie ist an einer Seite fixiert und damit ist die Startstadt im Problem vorgegeben. Da das TSP bekanntermaßen ein NP-vollständiges

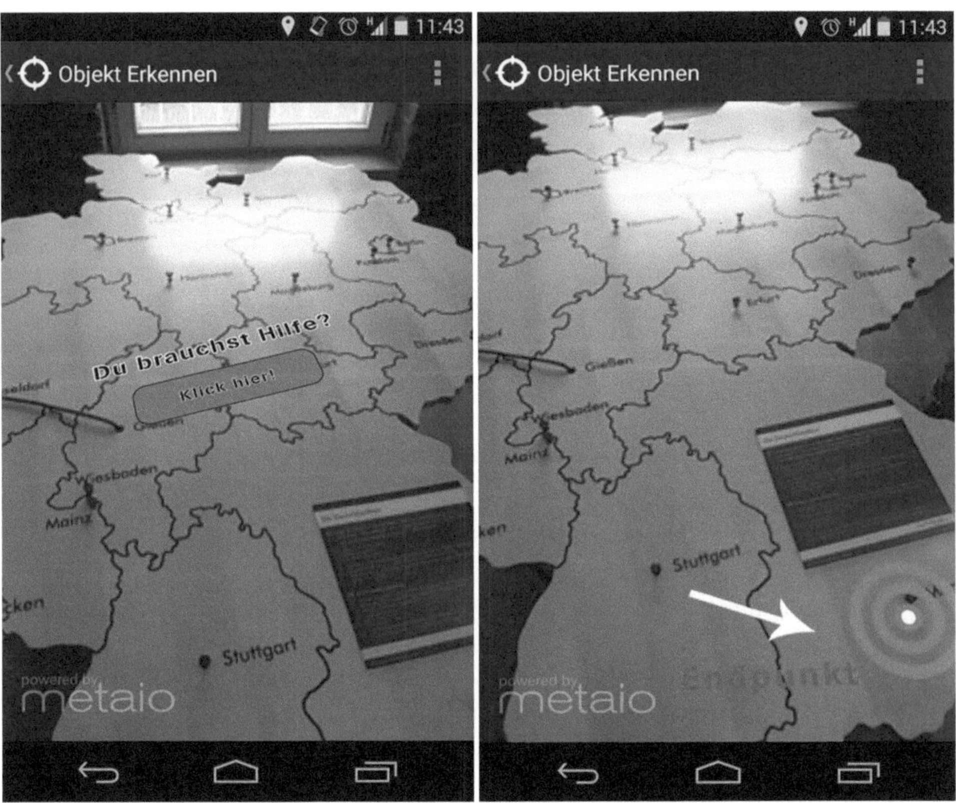

Abb. 13.9 Objekterkennung Deutschlandtour

Problem ist, ist eine Lösung durch Ausprobieren oder Raten kaum möglich. Zur Unterstützung kann sich der Besucher deshalb mittels Überlagerung entweder die erste Zielstadt oder die letzte Stadt der Tour anzeigen lassen (siehe Abb. 13.9).

Die für das Mathematikum entwickelte App enthält noch weitere Funktionalitäten als die beiden genannten Exponate. Da bei diesen Funktionen jedoch keine Augmentierung stattfindet wurde an dieser Stelle auf die Darstellung der gesamten App verzichtet.

Auch in dem hier gezeigten Anwendungsfall steht die Notwendigkeit im Vordergrund, das Richtige aus einer Vielzahl von Exponaten zu erkennen und die entsprechenden Informationen einzublenden. Um die Leistungseinbrüche bei mobilen Geräten zu minimieren, die bei einer gleichzeitigen Abtastung aufwendiger AR-Tracking-Daten auftreten, wird in vielen Anwendungen auf die Verwendung von ID-Markern oder QR-Code-Marker zurückgegriffen, die nach erfolgreichem Scannen dann die entsprechende AR-Tracking-Datei laden. Um den Benutzer nicht aktiv in die Vorselektion einbeziehen zu müssen, wird in der Mathematikums-App das T-BOC Verfahren [19] verwendet, das über eine statistische Auswertung von Sensorwerten und Bildanalyseverfahren zuvor angelernte Objekt erkennt und die entsprechenden AR-Daten lädt.

13.6 Fazit und Ausblick

Die modellgetriebene Entwicklung von mobilen Apps bietet eine Möglichkeit, native Apps unabhängig von der gewählten Plattform (Android oder iOS) zu entwickeln. Alle wesentlichen Informationen einer App werden in einer domänenspezifischen Sprache modelliert. Zwei Codegeneratoren für Android und iOS erzeugen anschließend automatisch lauffähige Apps für diese beiden Plattformen. Dieses Vorgehen beschleunigt die Entwicklung von Apps massiv. Für mobile Anwendungen ist speziell die Augmented Reality-Funktionalität interessant, da das automatische Erkennen von Objekten ermöglicht wird und zusätzliche Information eingeblendet werden kann.

Ein hohes Potenzial bietet die Anwendung des modellgetriebenen Vorgehens im Bereich der Cyberphysikalischen Systeme. Das Zusammenwirken von dezentraler Logik auf Platinenrechnern mit steuernden Apps auf mobilen Endgeräten verspricht dabei neue innovative Anwendungen. Diese Smart Device Controlling Apps (kurz SDC Apps) können individualisierte Industrie 4.0 Anwendungen ermöglichen, die für Mittelstand, Kleinunternehmer und Handwerk wirtschaftlich erstellt werden können. Diese Apps werden mit entsprechender AR-angereicherter Interaktion die notwendige Kommunikation und Steuerung in komplexen, höchst heterogenen Informationssystemen ermöglichen. Dazu wird eine integrierte, modellgetriebene Infrastruktur für die Entwicklung der Programmlogik auf den Platinenrechnern und den zugehörigen Apps benötigt – analog zu dem hier für Smartphone-Plattformen beschriebenen Werkzeug.

Aufgrund vieler individueller Anforderungen wird der Wunsch nach stärker individualisierten Lösungen, die mehr Daten und spezielle Services benötigen, immer größer werden. Eine wirtschaftliche Erstellung von Systemen kann nur durch Standardisierungen der Technologien und effiziente Entwicklungsmethoden erfolgen. Die plattformunabhängige Entwicklung von SDC-Apps stellt einen Investitionsschutz dar, da die erstellten Systeme prinzipiell auch auf zukünftiger Hardware, die leistungsfähigerer und ggf. noch kostengünstigerer ist, lauffähig bleiben. Vielfältige Hardwarelösungen und unterschiedliche Softwareumgebungen machen eine von konkreten Plattformen abstrahierte Entwicklung von zuverlässigen und flexibel einsetzbaren Lösungen vielversprechend. Der modellgetriebene Ansatz zur Softwareentwicklung ermöglicht es den Entwicklern, sich auf die zu entwickelnde Anwendung zu konzentrieren und von der unterliegenden Technologie weitestgehend zu abstrahieren. Dadurch lässt sich eine qualitativ hochwertige Lösung mit kurzer Entwicklungszeit liefern.

Die Umsetzung von mobilen Anwendungen mit Augmented Reality-Aspekten stand erst am Anfang, da die Leistungsparameter der Geräte bislang nicht für die rechenintensiven Algorithmen ausreichten. Dies ist inzwischen nicht mehr der Fall, damit werden neue Anwendungsfälle für AR-Apps möglich, die gerade im Bereich der Industrie 4.0 die Entwicklung neuartige Prozessabläufe initiieren werden.

Literatur

1. Anderson C (2006) The long tail: Why the future of business is selling less of more, 1. ed. edn. Hyperion, New York
2. Anderson C (2013) Makers: The new industrial revolution.
3. Bettini L (2013) Implementing Domain-Specific Languages with Xtext and Xtend. Packt Publishing Ltd
4. Broy M, Krüger I, Meisinger M (2008) Model-Driven Development of Reliable Automotive Services: Second Automotive Software Workshop, ASWSD 2006, San Diego, CA, USA, March 15–17, 2006, Revised Selected Papers. Springer
5. Broy M (2013) Modellbasiertes Systems Engineering als Element eines durchgängigen Systems Lifecycle Management (SysLM). Heidelberg.
6. Daw Pérez ZA (2014) Model-driven development methodology for hybrid embedded systems based on UML with emphasis on safety-related requirements. Kassel University Press
7. Fleisch E, Mattern F (2005) Das Internet der Dinge: Ubiquitous Computing und RFID in der Praxis: Visionen, Technologien, Anwendungen, Handlungsanleitungen. Springer Berlin Heidelberg.
8. Frankel DS (2003) Model Driven Architecture Applying MDA. Wiley India Pvt. Limited
9. Gruhn V, Pieper D, Röttgers C (2006) MDA: Effektives Softwareengineering Mit UML2 und Eclipse. Springer Berlin Heidelberg
10. Guckert M, Gerlach R, Malerczyk C et al. (2015) Plattformunabhängige Entwicklung mobiler Anwendungen mit Augmented Reality-Funktionalität: Ein Projektbericht. In: Müller C, Marfurt K. Anwendungen und Konzepte der Wirtschaftsinformatik, S 14
11. Kleppe AG, Warmer JB, Bast W (2003) MDA Explained, the Model Driven Architecture: Practice and Promise. Addison-Wesley
12. Liao S (2014) Migrating to Swift from Android. APress
13. Mayer F, Pantförder D (2014) Unterstützung des Menschen in Cyber-Physical-Production-Systems. Springer. Heidelberg.
14. Mednieks Z, Dornin L, Meike GB et al. (2012) Programming Android. O'Reilly
15. Mellor SJ, Kendall Scott, Axel Uhl et al. (2004) MDA Distilled: Principles of Model-Driven Architecture. Addison-Wesley
16. Pietrek G, Trompeter J (2007) Modellgetriebene Softwareentwicklung: MDA und MDSD in der Praxis. Software + Support
17. Verclas S, Linnhoff-Popien C (2012) Smart Mobile Apps: Mit Business-Apps ins Zeitalter mobiler Geschäftsprozesse. Imprint Springer, Berlin and Heidelberg
18. Zeppenfeld K, Wolters R (2005) Generative Software-Entwicklung mit der MDA. Spektrum Akademischer Verlag
19. Arlt HC, Malerczyk C (2015) Transformation based object classification: Ein Verfahren zur automatischen Initialisierung von Augmented Reality-Anwendungen. Friedberger Hochschuschriften, ISSN: 1439–1112 38
20. Bellmore M, Nemhauser G (1968) The Traveling Salesman Problem: A Survey. Operations Research.
21. Mohagheghi P, Dehlen V, Neple T (2009) Definitions and approaches to model quality in model-based software development. Information & Software Technologie. S 1646–1669
22. Schmitt M, Zuehlke D (2013) Smart Phones und Tablets in der industriellen Produktion: Nutzerfreundliche Bedienung von Feldgeräten. atp edition – Automatisierungstechnische Praxis 3. S 58–65

23. Vaupel S, Taentzer G, Harries JP et al. (2014) Model-Driven Development of Mobile Applications Allowing Role-Driven Variants. In: Dingel J, Schulte W, Ramos I et al. Model-Driven Engineering Languages and Systems, vol 8767. Springer International Publishing, S 1–17
24. Zuehlke D (2008) SmartFactory – from Vision to Reality in Factory Technologies. In: Myung C (ed) World Congress. IFAC proceedings volumes. Elsevier, S 14101–14108
25. BPEL. Web Services Business Process Execution Language ({WS-BPEL}) Version 2.0. http://docs.oasis-open.org/wsbpel/2.0/OS/wsbpel-v2.0-OS.pdf. Zugegriffen: 21. Juli 2015
26. BPMN. Business Process Modeling Notation (BPMN) Version 1.2. http://www.omg.org/spec/BPMN/1.2/. 21. Juli 2015
27. Eclipse Modeling Framework. http://www.eclipse.org/modeling/emf. Zugegriffen: 20. Juli 2015
28. Google Play Services. http://developer.android.com/google/play-services. Zugegriffen: 22. Juli 2015
29. Hannover Messe. Besucherguide Industrie 4.0 – Highlights. http://www.hannovermesse.de/de/news/top-themen/industrie-4.0/industrie-4.0-guide. Zugegriffen: 23. Juli 2015
30. Jasperneite J. Was hinter Begriffen wie Industrie 4.0 steckt. http://www.computer-automation.de/steuerungsebene/steuern-regeln/artikel/93559/0. Zugegriffen: 22. Juli 2015
31. Mathematikum. www.mathematikum.de. Zugegriffen: 19. Juli 2015
32. Metaio. http://metaio.de. Zugegriffen: 25. Juli 2015
33. Miller J, Mukerji J. MDA Guide. www.omg.org/cgi-bin/doc?omg/03-06-01.pdf. Zugegriffen: 27. Juli 2015
34. Statista. Marktanteile Smartphone-Betriebssysteme 2015 und 2019 | Prognose. http://de.statista.com/statistik/daten/studie/182363/umfrage/prognostizierte-marktanteile-bei-smartphone-betriebssystemen. Zugegriffen: 22. Juli 2015
35. PhoneGap | Home. http://phonegap.com. Zugegriffen: 22. Juli 2015
36. Qualcomm. https://www.qualcomm.com/products/vuforia. Zugegriffen: 25. Juli 2015
37. Tabris. The Cross-Platform Mobile Framework for Java. http://developer.eclipsesource.com/tabris. Zugegriffen: 15. Juli 2015
38. Wearear. It was called augmented reality. http://www.wearear.de/sensor-fusion-augmented-reality-tracking. Zugegriffen: 26. August 2015

Entwicklung einer Food-App für einen Tablet-Computer

14

Karsten Würth und Thomas Barton

Zusammenfassung

In diesem Kapitel wird die Entwicklung einer Food-App in Form eines Prototyps vorgestellt. Die App ist das mobile Pendant zu einer geplanten Website zum Thema Essen und Wein. Anhand des betriebswirtschaftlichen Hintergrunds werden die grundlegenden Anforderungen für die App erläutert. Aus den Anforderungen wird die Anwendungsarchitektur, die insbesondere eine App, eine Website und ein API umfasst, abgeleitet. Auf Basis der Technologieauswahl wird das Design der Benutzeroberfläche für mobile Endgeräte, die nicht nur Tablet-Computer sondern auch Smartphones umfassen, erklärt. Im Rahmen der Implementierung der App wird aufgezeigt, wie die gezeigten Entwürfe umgesetzt werden. Dabei wird auch auf die Eigenheiten bei der Entwicklung unter Android eingegangen und die Synchronisation von Daten mithilfe einer API veranschaulicht. Nach einer Darstellung der Testverfahren erfolgt ein Ausblick auf zukünftige Aktivitäten.

Schlüsselwörter

Mobile Commerce • App • Design • Technologie • Implementierung

14.1 Warum eine Food-App für einen Online-Weinhändler Sinn macht

Der Online-Handel wächst rasant und Platzhirsche wie Amazon oder Ebay brechen einen Umsatzrekord nach dem anderen [2, 3]. Gerade bei Suchmaschinen macht sich die Dominanz der Internetriesen besonders bemerkbar. Sie rangieren i. d. R. auf den

K. Würth (✉) • T. Barton
Hochschule Worms, Worms, Deutschland
E-Mail: karsten.wuerth@hs-worms.de; barton@hs-worms.de

T. Barton et al. (Hrsg.), *Mobile Anwendungen in Unternehmen*, Angewandte Wirtschaftsinformatik,
DOI 10.1007/978-3-658-12010-8_14

vordersten Plätzen und nehmen gerne auch mehrere der obersten Platzierungen ein. Übliche Kriterien wie Content, Backlinks, Social-Media-Interaktionen oder andere Faktoren scheinen bei diesen Brands nur eine untergeordnete Rolle zu spielen. Einzig die Bekanntheit des Brands führt zu dieser guten Platzierung. Umso bekannter der Brand, umso besser die Platzierung in der Ergebnisliste – zu diesem Ergebnis kommen auch die Autoren einer Studie zur Suchmaschinenoptimierung aus dem Jahr 2014 [4] Dabei entfallen einer anderen Studie zufolge rund 31 % aller Klicks auf den Erstplatzierten und weitere 36 % auf die Positionen zwei bis fünf, wodurch bereits zwei Drittel aller Klicks vergeben sind. Auf die Positionen sechs bis zehn entfallen noch einmal 3,7 %, wodurch die weiteren Websites nur noch ein Bruchteil aller Suchenden erreicht [3]. Eine solche Situation auf dem Gebiet des E-Commerce erschwert den Markteintritt eines Start-Ups. Die Herausforderung für Start-Ups liegt auf der Hand: es muss eine möglichst gute Platzierung ohne den Brand-Faktor erreicht werden. Eines dieser Start-Ups ist die Vicampo.de GmbH, welche im Februar 2012 gegründet wurde und im Bereich des Online-Weinhandels agiert [9]. Mit einem für diesen Markt bis dato einzigarten Short- und Longtail-Konzept gelang es dem Unternehmen sich innerhalb von 3 Jahren am Markt zu etablieren und mit über 9.000 nationalen und internationalen Weinen von mehr als 450 Winzern das größte Online-Weinangebot bereitzustellen. Doch trotz des größten Angebots ranken Hawesko (einer der größten Weinhändler Europas) oder Amazon bei demselben Wein vor Vicampo. Auch bei einem allgemeinen Suchbegriff wie „Wein Shop" erscheint Vicampo in Google lediglich auf Platz 7 (Stand: 04.08.2015). Der Brand anderer Wein-Shops ist schlichtweg größer. Es gilt daher, weiter an den Einflussfaktoren zu arbeiten. Eine der besten Möglichkeiten, um aktiv das Ranking und damit auf Dauer die Bekanntheit sowie den Brand zu verbessern, ist die Erstellung von zusätzlichem Content. Dieser gilt als einer der wichtigsten Einflussmöglichkeiten, da er andere Bewertungskriterien wie Verlinkungen oder Social-Media-Aktivitäten ebenfalls bedienen kann. Inzwischen spielt auch die Reichhaltigkeit des Inhalts eine wichtige Rolle. Er muss für den Nutzer interessant sein und aufbereitete Texte, Bilder oder andere Medien enthalten, sodass er länger auf der Seite verweilt. All dies scheint inzwischen von Googles Algorithmus gemessen zu werden und fließt in die Bewertung der Seite mit ein.

Zwei von Vicampo bereits durchgeführte Content-Projekte sind das Vicampo-Magazin und das Vicampo-Weinlexikon, welche dem Nutzer zusätzliche Informationen über die eigentliche Produktbeschreibung hinaus liefern. Das neuste Projekt in dieser Hinsicht ist das Portal zu Essen und Wein, welches dem Nutzer weitere Interessante Inhalte bieten soll – nämlich Rezepte mit passenden Weinempfehlungen. Rezepte eignen sich hervorragend zur reichhaltigen Gestaltung und ermöglichen eine lange Verweildauer des Nutzers – etwa beim Nachkochen. Alle Weinempfehlungen sind wiederum zum passenden Produkt im Shop verlinkt. Außerdem bieten die Rezepte und Weine bei Gefallen eine gute Möglichkeit zum Verlinken oder Teilen in sozialen Netzwerken. Allessamt sind das Kriterien, welche sich positiv auf die Platzierung bei Suchmaschinen auswirken sollten. Nicht zuletzt gibt es kaum Konkurrenz zu einer derartigen Plattform. Es finden sich zwar viele Ratgeber, welche eine allgemeine Empfehlung à la „trinken Sie zu Fisch Weißwein und zu Steak Rotwein" geben, jedoch nur selten werden konkrete Weine genannt. Die Empfehlungen sind also sehr schwammig und können schnell in die Irre führen. Grade für Wein-Neulinge dürfte also eine Plattform mit Rezepten und speziell ausgesuchten Weinen sehr interessant sein.

Da sich auch im Bereich der mobilen Anwendungen kein ähnliches Angebot findet, soll das Portal zu Essen und Wein zusätzlich als App umgesetzt werden. Auf diese Weise kann die Bekanntheit der Plattform weiter gesteigert werden. Durch Komfort-Features wie eine Favoritenliste, welche nur durch Registration im Shop nutzbar ist, kann im weiteren Verlauf außerdem versucht werden, die Hürde zum finalen Produktkauf zu verringern.

14.2 Anforderungen an die App

Zu Beginn des Projektes ist nur das Screendesign der Website vorhanden. Es soll daher zunächst ein Prototyp der App erstellt werden, um die grundlegende technische Architektur sowie das Design zu entwickeln. Die Vorgaben für die fertige App beschränken sich daher auf folgende Punkte:

1. Alle Daten der App müssen aus derselben Datenbank wie die der Website stammen, sodass eine redundanzfreie Verwaltung der Datensätze gewährleistet wird.
2. Rezepte sollen in einem gewissen Umfang offline verfügbar sein, um Nutzern der App gegenüber der Homepage einen Mehrwert zu bieten.
3. Für die zukünftige Integration von weiteren Inhalten wie dem Vicampo-Weinlexikon oder einem Etiketten-Scanner muss die App technisch möglichst flexibel einsetzbar sein.
4. Es soll eine Optimierung für Tablets vorgenommen werden.
5. Rezepte sollen in einer Favoritenliste gespeichert werden können. Diese Liste soll nur durch Registrierung verfügbar sein und serverseitig gespeichert werden.
6. Benachrichtigungen sollen über neue Rezepte und Angebote informieren.

Der Fokus des Prototyps liegt auf den ersten vier Punkten. Bevor jedoch mit der Umsetzung begonnen werden kann, muss zunächst eine Technologieauswahl getroffen werden.

14.3 Technologieauswahl und Architektur

Aufgrund des unbekannten Funktionsumfangs der fertigen App muss der Prototyp in technischer Hinsicht eine größtmögliche Flexibilität aufweisen. Daher fällt die Wahl auf eine native Android App. Der native Ansatz wird gewählt, weil sich mit diesem App-Typ alle technischen Eventualitäten umsetzen lassen. Auf Android fällt die Wahl, da durch einen Marktanteil von 74,7 % (Mai 2015) der Großteil an deutschen Smartphone-Nutzern erreicht werden kann [5–7]. Außerdem besteht kein Interesse daran, die App zu monetarisieren, was für eine Umsetzung auf iOS sprechen würde, da die Nutzer dort als kauffreudiger gelten [8].

Die Inhalte der App – vor Allem Bilder – sollen nur bei Bedarf geladen werden. So soll verhindert werden, dass die App schon beim Download aus dem Store sehr viel Speicher in Anspruch nimmt, was potenzielle Nutzer vor einem Download abschrecken könnte. Daraus folgt jedoch, dass innerhalb der App eine Synchronisation zwischen den serverseitigen und den lokalen Inhalten geschehen muss. Die Daten sollen, wie auch bei der späteren Website, aus einer serverseitigen MySQL-Datenbank stammen. Nach dem Download findet eine lokale Speicherung in einer SQLite-Datenbank statt, welche von Haus aus jeder Android-App zur Verfügung steht. Durch die lokale Speicherung soll die Offline-Verfügbarkeit von Inhalten gewährleistet werden. Gleichzeitig sorgt die Speicherung dafür, dass Inhalte nicht doppelt geladen werden und somit unnötiges Datenvolumen verbraucht wird. Eine Übersicht, wie das Zusammenspiel von App und Website über ein API gesteuert wird, zeigt Abb. 14.1.

Die wesentliche Herausforderung besteht demzufolge darin, die MySQL-Datenbank mit der SQLite-Datenbank zu synchronisieren, sodass – ohne Aktualisierung über den Store – Rezepte, Weine und aktuelle Sonderangebote zur App hinzugefügt, geändert oder gelöscht werden können. Die Aktualisierung wird mithilfe eines Backends in der

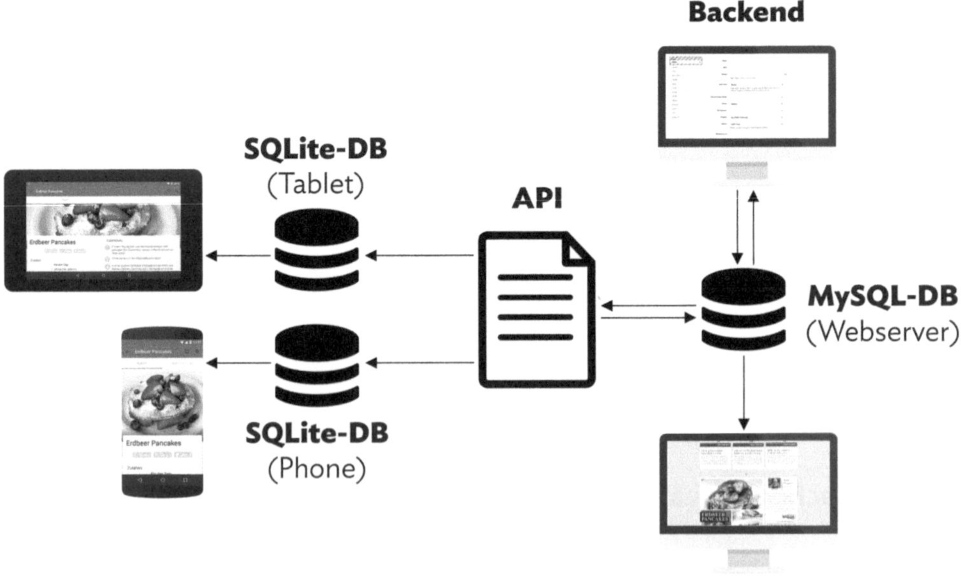

Abb. 14.1 Schema zur Veranschaulichung des Zusammenspiels von App und Website

MySQL-Datenbank durchgeführt und soll anschließend automatisch von der App beim nächsten Start erkannt werden.

Die Kommunikation zwischen den beiden Datenbanken soll mithilfe einer API ermöglicht werden, welche die Anfragen der App entgegennimmt, verarbeitet und die Ergebnisse (neue Rezepte etc.) ausgibt. Um den Umfang der gesendeten Datenpakete möglichst gering zu halten, kommt das JSON-Format zum Einsatz. Es erlaubt eine strukturierte Übertragung der Daten, unabhängig vom letztlich gewählten Datenbank-System, und ermöglicht eine geringere Dateigröße als beispielsweise XML.

14.4 Design

Bevor die eigentliche Programmierung beginnen kann, muss zunächst das Screendesign der Homepage auf die Bedürfnisse einer App angepasst werden. Was mit einfachen Bleistiftskizzen beginnt, führt schließlich zu einem ersten Mock-Up der fertigen App. Wie sich bereits hier herausstellt, ist es deutlich einfacher, zunächst ein platzsparendes Design für Smartphones zu entwickeln und anschließend den üppigeren Platz auf Tablet-Computer auszunutzen, als umgekehrt. Die Nutzung von Fragmenten zur Darstellung der einzelnen App-Seiten legt diese Vorgehensweise ebenfalls nahe. Ist auf einem Tablet mehr Platz vorhanden, lassen sich Fragmente problemlos nebeneinander anzeigen. Die Trennung eines Fragments in kleinere Teile ist dagegen nicht möglich. Zur Veranschaulichung sehen Sie in Abb. 14.2 die Android-Kontaktliste. Sie besteht aus einer Listenansicht und den Kontaktdetails. Auf einem Smartphone werden beide Teile auf getrennten Seiten angezeigt. Durch einen Klick in der Kontaktliste gelangt man auf der nächsten Seite in die Kontaktdetails (ein Fragment pro Seite). Auf einem Tablet kann sich die Detailansicht aufgrund des größeren Platzangebotes aber direkt neben der Liste auf

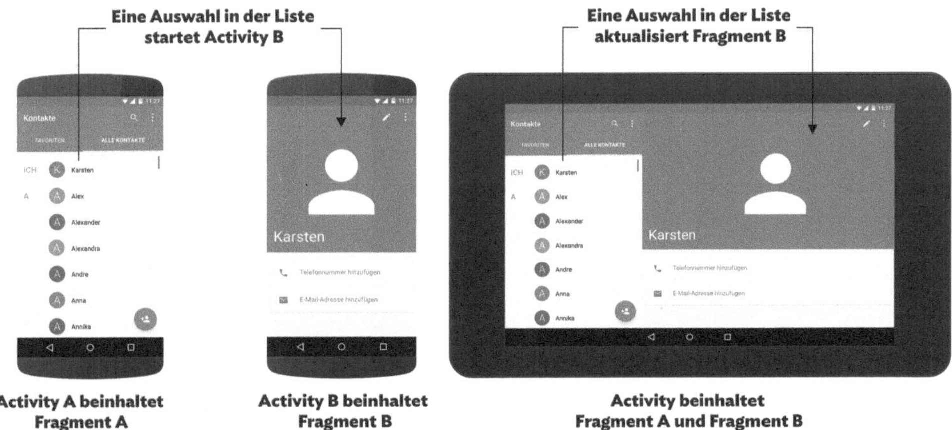

Abb. 14.2 Sequentielle Darstellung von Fragmenten auf Smartphones und parallele Darstellung auf Tablets

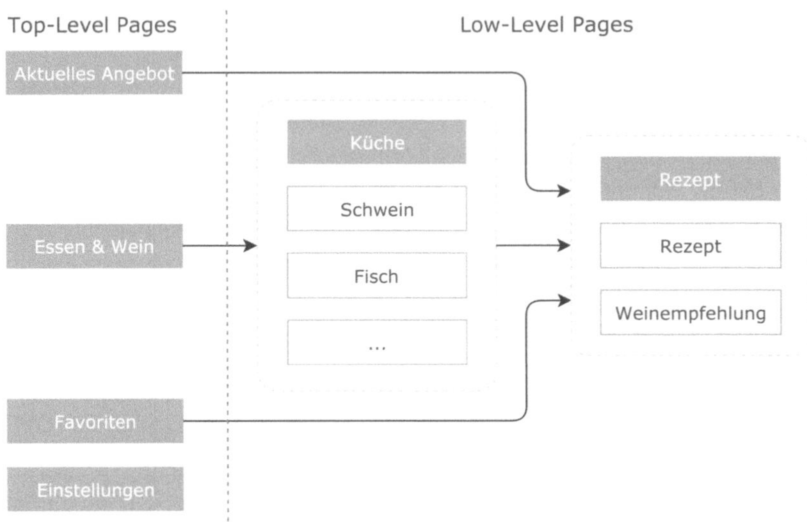

Abb. 14.3 Seitenstruktur des Prototyps

derselben Seite befinden (zwei Fragmente auf einer Seite). Die Tablet-Ansicht kann also ohne Weiteres zusammengesetzt werden, da zunächst beide Einzelteile für die Smartphone-Ansicht entwickelt wurden.

Der somit entstandene Entwurf bildet die Grundlage für die Entwicklung der App. Im Laufe des Projektes verändert sich dieser jedoch stetig, da sich bestimmte Überlegungen in der Praxis als nur schwer umsetzbar oder in der Bedienung als schlichtweg unkomfortabel erweisen. Die endgültige Seitenstruktur des Prototyps ist in Abb. 14.3 zu sehen.

Die Top-Level-Pages sind die Programmpunkte, welche am häufigsten vom Nutzer angesteuert werden. Um diese problemlos erweitern zu können und möglichst wenig Platz durch Navigationselemente zu verbrauchen, verschwinden die Punkte im sogenannten Navigation Drawer. Dieser wurde erstmals auf der Google I/O 2013 vorgestellt und dient als oberstes Bedienkonzept. Die Menüpunkte sind während der normalen Bedienung über den linken Bildschirmrand hinaus ausgeblendet und lassen sich durch einen Wisch von links nach rechts anzeigen. Der Navigation Drawer der App ist in Abb. 14.4 dargestellt.

Ergänzt wird der Drawer durch die Action Bar, welche sich stets am oberen Bildschirmrand befindet und den Titel sowie spezielle Aktionsmöglichkeiten zur aktuellen Seite anzeigt. Die Action Bar für die Food-App ist in Abb. 14.5 dargestellt.

Kernelement der App bildet die Essen und Wein Seite, welche als Rezeptbrowser fungiert und zu den Top-Level-Pages zählt. Auf der obersten Ebene kann der Nutzer zunächst eine Küche auswählen (z. B. Amerikanisch, Deutsch, Italienisch etc.) und in dieser anschließend direkt das Rezept oder weiter nach Menüarten (z. B. Schwein, Fisch, Pasta etc.) filtern. Die Filterung funktioniert über eine zusätzliche Toolbar, welche eine schnelle und intuitive Bedienung ermöglicht. Die Filterung über eine Toolbar wird in Abb. 14.6 gezeigt.

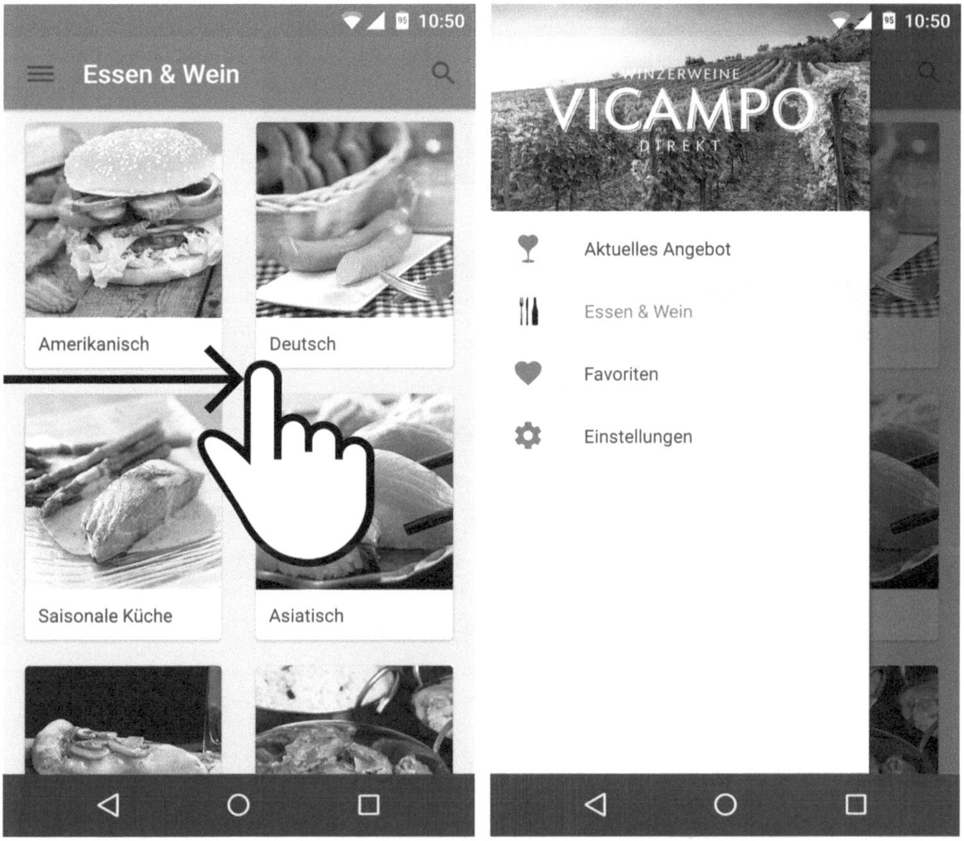

Abb. 14.4 Navigation Drawer ausgeblendet (links) und eingeblendet (rechts)

Abb. 14.5 Action Bar mit inhaltsabhängigen Aktionsmöglichkeiten

Um den Anpassungsaufwand für verschiedene Displaygrößen – und vor allem zwischen Smartphones und Tablets – in Grenzen zu halten, werden in diesen Übersichten Grid Views eingesetzt. Hierbei handelt es sich um ein Raster (engl. Grid), welches über die gesamte verfügbare Fläche gelegt wird und automatisch so viele Elemente anzeigt, wie es die Breite zulässt. Abbildung 14.7 zeigt, wie sich der Einsatz von Grid Views auf

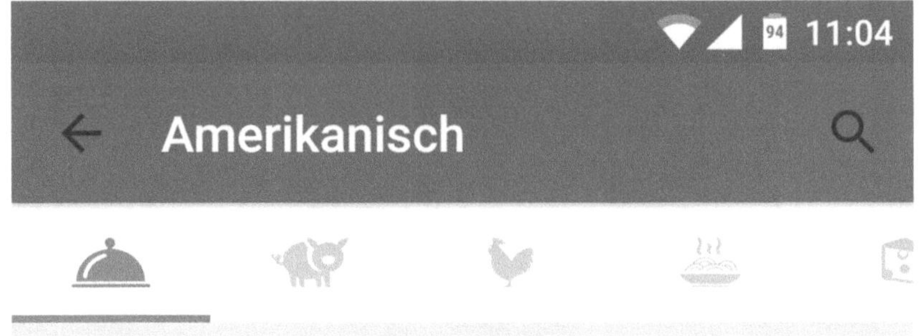

Abb. 14.6 Toolbar zur Auswahl der Menüart

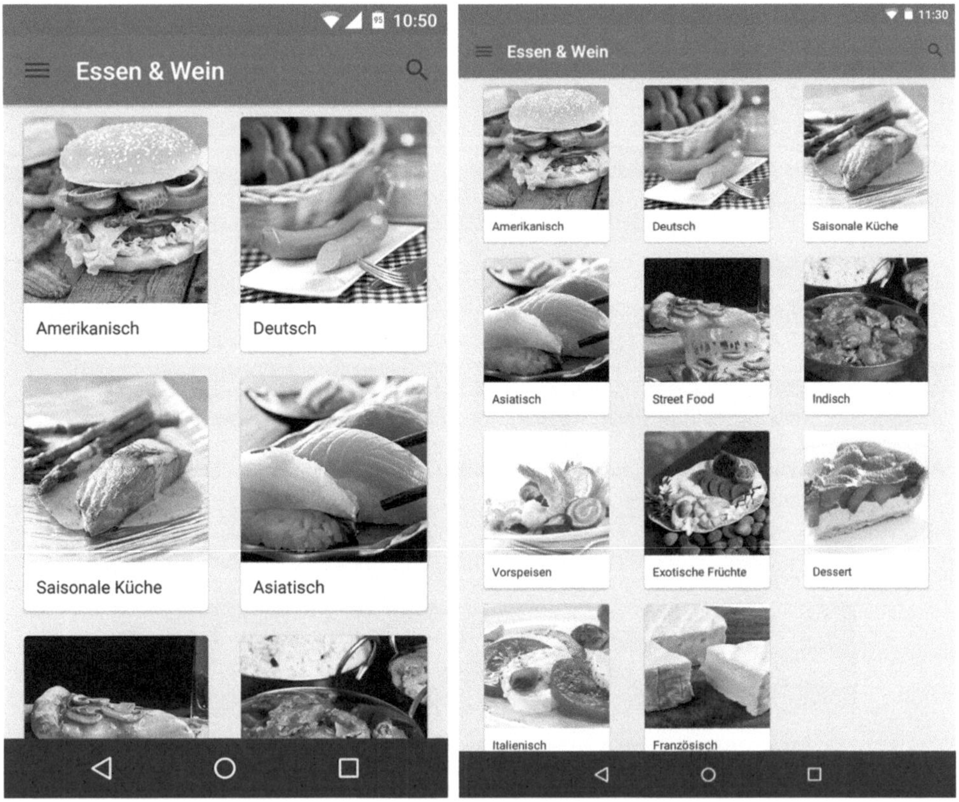

Abb. 14.7 Grid View auf einem Smartphone (links) und einem Tablet (rechts)

mobile Endgeräte mit unterschiedlichen Displaygrößen auswirkt. So werden beispielsweise auf einem Nexus 5 Smartphone nur zwei Spalten angezeigt, wohingegen auf einem Nexus 7 Tablet bereits drei Spalten dargestellt werden können, ohne dass eine zusätzliche Zeile Code erstellt werden muss.

Abb. 14.8 Toolbar zur Auswahl zwischen Rezept und Weinempfehlung

Letztlich gelangt der Nutzer auf die Rezeptseite, welche ebenfalls mithilfe einer Toolbar in die Bereiche „Rezept" und „Weinempfehlungen" gegliedert ist, wie in Abb. 14.8 gezeigt. Die Trennung wird vorgenommen, um den Inhalt einer einzelnen Seite nicht überzustrapazieren. Der Wechsel zwischen Rezept und Weinempfehlung ist so jederzeit möglich und der Scrollaufwand bleibt in angenehmen Dimensionen.

Die Rezeptseite ist außerdem direkt über die Top-Level-Page „Aktuelles Angebot" sowie die spätere Favoritenliste erreichbar. Das „Aktuelle Angebot" ist darüber hinaus als Startseite der App festgelegt, um den Fokus des Nutzers zunächst immer auf das neuste Rezept mit passendem Weinangebot zu lenken. Die Seiten Rezept, Weinempfehlungen und aktuelles Angebot enthalten keine Grid Views und müssen daher manuell durch zusätzliche Layouts an Tablet-Computer angepasst werden.

14.5 Implementierung des Prototyps

Mit der Beschränkung auf eine Android App werden bereits Nutzer anderer Betriebssysteme ausgeschlossen. Es muss daher nun besonders darauf geachtet werden, dass möglichst viele der Android Nutzer mit der App erreicht werden. Das kann jedoch zum Problem werden, wenn man Programmfunktionen der neueren Android-Versionen nutzen möchte. Denn die Verteilung von Android-Updates läuft nach wie vor schleppend. So nutzten in einer von Google publizierten Statistik vom Januar 2015 lediglich 12,4 % aller Android-Nutzer die neuste, im November 2014 veröffentlichte Version 5 (Lollipop) [7]. Rund 6 % der Nutzer verwenden sogar eine Version aus 2011 oder älter. Der Prototyp sollte daher idealerweise Android 2.3 (Gingerbread) unterstützen, da nur so 99,7 % aller Android-Nutzer erreicht werden können. Der als Bedienkonzept ausgewählte Navigation Drawer benötigt zur Umsetzung jedoch zwingend Fragmente, welche erst in Version 3.0 (Honeycomb) eingeführt wurden. Für die Lösung des Problems bietet Google seit März 2011 die Android-Support-Library an. Diese wird spätestens mit jeder großen neuen Android-Version aktualisiert und ermöglicht Entwicklern die Nutzung der wichtigsten Funktionen in älteren Systemversionen. Dennoch ist, grade bei der Nutzung von

Erweiterungen dritter, die Überprüfung der Mindest-Android-Version unumgänglich, denn auch die Support-Library besitzt ihre Grenzen.

Im ersten Schritt der Implementierung wird daher mithilfe der Hilfsbibliothek die grundlegende App-Struktur angelegt. Dazu zählt die Erstellung von Actions, Fragmenten, Navigation Drawer und Action Bar sowie den dazugehörigen Layouts. Anschließend wird die Navigation zwischen den einzelnen Seiten implementiert, sodass die Struktur aus Abb. 14.3 entsteht und ein erster Praxistest mit Beispielinhalten stattfinden kann. In diesem Teil der Entwicklung werden die meisten Designfehler aufgedeckt, da die App zum ersten Mal direkt bedient werden kann. Nachdem damit die grundlegende Funktionalität gewährleistet ist, kann mit der Erstellung der MySQL-Datenbank begonnen werden. Hierzu muss zunächst ein Datenmodell entwickelt werden, welches alle nötigen Informationen für die Umsetzung enthält. Das fertige Datenmodell wird implementiert, Testdatensätze werden hinzugefügt. Parallel hierzu wird auch in der Android-App die lokale SQLite-Datenbank, identisch zu Ihrem MySQL-Pendant, angelegt. Die Datenbank wird durch eine eigene Klasse verwaltet, welche die Einrichtung übernimmt und Methoden zur Bearbeitung zur Verfügung stellt.

Die Kommunikation zwischen den beiden Datenbanken soll mithilfe einer PHP-API umgesetzt werden. Bevor diese jedoch programmiert werden kann, muss zunächst noch der Ablauf der Synchronisation erarbeitet werden. Um nicht ständig ein vollständiges Update der lokalen Datenbank vornehmen zu müssen, wodurch ein hohes Datenvolumen erzeugt würde, sollen nur die Daten aktualisiert und heruntergeladen werden, welche sich auch tatsächlich geändert haben. Daher wird jedes Rezept und jede Kategorie mit einer eindeutigen ID sowie einem Timestamp versehen. Letzterer wird immer dann aktualisiert, wenn eine Änderung am Datensatz vorgenommen wird. So kann später festgestellt werden, ob eine neuere Version vorliegt. Die bereits heruntergeladenen IDs werden dann von der App mit dem dazugehörigen Timestamp im JSON-Format an die API gesandt. Die API gleicht nach dem Dekodieren die lokalen mit dem serverseitigen Timestamp ab und stellt fest, welche Datensätze sich geändert haben, neu sind oder gelöscht wurden. Der vollständige Entscheidungspfad ist in Abb. 14.9 zu sehen. Letztlich werden die neuen Daten von der API im JSON-Format ausgegeben und die App kann diese nach dem Decodieren in die SQLite-Datenbank eintragen.

Analog hierzu wird die PHP-API entwickelt, welche den Entscheidungspfad für Rezepte und Kategorien umsetzt. Sie liegt auf einem Webserver und ist über eine bestimmte URL erreichbar. Zur Vereinfachung werden die benötigten Methoden sowie die zugehörigen Daten im Rahmen des Prototyps lediglich als Parameter an die URL angehängt. Der Synchronisationsprozess wird durch eine eigene Klasse in Gang gesetzt, welche beim Start der App aufgerufen wird. Während des gesamten Prozesses werden lediglich Textinhalte ausgetauscht. Für alle Bilder werden URLs hinterlegt, welche erst bei Bedarf mithilfe eines AsyncTasks heruntergeladen und im zugehörigen Datensatz als BLOB abgespeichert werden. Ein durchschnittliches Rezept mit drei Weinen besitzt auf diese Weise eine Speichergröße von etwa 4,8 KB – vor dem Herunterladen von Bildern.

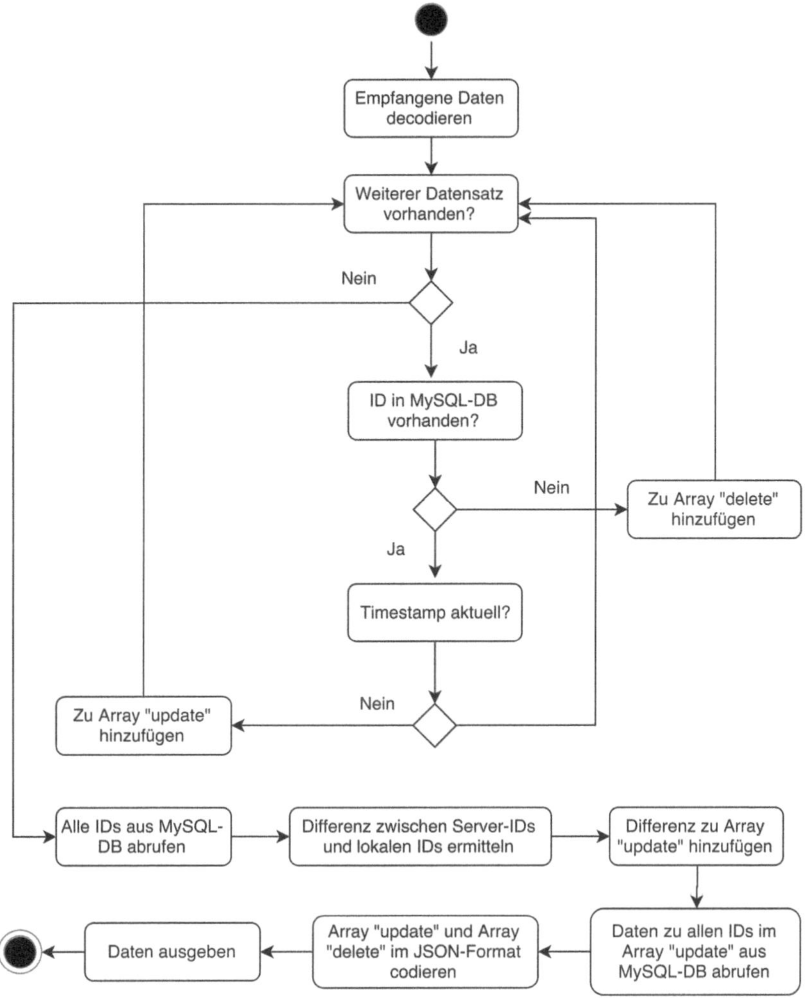

Abb. 14.9 Entscheidungspfad der API bei Datensätzen

14.6 Testen des Prototyps

Die Tests der App werden mithilfe des Genymotion-Emulators sowie einigen Testgeräten durchgeführt. Ersterer basiert auf Oracles Virtual Box und ist für Windows sowie Mac OSX verfügbar. Dank seiner x86 Architektur bietet er eine besonders gute Performance und ist aufgrund seiner übersichtlichen Menüführung kinderleicht zu bedienen. In der kostenlosen Variante bietet er über 20 vorkonfigurierte Geräte unterschiedlichster Geräteklassen mit Android-Versionen von 2.3.7 bis 5.1.1. Die App kann aus dem

Android-Studio direkt im Emulator gestartet werden. Zusätzliche Funktionen wie die Simulation eines schwachen Netzes können mit der kommerziellen Version erworben werden.

Alltagssituationen wird der Prototyp auf verschiedenen Smartphones sowie einem Tablet unterzogen. Zum Einsatz kommen Googles Nexus 5 Smartphone (4,9″, Android 5.0.1) und Nexus 7 Tablet (7″, Android 5.0.2) sowie die Smartphones HTC One S (4.3″, Android 4.4.2) und Motorola Milestone (3,7″, Android 2.3.3).

Die Tests im Emulator sind besonders Hilfreich, um schnell Änderungen überprüfen zu können. Auch die Darstellung der App auf verschiedensten Geräten und Android-Versionen sowie die Funktionalität bei diversen Ereignissen kann hier am einfachsten getestet werden. Die Überprüfung auf einem realen Gerät ist aber dennoch unabdingbar, da gerade hier die intuitive Bedienung und Usability ausgiebig getestet werden kann. Die Gerätetests sind im Verlauf des Projektes maßgeblicher Ausgangspunkt für Änderungen im Design. Durch Tests ausschließlich im Emulator würden diese vermutlich nicht entstehen.

14.7 Ausblick

Die grundlegende Architektur der App ist erstellt. Bis zur ersten Version der fertigen App sind allerdings noch einige Punkte zu erledigen. Zunächst muss beispielsweise der Download von Bildern angepasst werden, sodass die Qualität zur Auflösung des Displays passt. Geschieht dies nicht, können zu große Bilder bei Geräten mit geringem Arbeitsspeicher zu Speichermangel führen. Des Weiteren soll die API zu einem RESTful Service weiterentwickelt werden, sodass die Synchronisation flexibler ablaufen kann (z. B. nach Küche). Für diesen Service ist außerdem ein Authentifizierungsverfahren nötig, damit die Daten vor Fremdzugriff geschützt sind. Dieses Verfahren kann wiederum für das Speichern einer eigenen Favoritenliste auf dem serverseitigen Vicampo-Account wiederverwendet werden. Letztlich muss jedoch die Fertigstellung der Webseite abgewartet werden, welche für das erste Quartal 2016 geplant ist. Dann kann die App an die tatsächliche Datenbank angebunden werden und ein erster Beta-Test durchgeführt werden. Wenn schließlich alle Funktionen reibungslos arbeiten und alle Fehler beseitig sind, kann die App veröffentlicht werden. Tritt der erwartete Erfolg ein, kann über mögliche Erweiterungen wie die Integration des Vicampo Wein-Lexikons oder einem Etiketten-Scanner und schließlich auch über eine Portierung für iOS nachgedacht werden. Der Portierung kommt zugute, dass die API aufgrund der Kommunikation im JSON-Format ohne Weiteres auch von anderen Betriebssystemen genutzt werden kann.

Literatur

1. Würth K. (2015): Entwicklung eines Prototyps zur Präsentation von Essen und Wein auf einem Tablet Computer. Bachelor-Thesis. Hochschule Worms
2. Statista (2014) Nettoumsatz von Amazon in Deutschland und weltweit in den Jahren 2010 bis 2013 (in Milliarden US-Dollar). http://de.statista.com/statistik/daten/studie/374731/umfrage/nettoumsatz-von-amazon-in-deutschland-und-weltweit. Zugegriffen: 13. Januar 2015
3. Statista (2014) Umsatz und Gewinn von eBay in den Jahren 2008 bis 2014 (in Millionen US-Dollar). http://de.statista.com/statistik/daten/studie/39476/umfrage/umsatz-und-gewinn-von-ebay-inc. Zugegriffen: 13. Januar 2015
4. Petrescu P., Ghita M., Loiz D. (2014) Google Organic CTR Study 2014. Advanced Web Ranking. http://www.advancedwebranking.com/google-ctr-study-2014.html. Zugegriffen: 14. Januar 2015
5. Tober M., Leonhard H., Furch D. (2014) SEO Ranking-Faktoren und Rang-Korrelationen 2014 – Google Deutschland. Searchmetrics. http://www.searchmetrics.com/de/knowledge-base/ranking-faktoren. Zugegriffen: 03. Januar 2015
6. Statista (2015) Marktanteil von Android am Absatz von Smartphones in Deutschland von Januar 2012 bis Mai 2015. http://de.statista.com/statistik/daten/studie/269593/umfrage/marktanteil-von-android-am-smartphone-absatz-in-deutschland. Zugegriffen: 04. August 2015
7. Android Developers (2015) Platform Versions. http://developer.android.com/intl/zh-CN/about/dashboards/index.html. Zugegriffen: 05. August 2015
8. Statista (2014) Anteil am Umsatz, der durch Bezahl-Apps und In-App-Käufe erwirtschaftet wurde, vom Apple App Store und Google Play Store. http://de.statista.com/statistik/daten/studie/180897/umfrage/globale-martkanteile-von-app-stores. Zugegriffen: 04. Dezember 2014
9. Vicampo (2015) http://www.vicampo.de. Zugegriffen: 07. August 2015

15 Campus App Unidos Wildau – ein ständiger Begleiter für den Alltag an der Technischen Hochschule Wildau

Alfredo Azmitia, Janett Mohnke und Henning Wiechers

Zusammenfassung

Mit diesem Beitrag soll die Campus-App der Technischen Hochschule in Wildau vorgestellt werden, die durch Studierende des Studiengangs Telematik der Hochschule und Mitarbeiter der iCampus Wildau Projektgruppe konzipiert und entwickelt wurde. Die App steht seit April 2015 allen Studierenden und Mitarbeitern der Hochschule sowohl für Android basierte als auch für iOS basierte mobile Geräte zur Verfügung. Gemachte Erfahrungen ebenso wie aktuelle Visionen für zukünftige Weiterentwicklungen werden im Fokus der Aufmerksamkeit dieses Beitrags stehen.

Schlüsselwörter

Mobile Informationssysteme • Campus App • IBeacon • Android • IOS • Panoramen • Bluetooth • Neo4j • Webservices • Telematik • Indoor Ortung

15.1 Einleitung

Im Jahr 2009 wurde an der Technischen Hochschule Wildau das iCampus Wildau Projekt initiiert, in dem insbesondere Studierende und Mitarbeiter[1] des Studiengangs Telematik am Aufbau eines mehrsprachigen und mobilen Informationssystems für die Hochschule arbeiten [1].

[1] Der Einfachheit halber wird in diesem Text nur die männliche Form verwendet. Die weibliche Form ist selbstverständlich immer mit eingeschlossen.

A. Azmitia (✉) • J. Mohnke • H. Wiechers
Technische Hochschule Wildau, Wildau, Deutschland
E-Mail: azmitia_rugg@th-wildau.de; janett.mohnke@th-wildau.de; henning.wiechercbs@th-wildau.de

T. Barton et al. (Hrsg.), *Mobile Anwendungen in Unternehmen*, Angewandte Wirtschaftsinformatik,
DOI 10.1007/978-3-658-12010-8_15

Ein aktueller und von Mitarbeitern und Studierenden der Hochschule sehr positiv wahrgenommener Meilenstein auf diesem Weg ist die Campus-App Unidos Wildau, die seit April 2015 allen interessierten Nutzern sowohl für Android basierte als auch für iOS basierte mobile Geräte zur Verfügung steht.

Als Weiterentwicklung von iLibrary Wildau,[2] einer ersten Version der App, die zunächst allein als Bibliotheksschnittstelle konzipiert und umgesetzt war, ist Unidos Wildau eine Anwendung für den gesamten Campus. Hat man sich einmal mit seinen persönlichen Hochschulzugangsdaten eingeloggt, lassen sich für Studierende und Lehrende über die Auswahl der Seminargruppen Stundenpläne und Termine anzeigen und übertragen, Prüfungsergebnisse einsehen, ausgeliehene Bücher aus der Bibliothek verwalten oder Arbeitsräume zur Gruppenarbeit buchen. Aber nicht nur für Angehörige der Hochschule ist die App interessant. Besucher oder potenzielle Studierende können sich beispielsweise in der virtuellen Campuserkundung ein Bild über die Hochschule vor Ort und deren Angebote machen.

Über einen eigenen Mitteilungsdienst ist es für Hochschuleinrichtungen außerdem möglich, Nutzern der App über einzelne Kanäle Push-Nachrichten zu senden. Je nach Interesse können diese Kanäle abonniert werden, sodass Nachrichten zu gewünschten Themenbereichen direkt zugestellt und nicht übersehen werden können.

Nachdem sich der Vorgänger iLibrary Wildau auf dem Campus und unter Bibliotheksnutzern etabliert hatte, gab es zunehmend Wünsche nach Erweiterungen und nach der Integration zusätzlicher Funktionalitäten, sodass 2015 die App als Neuentwicklung mit neuem Namen als campusweites Angebot veröffentlicht wurde. Um zukünftigen Nutzern von Anfang an den neuen Begleiter nahezubringen, wurde Anfang desselben Jahres ein Logo- und Namenswettbewerb ausgelobt, aus dem Unidos Wildau am Ende als Sieger hervorging. Unidos steht dabei vor allem für die Übersetzung aus dem Spanischen für „zusammen/vereint“ und prägt damit schon im Namen der App deren grundlegenden Charakter: Unidos Wildau ist eine App für alle Angehörige der Technischen Hochschule Wildau, deren Weiterentwicklung auch entscheidend von den verschiedenen Ideen aller getragen wird.

Es soll hier zunächst das Gesamtsystem mit all seinen Bestandteilen vorgestellt werden, innerhalb dessen die App die zentrale Position als Benutzerschnittstelle einnimmt. Anschließend geht es über das User-Interface zur Kommunikationsstruktur innerhalb des Systems, d. h. zur Informationsarchitektur, in der Webservices die wesentliche Rolle im Zusammenspiel aller beteiligten Einzelsysteme spielen.

Ortung und Navigation ist der Funktionsbereich, der den größten Teil der aktuellen iCampus-Entwicklungen einnimmt und als solcher genaue Positionsbestimmungen in der Indoor-Ortung zulässt. Ergänzt werden native Funktionen der App durch den direkten Zugriff auf andere webbasierte Anwendungen und Angebote der Hochschule wie die e-learning-Plattform oder den Panorama-Campusrundgängen.

[2] Das Projekt iLibrary wurde vom Europäischen Fonds für regionale Entwicklung (EFRE) gefördert.

Abschließend berichten wir von unseren praktischen Erfahrungen in der Systementwicklung und den daran anknüpfenden Zukunftsplänen.

15.2 Systemaufbau

Die Architektur des Gesamtsystems besteht aus mehreren entkoppelten Subsystemen, die gemeinsam einen Mehrwert auf Basis dieser Dienste schaffen. Im Mittelpunkt stehen die Mobilapplikationen – entwickelt und verfügbar für die zwei meistverwendeten Betriebssysteme auf mobilen Endgeräten: iOS und Android. Die App Unidos Wildau ermöglicht im Kern den personalisierten Zugang zu allen angebundenen Hochschuldiensten.

15.2.1 Überblick

Das Ziel und Konzept von Unidos Wildau ist es, Studierenden und Mitarbeitern der Technischen Hochschule Wildau alle relevanten Informationen zum Hochschulleben über eine zentrale Plattform zugänglich zu machen. Hierzu gehören nicht nur die große Menge an Daten und Diensten, die die TH Wildau den Studierenden und Mitarbeitern zur Verfügung stellt, sondern auch selbst entwickelte Dienste und Werkzeuge, die bisher weniger beachtete Schnittstellen und Aspekte des hochschulinternen Workflows bedienen und abdecken sollen.

Die zentralen Schnittstellen zur Überlieferung der Daten zwischen den einzelnen Systemteilen und Datenquellen sind Webservices, die auf dem eigenen iCampus-Server verwaltet werden. Verwendet werden Webservices, die auf drei unterschiedliche Quellen zugreifen: Webservices für hochschulinterne und hochschulexterne Datenquellen und Webservices für selbsterstellte Inhalte.

Hochschulinterne Webservices greifen auf Daten des Hochschulrechenzentrums zurück: auf Stundenpläne von Studenten und Dozenten oder auf Prüfungsergebnisse. Der Zugriff auf Bibliotheksdaten erfolgt über festgelegte APIs als direkter Zugang zu ausgewählten Daten wie z. B. die Verfügbarkeit von Medien zur Ausleihe oder personalisierte Angaben wie bereits ausgeliehene Medien.

Hochschulexterne Webservices erweitern das Angebot der vorhandenen Bibliotheksangebote und schaffen durch die Anbindung externer APIs (Programmierschnittstellen) einen Mehrwert für den Nutzer. Der Einsatz von Amazon- und Google-APIs [2] ermöglicht es zum Beispiel, Mediadaten mit Bildern und weiteren Metadaten bereitzustellen, sodass in der Auflistung der gesuchten oder favorisierten Medien ergänzende Informationen einzusehen sind.

Für den Mensaplan gibt es einen weiteren externen Dienst, der leider nicht über eine API abgerufen werden kann, sondern als geparste und extrahierte Information der Website des Anbieters gelistet wird. Hier besteht die Gefahr, dass bei unerwarteten Änderungen der HTML-Struktur die Abfrage scheitern kann. Obwohl sichergestellt ist, dass in solchen

Fällen der Webservice ein stabiles Format behält, das die App verarbeiten kann, wird der Einsatz solcher Strategien nicht empfohlen.

Ein zusätzlicher externer Webservice wird über das Portal Stellenticket bereitgestellt: Als individuell formatierter RSS-Feed werden Stellenangebote mit detaillierten Angaben gelistet, die für Studierende und Mitarbeiter der TH Wildau relevant sind. Webservices für selbsterstellte Inhalte rufen dagegen Informationen aus dem eigenen Content Management System (Drupal [3]) ab. Durch den Einsatz eines eigenen Verwaltungssystems ist eine einfache Aktualisierung und Erweiterungen dieser Daten möglich.

Webbasierte Dienste, die durch die Hochschule bereit gestellt werden, wie die e-learning-Plattform Moodle und der E-Mail-Dienst der Hochschule sind schließlich direkt in die App eingebunden, sodass sie als eigenständige Anwendung im Rahmen der App verwenden werden können. Der Vorteil dieser Einbindung besteht in der Übergabe der Nutzerdaten an die Anwendung. Eine mehrmalige Identifizierung des Nutzers für jeden einzelnen Dienst ist somit nicht mehr nötig. Abbildung 15.1 stellt die beschriebene Struktur grafisch dar.

Kommunikation verbessern

Während der Entstehungszeit von Unidos Wildau stellte sich in unterschiedlichen Einrichtungen der Hochschule die Frage: Wie können wir in Zukunft besser mit den Studierenden kommunizieren? Wie können wir dafür sorgen, dass die von uns gesendeten und verteilten Informationen nicht in der Masse gängiger Kommunikationskanäle untergehen? Wie können wir sicherstellen, dass Informationen zielgerichtet ankommen?

Um dieses Problem zu lösen, wurde für die App ein Mitteilungsdienst nach dem Follower-Prinzip [4] entwickelt, der Nutzern ermöglicht, unterschiedliche Kanäle von Hochschuleinrichtungen zu abonnieren und sich je nach Interesse an- oder abmelden. Von den so ausgewählten Kanälen erhält der Nutzer über die App Push-Nachrichten direkt auf seinen Sperrbildschirm. Um die Verwaltung und das Versenden von Mitteilungen für Kanal-Administratoren so einfach wie möglich zu machen, wurde eine geschützte webbasierte Oberfläche entwickelt, zu der lediglich Administratoren Zugriff haben.

Nicht zuletzt gibt es Angebote für Gäste, potenziellen Studierenden und Erstsemestern: Multimediale Inhalte und virtuelle Rundgänge, die sowohl mit Informationen über Studienangebote und Einrichtungen der Hochschule einen Überblick über die Hochschule geben als auch das Kennenlernen des Campus mittels Panoramaeinblicken ermöglichen. Das iCampus-Portal und die virtuelle Campuserkundung sind als webbasierte Anwendungen verfügbar und über einen Link an die App gebunden.

15.2.2 Navigation und Indoor-Ortung

Um die Positionsbestimmung und Navigation auf dem Campus über die App zu ermöglichen – besonders im Inneren der Gebäude –, muss mit Unterstützung von externen Systemen der Standort bestimmt und der kürzesten Wege zwischen zwei Positionen berechnet werden. Für diese Positionsberechnung wird aktuell die von Apple entwickelte

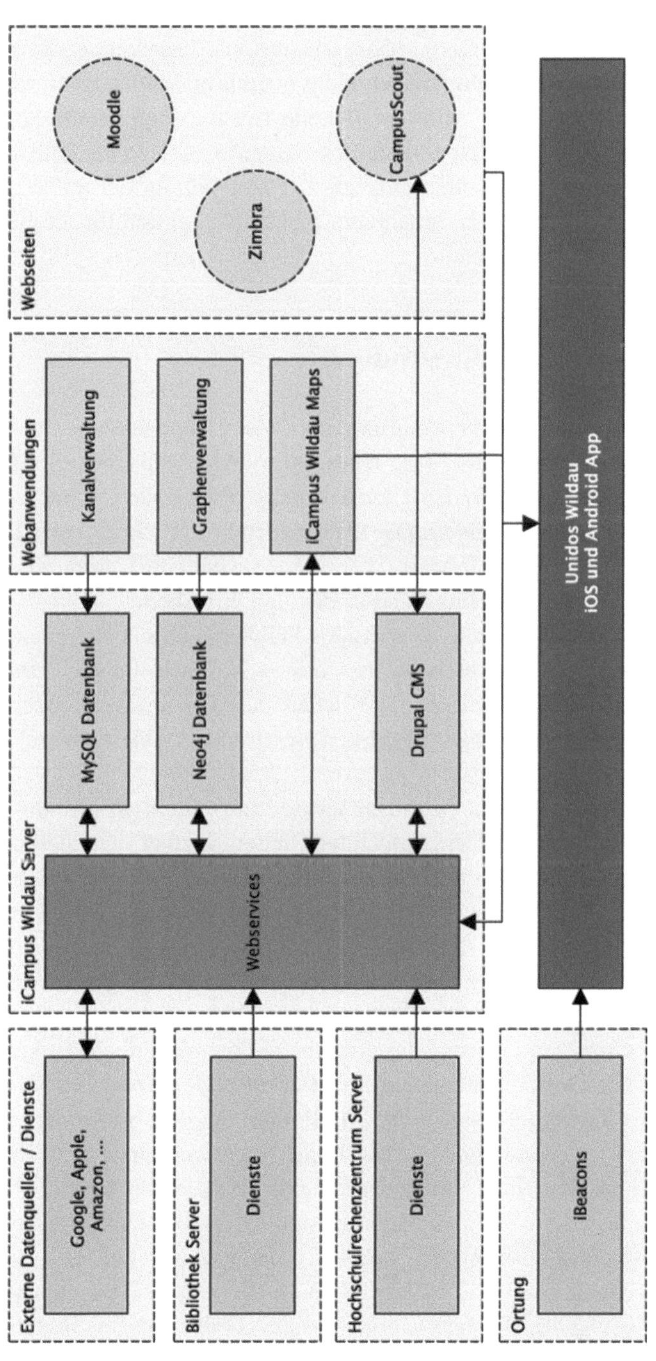

Abb. 15.1 Überblick

Ortungstechnologie iBeacons [5] verwendet, die über Bluetooth Low Energy kommuniziert und somit eine weitverbreitete Technologie einsetzt. Angezeigt werden die Positionen auf einer Karte, für die der Google-Maps-Dienst als Basis verwendet wird.

Da die Indoor-Karten von Google noch nicht überall einsetzbar sind, wurde auf Basis der Google Maps API [6] eine selbstentwickelte Lösung implementiert, die über eine HTML-Version der Karte die Darstellung des Etagenwechsels innerhalb von Gebäuden und von berechneten Wegen/Routen anzeigt. Zur Verwaltung der auf der Karte dargestellten POIs [7] (z. B. Räume, Toiletten oder Notausgänge) und für die Berechnung der kürzesten Wege wird die die Open-Source-Graphendatenbank Neo4j [8] verwendet.

15.2.3 User Interface der Anwendung

Das User-Interface von Unidos Wildau basiert auf vier Hauptrubriken, denen, thematisch sortiert, alle Dienste untergeordnet sind (siehe Abb. 15.2). Die Inhaltsstruktur sowie die Oberflächengestaltung der einzelnen Dienste unterscheiden sich je nach Funktionalität und Komplexität der Anwendungen. Der überwiegende Teil der Dienste ist nativ in die App integriert, andere – wie der E-Mail-Client, Moodle oder die Campuserkundung – sind als Subanwendungen extern verlinkt oder in die App eingebettet.

Der Aufbau des User-Interfaces von Unidos Wildau geht aus von einer horizontal zu scrollenden Eingangsseite, die es dem User ermöglicht, alle Inhalte schnell und übersichtlich zu erfassen. Durch seitliches Wischen des Touchscreens oder Klicken und Auswahl der Reiter lassen sich die Rubriken durchsehen, sodass ein schneller Zugriff auf einzelne Dienste möglich ist.

Die einzelnen Hauptrubriken beginnen jeweils mit einem Kopfbild – das optische Pendant zum Themenrahmen. Dem Bild folgen untergeordnet die Titelleiste sowie alle unter dieser Rubrik gehörenden Dienste und Funktionen. Die daran anschließende Auflistung der Dienste ist vertikale angeordnet und kann, je nach Inhalt, über die übliche Scrollfunktion erfasst werden. Die Anordnung der Inhaltsstruktur ist so auf zwei bewegliche Achsen verteilt, was eine intuitive Orientierung und einen guten Überblick erlaubt und die zudem einfach durch weitere Dienste erweiterbar ist.

Innerhalb der einzelnen Dienste sind die Inhalte unterschiedlich strukturiert, was der Verschiedenheit der Dienste und unterschiedlichen Präferenzen geschuldet ist. So ist die Auflistung der Suchergebnisse in der „Bibliothek" stärker bildbetont und mit bibliotheksspezifischen Symbolen versehen, als z. B. die Nachrichtenliste in „Mitteilungen", die einzig das Kanallogo und einen Anriss der jeweiligen Nachricht zeigt.

Das Layout ist insgesamt variabel und passt sich der Vielzahl von Displayformaten von kleineren Smartphone-Formaten bis Tablet-Computern an. Für die Darstellung auf Tablet-Computern wurde eine grundlegende Veränderung des Layouts vorgenommen, weil hier die Auflösung des Displays nahezu Desktop-Größe hat. Das Hauptmenü, also die Hauptrubriken sind auf dem Tablet als Einschieber konzipiert. Der eher als klassisches Menü erscheinende Schieber strukturiert die Rubriken und Dienste als vertikal unterteilte

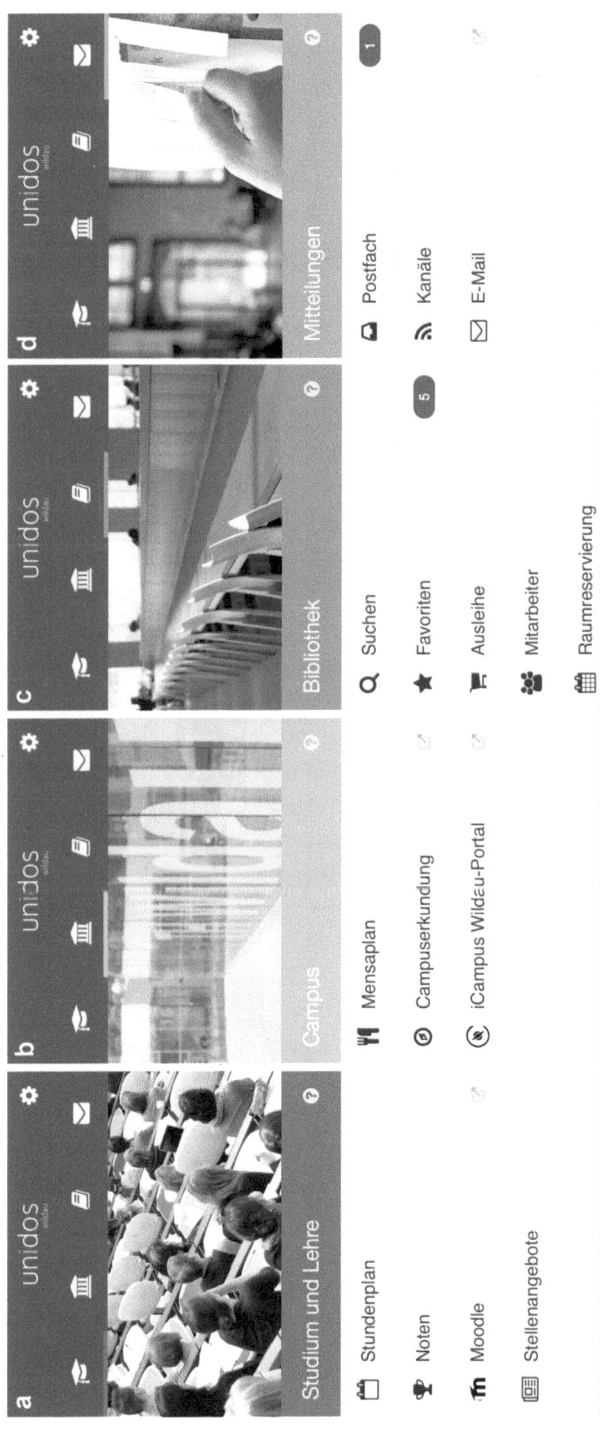

Abb. 15.2 User Interface

Menüordnung, die klar durch farbliche Trennlinien abgesetzt sind. Das Menü kann jederzeit aufgerufen werden, ohne dass die Inhaltsfläche verlassen werden muss.

Einstellungs- und Hilfeseiten sind so in die Struktur eingebunden, dass sie der jeweiligen Ebene entsprechende, zielgerichtete Informationen, Funktionsbeschreibungen und Einstellungsoptionen anbieten. Für jede Hauptrubrik gibt es gut sichtbar neben der Titelzeile einen Link zur Hilfeseite. So können Hilfestellungen immer direkt abgefragt werden. Eine zentrale Hilfeseite wird somit entzerrt und bei der Vielzahl an Funktionen und Optionen bleibt die Übersicht erhalten. Nutzer erhalten Hilfe dort, wo sie sie benötigen.

Gleiches gilt für die Einstellungen/Konfigurationen: Auf der Eingangsseite sind diese direkt oben rechts über das Zahnrad-Symbol zu erreichen. Weitere Einstellungsoptionen bietet ein leicht modifiziertes Zahnradsymbol für einige der Dienste an gleicher Stelle. Konfigurationen werden dort vorgenommen, wo der Nutzer es braucht und erwartet.

15.2.4 Was ist die Idee dahinter?

Bei der Konzeption des User-Interfaces für die App waren drei Dinge von besonderer Bedeutung: eine flache und gut zu überblickende Struktur, eine ansprechende und frisch anmutende Oberfläche mit Wiedererkennungsmerkmalen sowie die strukturelle Erweiterbarkeit einzelner Rubriken.

Die Herausforderung bestand und besteht darin, die Komplexität der einzelnen Anwendungen auf einer nicht zu überladenen Oberfläche zu bündeln, ohne die Attraktivität der Einfachheit zu verlieren. So ist die Eingangsebene (Startseite) die zentrale Schaltstelle und Referenz für alle Bewegungen innerhalb der App. Angebote für Mitarbeiter und Studenten sind so zusammengefasst, dass weder Trennlinien zu erkennen noch strukturelle Hürden errichtet werden. Es gilt gewissermaßen, den gesamten Campus für alle Beteiligen (unidos = zusammen) in einer App unterzubringen, einzelne Elemente nicht zu sehr zu verschachteln und zusätzliche Einstellungen und Nutzerrechte elegant in den Navigationsfluss zu integrieren.

Hochschuldienste, die als alleinstehende Anwendungen bereits für die mobile Nutzung optimiert sind und daher ein fertiges User-Interface mitbringen (Moodle, E-Mail-Client), sind als externe Links markiert und werden im Frame eines Views aufgerufen. Sie laufen als eigenständige webbasierte Anwendung, sind aber durch die Rahmensteuerung in Unidos integriert. Der Mehrwert besteht vor allem in der Übertragung der Log-in-Daten, womit die nochmalige Eingabe entfällt sowie in dem zentralen Zugang zu allen wichtigen Diensten der Hochschule über Unidos Wildau.

Jeder Themenbereich ist farblich markiert und bietet einen Wiedererkennungswert an anderer Stelle der App oder in begleitenden Medien. Die Kopffotos, die thematisch-symbolisch die Rubrik einführen, fügen sich in die Farbgebung ein und korrespondieren mit ihren dominierenden Farbanteilen mit den Farben ihrer Umgebung bzw. des Rahmens.

15.2.5 Flexibilität und Erweiterung

Unidos Wildau wurde in der ersten Version mit einem Funktionsumfang veröffentlicht, bei dem schon im Laufe der Entwicklung zukünftige Erweiterungen zu erkennen waren. Die inhaltliche und damit auch die grafische Struktur ist so angelegt, dass Erweiterungen und zusätzliche Dienste problemlos zu implementieren sind und auch bei zunehmenden Angeboten keine weiteren Struktur- bzw. Layoutanpassungen nötig sind.

Auch hinsichtlich der inhaltlichen Konzeption ist die einfache Struktur und Flexibilität in den Rubriken von Bedeutung. Als im Wesentlichen auf personalisierte Daten basierende App sind viele Dienste für Besucher ohne Log-in nicht verfügbar. So ist in der Zukunft geplant, Gästen und Interessierten eine schlanke Version der App mit weniger Diensten ohne optische Einbußen zu bieten.

15.2.6 Kommunikationsstruktur

Um die Applikation von den Inhalten zu entkoppeln, wird der gesamte Datenaustausch über Webservices organisiert (siehe Abb. 15.3). Der Hauptgrund dafür ist, Änderungen und Erweiterungen der Datensätze möglichst einfach durchführen zu können. Besonders bei Informationen aus externen Quellen ist dieser Lösungsansatz wichtig, da Änderungen der Schnittstelle schneller auf den eigenen Serverdateien als in der App für die Mobilgeräte angepasst werden können.

Ein gutes Beispiel für die Einbindung von verschiedenen Quellen ist die Büchersuche in der Rubrik „Bibliothek". Die Suche wird zuerst, wie gewöhnlich, in der Datenbank der Bibliothek durchgeführt. Zusätzlich werden die Suchergebnisse mit Bildern und Metadaten von Amazon und Google ergänzt. Als weitere interne Ergänzung wird den Suchergebnissen eine von iCampus Wildau generierte Liste von ähnlichen Büchern, Buchbewertungen und Rezensionen angehängt.

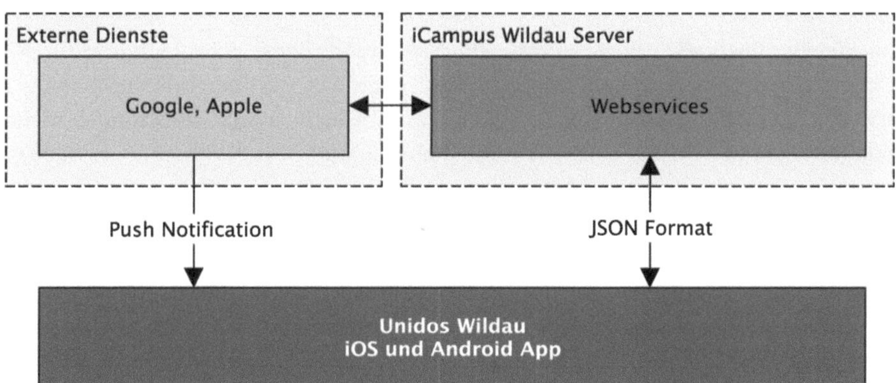

Abb. 15.3 Kommunikationsstruktur

Für die Webservices verwenden wir das JSON-Format, weil dessen Implementierung – im Vergleich zu anderen Netzwerkprotokollen wie SOAP (in Kombination mit XML) – in verschiedenen Programmiersprachen mittlerweile ohne externe Bibliotheken leicht umzusetzen ist. Hinzu kommt, dass das JSON-Format leicht menschenlesbar ist, was das Verstehen der Dokumentation für Entwickler erleichtert.

Die Webservices arbeiten in einem REST-konformen Format, in dem jede Ressource über eine URI (Uniform Resource Identifier) adressiert ist und angesprochen werden kann. Ein PHP-Skript empfängt die GET- oder POST-Variablen und leitet die Anfrage an eine Dienstmanager-Klasse weiter. Diese fragt entkoppelte Dienst-Klassen ab, fügt ggf. Informationen zusammen und schickt in der Folge das Ergebnis zurück an den Nutzer.

Fast jeder Dienst in Unidos muss mit einem Token abgefragt werden. Nutzer melden sich mit den Zugangsdaten ihres Hochschul-Accounts an, die vom Hochschulrechenzentrum überprüft werden. Nachdem ein Nutzer sich erfolgreich angemeldet hat, erhält dieser vom iCampus-Server einen Token. Da die Tokens über den eigenen Server verwaltet werden, kann die Authentifizierung der Nutzer schneller bearbeitet werden. Tokens werden täglich erneuert.

Um die Sicherheit der Kommunikationsschnittstelle zu gewährleisten, werden alle Informationen über HTTPS übermittelt. Das Zertifikat ist aktuell mit der kryptografischen Hashfunktion SHA-256 signiert. Externe Informationen werden bei der Abfrage nicht auf dem Server gespeichert, sodass der Nutzer bei jeder Anfrage immer die aktuellsten Informationen erhält.

Eine weitere Kommunikationsschnittstelle wird für das Mitteilungssystem, d. h. für Push-Nachrichten genutzt. Hier werden Push-Dienste von Google und Apple verwendet. So können zum Beispiel Prüfungsergebnisse oder Nachrichten eines bestimmten abonnierten Kanals versendet werden.

15.2.7 Ortung und Navigation

Man könnte annehmen, ein Ortungs- und Navigationsdienst wäre lediglich für Nutzer hilfreich, die den Campus nicht kennen, um ihnen das Auffinden der nächstliegenden Toilette oder eines Notausgangs zu erleichtern. Tatsächlich sind jedoch auch nicht alle Studierenden oder Mitarbeiter vor Ort mit allen Räumlichkeiten vertraut. Die Suche nach Unterrichtsräumen, Büros von Mitarbeitern der Hochschule, nach Laboren oder konkreten Standorten von einzelnen Hochschuleinrichtungen ist auch bei denen alltäglich, die den Campus schon länger kennen. Eine visuelle Übersicht des Areals mit angebundener Suchfunktion hilft Nutzern, sowohl die Hochschule besser kennenzulernen als auch unbekannte Einrichtungen und Angebote der Hochschule zu entdecken.

Zur genaueren Positionsbestimmung mobiler Endgeräte innerhalb von Gebäuden wurden zunächst exemplarisch in einem Gebäude iBeacons installiert. iBeacons ist eine von Apple entwickelte Technologie, die die Ortungsdienste von iOS- und Android-Geräten

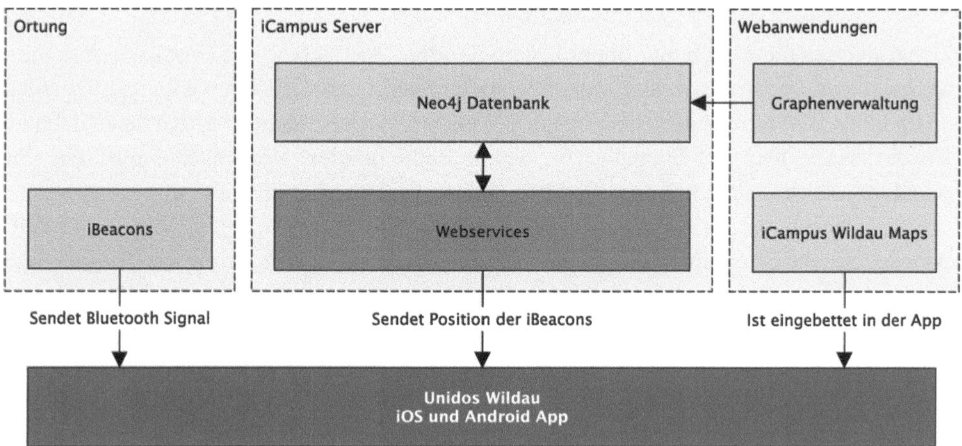

Abb. 15.4 Ortung und Navigation

erweitert. Diese verwendet Bluetooth Low Energy, dessen Signale vom Mobilgeräte empfangen und über Softwareanwendungen interpretiert werden können (siehe Abb. 15.4). In näherer Zukunft ist der kombinierte Einsatz von Bluetooth, GPS und WLAN geplant.

Diese Ortungstechnologie mit Hilfe von iBeacons wird derzeit nur in der Bibliothek eingesetzt, weil hier, im Gegensatz zum restlichen Campus, eine feinere, sprich regalgenaue, Ortung möglich sein muss. Die Bibliothek ist von besonderem Interesse, weil hier neben der Positionierung auch eine genaue Navigation, also die Berechnung von Wegen eine große Rolle spielt. In anderen Gebäuden ist beispielsweise eine raumgenaue bzw. gröbere Ortung in den Gängen ausreichend. Im Außenraum schließlich ist der Einsatz von GPS bekannt und bewährt und daher für diesen Bereich auch der geeignete Lösungsansatz.

Die Intention von Apple war es, iBeacons für ein Geofencing-artiges Ortungssystem zu verwenden, bei dem lediglich erkannt wird, ob der Nutzer eine virtuelle Barriere [9] betritt. iCampus Wildau versucht nun, in der Unidos Wildau App ein Ortungssystem zu integrieren, das mit Hilfe eben dieser Technologie eine genauere Indoor-Position berechnen kann.

Für die Darstellung von Positionen und Wegen wird Google Maps verwendet, weil es einer der meistverwendeten Kartendienste ist, der auch visuell ansprechender ist als vergleichbare Angebote wie z. B. OpenStreetMap [10]. Auf Mobilgeräten ist Google Maps über zwei Optionen erreichbar: nativ oder über webbasiert. Obwohl in der nativen Implementierung performantere Erlebnisse zu erreichen sind, waren diese Vorteile gegenüber der webbasierten Lösung nicht ausreichend. Ausschlaggebend für die Entscheidung, diesen Dienst webbasiert zu implementieren, war letztendlich, das es eine solche Lösung ermöglicht, den Code nicht nur für die Unidos Wildau App in iOS und Android zu verwalten, sondern diesen Dienst der Hochschule für weitere Zwecke (siehe Zukunftsperspektiven) zur Verfügung zu stellen.

Indoor-Karten sind für den Campus der TH Wildau nicht über Google Maps verfügbar. Daher müssen diese nicht nur über die Google Maps API gelegt werden, sondern es muss auch die entsprechende Logik für das Setzen der Positionen der Karten entwickelt werden. Auch muss die Darstellung von kürzesten Wegen über verschiedene Etagen und Gebäude sowie der Wechsel der Etagen selbst eigens implementiert werden. Das gibt den Entwicklern allerdings mehr Kontrolle über die verwendeten Schnittstellen.

Die Berechnung der kürzesten Wege zur Darstellung von Routen sowie die anschließende grafische Darstellung in Google Maps benötigt zur Unterstützung den Einsatz einer Graphendatenbank. Graphen enthalten eine Menge von Knoten, die durch Kanten verbunden sind. Diese definieren zusammen die begehbaren Wege und verschiedene Ziele (z. B. ein Büro oder ein Regal). Knoten müssen daher mit entsprechenden Breiten- und Längengrad versehen werden und ggf. mit der Etage und einem Gebäude verknüpft werden, in dem es sich befindet.

Um diesen Graphen leichter erstellen und verwalten zu können, wurde eine Eingabeoberfläche entwickelt, die das Zuweisen von Knoten über geladene Etagenbilder erlaubt. Administratoren können so durch einen Klick ins Bild Knoten erstellen und diese verbinden. Zudem ist es über diese Eingabemaske möglich, Knoten mit weiteren Metadaten zu versehen: Label, Raumnummer oder das Symbol, mit dem dieser in Google Maps dargestellt werden soll. Die Graphendatenbank speichert diese Informationen und ist für Berechnung der Weg zuständig. iCampus Wildau setzt zu diesem Zweck Neo4j ein – eine Open-Source-Graphendatenbanksystem, das über eine gute Dokumentation und APIs verfügt, um komplexe Anfragen zu ermöglichen [11].

15.2.8 Webbasierte Campuserkundung

Die Campuserkundung (CampusScout, siehe Abb. 15.5) ist eine eigenständige webbasierte Anwendung für Panorama-Rundgänge, die als paralleles System mit CMS-Anbindung und responsivem Design in die App integriert ist.

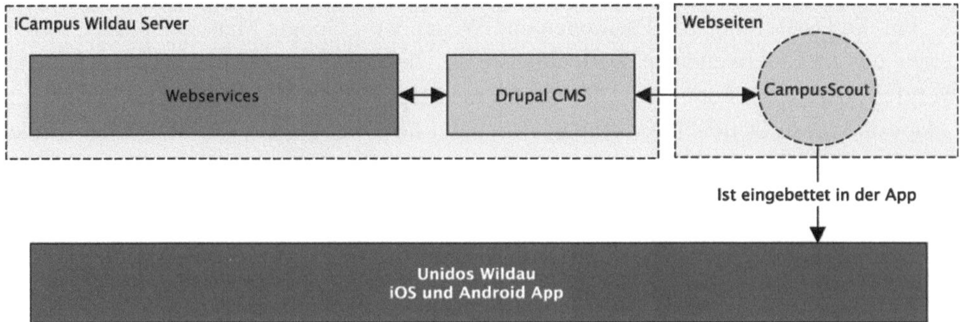

Abb. 15.5 Campuserkundung

Im CampusScout ist die gesamte Fläche der TH Wildau mit einzelnen 360°-Panoramen innerhalb und außerhalb von Gebäuden abgedeckt. Thematisch strukturierte POIs (Point Of Interest) sind an entsprechender Stelle dynamisch auf den Panoramen positioniert. An diesen Punkten können Informationen zum Standpunkt in Form von Text, Bild und Video abgerufen werden. Je nach Interesse können Nutzer die Anzahl der POIs filtern, also einzelne Themenbereich ein- und ausstellen. Es gibt einen Grundstock an aktiven Themen, die nach Wunsch begrenzt oder erweitert werden können.

Der CampusScout ist mit der JavaScript-Bibliothek Backbone.js entwickelt. Backbone basiert auf dem Model-View-Controller-Muster (MVC) und nutzt eine RESTful-JSON-Schnittstelle. Alle Frontend-Inhalte werden über einen internen Webservice aus einer Drupal-CMS-Datenbank abgerufen. Zur Projektion der Panoramen im Browser wird der HTML5-fähige Panorama-Viewer krpano [12] genutzt.

Für die Erstellung sphärischer Panoramen (Kugelpanoramen) mit einem Bildwinkel von horizontal 360° und vertikal 180° ist eine besondere Aufnahmetechnik sowie Software zur Berechnung der finalen Anwendungsdateien nötig. Kugelpanoramen lassen sich, je nach technischer Ausrüstung, auf unterschiedliche Art erstellen: als Momentaufnahme oder als zeitlich versetze Bildfolge. Momentaufnahmen lassen sich allerdings nur mithilfe einer kostspieligen Ausrüstung, einer Gruppe von in sämtliche Richtung weisenden Kameras anfertigen. Weniger aufwendig sind Aufnahmen in zeitlicher Abfolge, für die das Kameraobjekt um das optische Zentrum rotiert wird.

Für die Aufnahme der Einzelbilder wird in der Regel ein Fischaugenobjektiv verwendet, das mit der Kamera zwischen den Aufnahmen geschwenkt bzw. gekippt werden muss. Hierfür wird ein sogenannter Nodalpunktadapter verwendet – eine Vorrichtung, die das Schwenken und Kippen um die perspektivisch relevante Eintrittspupille ermöglicht, indem die Drehachse der Vorrichtung mit einem Durchmesser der Eintrittspupille (No Parralax Point, NPP) zusammenfällt. So wird das Problem der Parallaxe (subjektive Positionsveränderungen einzelner Elemente aufgrund von Blickpositionsverschiebungen) zwischen den Einzelbildern vermieden. Mithilfe einer Stitching-Software werden die einzelnen Fotos nahtlos und geometrisch korrekt zusammengefügt. Unterschiede zwischen den Übergängen der einzelnen Aufnahmen werden dabei ausgeglichen und korrigiert. Als Ausgabeformat wird in der hier beschriebenen Anwendung das kubische Format verwendet, ein aus den sechs Seiten eines den Standpunkt umgebenden virtuellen Würfels zusammengesetztes Gesamtpanorama.

Als Viewer-Software, die einzelnen Würfelflächen im Browser zu einem interaktiven Gesamtpanorama zusammenfügt, wurden in der Vergangenheit entweder Java-basierte oder Plugin-basierte Tools (QuickTime, Shockwave) verwendet. Mit dem Fokus auf die mobile Nutzung wird jetzt ein plattformübergreifender HTML5-Viewer in der Anwendung genutzt, der die Anzeige von Panoramen auf allen Smartphones und Tablets gewährleistet.

Ein besonderes Feature der so eingesetzten interaktiven Panorama-Rundgänge sind virtuelle Ausstellungsräume, die erlauben, multimediale Inhalte in Anlehnung an analoge Präsentationen ortsunabhängig zu zeigen. Die auf die Panoramen gelegten Schaltflächen,

Medienfenster, Polygonalflächen oder eingebetteten Websites ermöglichen eine Vielzahl von Präsentationsformen. Exponate können im Raum verteilt präsentiert werden, sodass sowohl ehemals in realen Ausstellungsräumen gezeigt Exponate übertragen, oder gänzlich virtuelle Ausstellung eingebunden werden können.

15.3 Praktische Erfahrungen

Innerhalb der ersten 4 Monate nach der Veröffentlichung der Unidos Wildau App in den App-Stores von Apple und Android wurde die App von ca. 30 % aller Studierenden der Hochschule installiert. Zur Entgegennahme von Hinweisen zu möglichen Fehlern und Verbesserungsvorschlägen steht ein iCampus Wildau Supportdienst zur Verfügung. Dieser wird durch die Anwender der App sowohl für ihren eigentlichen Zweck als auch für positive Kommentare zur den Angeboten von Unidos Wildau intensiv genutzt. Einige Dienste, die bisher über andere Kanäle der Hochschule nur recht umständlich zu nutzen waren, werden von den Anwendern besonders geschätzt, so zum Beispiel die Anzeige des Stundenplans und die Notenansicht inklusive zeitnahem und individualisiertem Mitteilungsdienst über die Veröffentlichung neuer Prüfungsergebnisse. Insbesondere das in Abschn. 7.2. beschriebene User Interface wird von allen Anwendern sehr gelobt, erfüllt es doch seinen geplanten Zweck und erhöht durch seine visuelle Ansprechbarkeit auch den Spaßfaktor bei der App-Nutzung.

Um die Bekanntheit der App in allen Bereichen der Hochschule zu erhöhen, ist Kommunikation sehr wichtig. Das iCampus Wildau Team nutzt hierfür alle zur Verfügung stehenden Möglichkeiten: persönliche Gespräche mit Mitarbeitern und Studierenden über gewünschte Erweiterungen, die Darstellung der Angebote der App und weiterer Pläne im Rahmen von Vorträgen und Diskussionsrunden sowie das Austeilen von Informationsflyern, um nur einige Beispiele zu nennen. Auf diese Weise ist es möglich, besonders dicht an den Wünschen und Bedürfnissen der Anwender von Unidos Wildau zu bleiben und damit die App passgerecht speziell für die Technische Hochschule Wildau weiterzuentwickeln.

15.4 Zukunftspläne

Bestehende Dienste werden in nächster Zukunft erweitert und stärker miteinander verknüpft, sodass alle relevanten Informationen rund um das Studium in der App bereitstehen. Der Stundenplan wird zum Beispiel mit Schnittstellen zur Personen- und Raumsuche erweitert. So wird die personalisierte Anzeige von Lehrveranstaltungen und Prüfungen weiter in die Tiefe gehen, d. h. einzelne Seminare werden mit Orts- und Dozenteninformationen verbunden sowie mit Lehrinhalten, die aus dem ebenfalls von iCampus Wildau entwickelten Modulhandbuch gespeist werden.

Weitere Entwicklungen wird es auf dem Feld der Ortung und der Kartendarstellung geben. Die implementierte Bluetooth-Ortung wird um GPS und WLAN erweitert, um eine größere Flexibilität und somit breitere Abdeckung der Anwendung zu erreichen. Für die Kartendarstellung ist die Erstellung von individuellen Karten über ein Admin-Panel geplant, das es beispielsweise erlaubt, für einzelne Veranstaltungen eine Kartenübersicht mit aktuellen POIs zu generieren, die auch als Einbettung in anderen Webanwendungen zur Verfügung gestellt werden kann.

Einzelne Features zur Verbesserung der Orientierung auf dem Campus und tagesaktuellen Anzeige sind außerdem geplant. Hier ist beispielsweise die Einbindung von Bahndaten oder Veranstaltungen auf dem Campus vorgesehen. Diese Schnittstelle steht in direkter Verbindung mit der Entwicklung einer vorgeschalteten Landing-/Launchpage – einer von Google Now [13] inspirierten Eingangsseite, die relevante Informationen zur aktuellen Tageszeit anzeigt. Hier kann zum Beispiel auf in Kürze folgende Vorlesungen, auf Mitteilungen, mittags auf die Mensaangebote oder auf abgelaufene Ausleihfristen der Bibliothek hingewiesen werden. Die Launchseite soll die Komplexität der App-Dienste für den Moment auf das Wesentliche reduzieren.

15.5 Zusammenfassung

In diesem Abschnitt wird ein hochschulspezifisches mobiles Informationssystem beschrieben, dessen Angebote über eine App für Android- sowie für iOS-basierte mobile Endgeräte nutzbar sind. Durch die Zusammenarbeit mit verschiedensten Einrichtungen der Hochschule, namentlich der Technischen Hochschule Wildau, und einer Reihe von Studierenden steht mit der Unidos Wildau App ein passgenau auf die Bedürfnisse der Hochschulangehörigen abgestimmtes Portal zur Verfügung, das den Alltag erleichtert und sich durch seine einfache Erweiterbarkeit auch in den kommenden Jahren immer aktuell an den Bedürfnissen seiner Nutzer orientieren kann. Zudem fördert ein modernes, übersichtliches und visuell sehr ansprechendes Design den Spaß an der Nutzung der Anwendung.

Für den interessierten Leser werden die einzelnen Dienste der Anwendung, die Ideen zur Entwicklung des User Interfaces sowie auch die Architektur des Systems und dessen prinzipielle technische Umsetzung beschrieben. Es werden Hinweise auf verwendete Frameworks, Technologien und Entwurfsstrategien gegeben, die es ermöglichen sollen, ähnliche Systeme selbst zu entwickeln.

Praktische Erfahrungen im Alltag und die vielen positiven Reaktionen von Anwendern im Umgang mit Unidos Wildau bestärken die Idee, in die Eigenentwicklung einer solchen Campus-App für die Hochschule zu investieren und somit auf Angebote externer Anbieter wie zum Beispiel campus-to-go [14] oder CampusApp [15] zu verzichten.

Literatur

1. Mohnke, Janett (o. J.): „iCampus Wildau“, http://www.th-wildau.de/icampus. Zugegriffen: 17. August 2015
2. Amazon Web Services Inc. (2013): „Product Advertising API: API Reference“, http://docs.aws.amazon.com/AWSECommerceService/latest/DG/CHAP_ApiReference.htm. Zugegriffen: 17. August 2015
3. Google Inc. (2015a): „Google Books APIs“, https://developers.google.com/books/. Zugegriffen: 17. August 2015
4. Drupal (o. J.): „About Drupal“, https://www.drupal.org/. Zugegriffen: 17. August 2015
5. Google Inc. (2015b): „Google Maps APIs“, https://developers.google.com/maps/. Zugegriffen: 17. August 2015
6. Neo Technology,Inc., (2015): „Neo4j: Get Started“, http://neo4j.com/developer/. Zugegriffen: 17. August 2015
7. Apple Inc. (2015a): „iBeacon for Developers“, https://developer.apple.com/ibeacon/. Zugegriffen: 17. August 2015
8. Apple Inc. (2015b): „iOS: Understanding iBeacon“, https://support.apple.com/en-us/HT202880. Zugegriffen: 17. August 2015
9. Apple Inc. (2014): „Region Monitoring and iBeacon“, https://developer.apple.com/library/ios/documentation/UserExperience/Conceptual/LocationAwarenessPG/RegionMonitoring/RegionMonitoring.html. Zugegriffen: 17. August 2015
10. OpenStreetMap Foundation (o. J.): „OpenStreetMap: About“, https://www.openstreetmap.org/about. Zugegriffen: 17. August 2015
11. Neo Technology Inc., (o. J.): „Cypher Query Language“, http://neo4j.com/docs/stable/cypher-query-lang.html. Zugegriffen: 17. August 2015
12. krpano.com (2015): „krpano Panorama Viewer“, http://krpano.com/. Zugegriffen: 17. August 2015
13. Google Inc. (o. J.): „Google Now“, https://www.google.com/landing/now/. Zugegriffen: 17. August 2015
14. campus-to-go (o. J.): „campus-to-go®: Die App für Studierende“, http://www.intercard.org/de/produkte/app.html. Zugegriffen: 7. Oktober 2015
15. campus-app.de (o. J.): http://www.campus-app.de. Zugegriffen: 7. Oktober 2015

Sachverzeichnis

T. Barton et al. (Hrsg.), *Mobile Anwendungen in Unternehmen*, Angewandte Wirtschaftsinformatik,
DOI 10.1007/978-3-658-12010-8